장애아동보육론

THEORY OF DISTURBED CHILDREN CARE

장애아동보육론

한현지 · 김우호 · 임선희 · 이순용 공저

동 문 사

머리말

최근 보육의 현장에서는 장애아동에 대한 관심이 많이 부각되고 있다. 1996년 처음 장애아동보육에 대한 지원이 실시되고, 2005년 장애아 무상보육과 장애아보육지원이 확대된 이후, 장애아동보육에 대한 질적인 측면을 고민하게 됨에 따라 장애아동보육에 있어서 중요한 것은 양적 · 물리적 환경이 아닌 질적 · 사회적 환경임이 나타나고 있다.

또한 우리나라에서는 분리된 특수교육기관보다 일반교육기관에 장애아동이 더 많이 통합되어 있는 것으로 나타남에 따라 일반교사들도 자신이 담당하는 모든 아동들을 적절하게 보육하고 교육하기 위해 장애아동의 특성과 교수방법에 대해 알아야 할 필요성이 대두되었다. 그리하여 보육학, 특수교육학, 재활학, 아동복지, 사회복지 등을 전공하면서 장애아동보육에 관심이 있는 학생들과 장애전담어린이집, 장애통합어린이집 그리고 장애아보육에 관심을 가지고 있는 일반 어린이집의 보육교사들이 장애아동보육을 이해하고 현장에서 발생하는 여러 가지 문제들을 해결하는 데 도움을 주고자 한다.

이 책은 총 15장으로 구성되어 장애아동을 보육하기 위한 교사의 역할과 장애아동을 위한 보육환경 및 국가 수준의 보육과정(표준보육과정, 누리과정) 중 장애아동보육을 위한 각 영역별 내용에 대해 다루고 있다. 장애유형별로 장애에 대한 정의 및 원인과 특성 및 판별에 대한 내용을 상세하게 다루며, 그에 따른 부모교육에 대한 내용과 장애아 통합보육에 대한 이해를 위한 내용으로 구성되어 있다.

장애아동보육은 복지와 교육 양쪽 분야에 대한 이해가 모두 필요하다고 생각하고, 어느 한 쪽으로 치우쳐서는 장애아동보육이 지향하고 있는 바를 제대로 실천하기가 어렵다. 그러므로 지속적으로 많은 관심과 노력이 필요하다고 생각된다.

이 교재가 장애아동에 대한 이해와 관심을 통해 예비보육교사와 현장에 근무하고 있는 교사들에게 유용하게 사용되어 교사들을 통해 장애아동과 그 가족에게 많은 도움이 되기를 바람과 함께 장애아동에 대한 올바른 사회적 인식이 자리 잡을 수 있기를 바란다.

이 책을 구성하고 집필을 함께 해 주신 교수님께 감사드리며, 출판을 격려해 주시고 지원해 주신 동문사 관계자분들께 감사를 드린다.

2020년 07월

저자 일동

차 례

CONTENTS

머리말 | 5

Chapter 01 장애아동보육의 기초 | 11

1. 보육의 이해 | 13
2. 선별과 진단 | 24
3. 보육운영평가 | 27

Chapter 02 장애보육환경 및 보육과정 운영 | 37

1. 보육환경 | 39
2. 보육과정 | 45
3. 교수방법 및 전략 | 68

Chapter 03 시각장애 | 73

1. 정의 | 75
2. 원인 및 출현율 | 77
3. 분류 및 특성 | 81
4. 판별 | 84
5. 교육적 접근 | 86

Chapter 04 청각장애 | 93

1. 정의 | 95

2. 원인 및 출현율 | 97
3. 분류 및 특성 | 98
4. 판별 | 103
5. 교육적 접근 | 106

Chapter 05 지적장애 | 113

1. 정의 | 115
2. 원인 및 출현율 | 116
3. 분류 및 특성 | 121
4. 판별 | 126
5. 교육적 접근 | 129

Chapter 06 지체장애 | 133

1. 정의 | 135
2. 원인 및 출현율 | 136
3. 분류 및 특성 | 138
4. 판별 | 147
5. 교육적 접근 | 148

Chapter 07 정서 · 행동장애 | 153

1. 정의 | 155
2. 원인 및 출현율 | 157
3. 분류 및 특성 | 160
4. 판별 | 165
5. 교육적 접근 | 167

Chapter 08 학습장애 | 173

1. 정의 | 175
2. 원인 및 출현율 | 177
3. 분류 및 특성 | 182
4. 판별 | 186
5. 교육적 접근 | 190

Chapter 09 자폐성장애 | 197

1. 정의 | 199
2. 원인 및 출현율 | 201
3. 분류 및 특성 | 204
4. 판별 | 207
5. 교육적 접근 | 215

Chapter 10 의사소통장애 | 219

1. 정의 | 221
2. 원인 및 출현율 | 223
3. 분류 및 특성 | 226
4. 판별 | 232
5. 교육적 접근 | 234

Chapter 11 건강장애 | 239

1. 정의 | 241
2. 원인 | 241
3. 분류 및 특성 | 242
4. 판별 | 250
5. 교육적 접근 | 252

Chapter 12 발달장애 | 259

1. 정의 | 261
2. 발달장애의 원인 | 262
3. 발달장애의 특성 | 265
4. 발달장애의 영역 | 268
5. 발달장애 교육 및 지도 | 270

Chapter 13 부모교육 | 277

1. 필요성 및 역할 훈련 | 279
2. 심리와 양육 | 282
3. 프로그램 | 287
4. 방법 및 효과 | 294

Chapter 14 개별화교육 및 조기중재 | 301

1. 배경 및 정의 | 303
2. 수립 절차 | 306
3. 조기중재 | 313

Chapter 15 통합보육의 이해 | 319

1. 개념 및 변천 | 321
2. 원칙 및 조건 | 324
3. 필요성 및 정책 | 329
4. 목표 및 효과 | 336

참고문헌 | 343

Chapter 01

장애아동보육의 기초

1. 보육의 이해

'보육'의 뜻을 한자로 풀이하여 살펴보면, '保育'은 '보호하여 기른다'는 의미가 있다. 오늘날 직장보육시설의 시초는 1861년 영국의 로봇 오웬이 자신의 방직공장 내에 '성격형성학원'을 설립하여 취업모의 자녀를 일시적으로 보호함으로써 시작되었다.

2004년 영유아보육법이 전면 개정되면서 보육서비스의 다양화와 질적 수준 향상 그리고 보육에 대한 공적 책임강화를 통해 보육사업의 기본 토대가 마련되어 자녀양육은 더 이상 가정과 부모만의 책임이 아니라 국가와 사회가 공동으로 부담하는 사회적 책임으로 인식되었다. 현대사회의 특징 중의 하나는 세계화의 경쟁에서 여성의 사회적 역할을 강조하게 된 것이다. 과거 농·공업사회에서 요구하던 육체적 힘보다는 창조적이며 유연한 사고를 소유한 여성인력을 필요로 함으로써 여성의 사회참여는 사회의 다양한 분야에서 이루어지게 되었다.

보육은 여성의 경제, 사회활동의 참여, 가족구조의 변화, 자녀양육의 사회화에 따른 포괄적 보육, 자녀양육의 공적 책임, 보육의 공공성과 보육서비스의 질 향상 등의 과제를 중심으로 급속한 제도적 발전을 이루게 되었다.

보육은 현대사회 여성들의 사회활동 참여가 증가하면서 필수불가결한 사항이 되었으며, 국가에서 적극적으로 개입하는 중요한 복지정책이 되었다. 또한 장애아의 어머니 역시 사회활동의 참여가 늘어나면서 장애아의 보육도 매우 중요한 사회문제로 대두되었다.

장애를 지닌 자녀의 출생은 그 가족들에게 큰 영향을 미친다. 장애자녀로 인해서 가족들은 자신들의 삶에서 뿐만 아니라 정기적으로 생활해오던 매일매일의 일과에서도 어려움을 겪게 된다. 이러한 책임은 그 부모나 가족들에게만 부담하게 하는 것이 아니라 국가나 사회 차원에서의 지원이 필요하다. 그 지원의 한 방법으로 장애아를 일정 시간 보육시설에서 돌보는 것은 장애아의 가족들에게 보다 원만한 가정생활을 할 수 있도록 도와줄 수 있다.

1) 보육의 필요성

우리나라 영유아보육법 제26조 취약보육의 우선 실시 등에는 영아, 장애아 등에 대한 보육을 우선적으로 실시하도록 정하고 있다. 우선적으로 보육을 실시해야 하는 장애아동은 장애인복지법 시행규칙 별표1에 의해 장애등급이 1급 또는 2급인 자와 3급인 정신지체인 또는 발달장애(자폐증)인으로서 다른 장애가 중복된 자를 말한다.

장애아동보육의 필요성은 여성들의 사회참여의 증가 이외에 가족지원 측면, 조기교육 측면, 사회, 경제적 측면이라는 다양한 배경에서 찾아볼 수 있다.

(1) 가족지원의 측면

장애자녀로 인해서 가족들은 삶에서뿐만 아니라 일과에서도 어려움을 겪게 되고, 불규칙한 식사와 수면부족, 여가활동의 부족, 직장포기의 어려움을 겪을 수 있다. 그 지원의 방법으로 장애아동을 일정 시간 보육시설에서 돌보는 것은 장애아동 가족들에게 보다 원만한 가정생활을 할 수 있도록 도와줄 수 있다.

(2) 조기교육의 측면

장애아를 조기발견하고 진단하여 각 아동의 장애에 맞는 교육 프로그램을 제공하는 것은 장애아동에게 매우 중요한 일이다.

(3) 사회적, 경제적 측면

장애아동보육을 통해서 얻어지는 사회적 혜택은 특히 장애인의 시설 수용률 감소 및 고용율 증대로 연결되는 장애인 개개인의 독립성 증진에 의해서 이루어진다.

장애아동에게 제공되는 보육은 이들이 성장한 후의 사회적응능력을 향상시키고, 그 과정에서 교육비용을 감소시킨다는 측면에서 사회적이고 경제적인 혜택으로까지 연결되며, 이러한 점에서 그 필요성이 강조되고 있다.

장애아동보육은 장애아 전문 어린이집, 장애아 통합 어린이집, 일반 어린이집에서 이루어지고 있으며, 장애아 전문 어린이집과 장애아 통합 어린이 집이 되기 위해서는 영유아보육법 시행규칙에 의한 인적·물리적 환경을 갖추고 시·도지사 또는 시·군·구청장으로부터 지정을 받아야 한다.

① 장애아 전문 어린이집

장애아 전문 어린이집은 장애아 12명 이상을 보육하기 위하여 영유아보육법 시행규칙에 의한 시설 및 설비를 갖추고 시·도지사 또는 시·군·구청장이 장애아 전문 어린이집을 지정한 시설을 말한다. 장애아 전문 어린이집이라 하더라도 통합보육을 위해 정원의 범위 내에서 30%까지 일반유아를 보육할 수 있다.

보육교사는 장애아 3인당 1인, 3인을 초과할 때마다 1인씩 증원하고 장애아동 6명당 교사 1명은 특수학교 유치원교사 자격증을 소지한 교사여야 한다. 방과 후 장애아동의 교사 대 아동 비율도 1:3을 원칙으로 한다.

정부는 장애아 전문 어린이집에 대하여 시설장과 교사 인건비, 치료사, 취사부, 차량운영비 등을 지원하고 있다.

가. 지정절차

장애아 전문 어린이집으로 지정받고자 하는 자는 장애아동복지지원법 시행규칙에 제시된 지정 신청서를 작성하여 시·군·구청장에 제출하고, 시·군·구청장은 신청서의 내용을 검토하고 장애아동 복지지원 법령 및 영유아보육법령이 정하는 장애아 전문 어린이집 기준을 충족하는 시설에 대하여 장애아동복지지원법 시행규칙에 따라 지정서를 교부한다.

나. 보육교사 배치기준

- 만 3~5세 장애아 2명일 경우: 장애아전담 보육교사 1명 배치
- 만 3~5세 장애아 3명일 경우: 장애영유아를 위한 보육교사 1명 배치
- 만 3~5세 장애아 4명일 경우: 장애영유아를 위한 보육교사 1명, 유치원과정 특수교사 1명 배치
- 만 3~5세 장애아 9명, 만 2세 장애아 6명일 경우: 장애영유아를 위한 보육교사 2명, 유치원과정 특수교사 1명, 장애아전담보육교사 2명 배치
- 만 3~5세 장애아 9명, 만 2세 장애아 9명일 경우: 장애영유아를 위한 보육교사 2명, 유치원과정 특수교사 1명, 장애아전담보육교사 2명, 특수교사 1명 배치
  - 장애영유아를 위한 보육교사는 유치원 과정의 특수교사가 대체 가능하며, 장애아 전담교사는 특수교사가 대체 가능하다.

② 장애아 통합 어린이집

장애아 통합 어린이집은 장애영유아 3명 이상을 보육하는 어린이집을 말한다. 정부는 장애아반을 편성, 운영하거나 장애아 3명 이상을 통합보육하는 경우에는 장애아를 위한 보육교사의 인건비를 지원하고 있다.

통합 어린이집의 지원은 시·군·구청장에게 신청하여 지정기준을 충족할 경우 지정서를 교부받음으로써 이루어진다.

가. 지정대상

정원의 20% 이내에서 장애아 종일반을 편성·운영하거나 장애아 종일반

을 별도로 운영하지 않은 채 미취학 장애아를 3명 이상 통합보육하고 있는 어린이집이 지정대상이 된다.

나. 보육교사 배치기준

장애아와 비장애아를 통합하여 보육하되 교사는 장애전담교사, 일반교사 각각 1인씩 배치한다.

장애아동복지지원법에 따른 특수교사 및 장애영유아를 위한 보육교사배치기준에 따르면 특수교사 및 장애영유아를 위한 보육교사의 수는 장애영유아 수의 3분의 1 이상이어야 한다. 이 경우 배치된 특수교사 및 장애영유아를 위한 보육교사 2명당 1명은 특수교사여야 한다.

장애영유아의 수가 2명 이하인 경우 장애영유아를 위한 보육교사나 특수교사를 배치하지 아니할 수 있다.

2) 보육정책 및 현황

(1) 영유아보육법

영유아보육법에는 장애아통합교육에 관련된 사항을 다음과 같이 명시하고 있다.

제3조(보육이념): 영유아는 자신이나 보호자의 성, 연령, 종교, 사회적 신분, 재산, 장애 및 출생지역 등에 따른 어떠한 종류의 차별도 받지 아니하고 보육되어야 한다.

제34조(무상보육의 혜택): 국가와 지방자치단체는 장애아 및 「다문화가족지원법」 제2조제1호에 따른 다문화가족의 자녀의 무상보육에 대하여는 대통령령으로 정하는 바에 따라 그 대상의 여건과 특성을 고려하여 지원할 수 있다.

제28조(보육의 우선 제공)의4: 「장애인 복지법」 제2조에 따른 장애인 중 보건복지부령으로 정하는 장애 정도에 해당하는 자의 자녀와 4의 2에서 「장

애인복지법」 제2조에 따른 장애인 중 보건복지부령으로 정하는 장애 정도에 해당하는 자가 형제자매인 영유아는 보육이 우선 제공되어야 한다.

영유아보육법에 근거하여 다음과 같은 내용을 골자로 장애아의 보육을 지원하고 있다.

① 장애아동 무상보육

장애인복지카드를 소지한 취학 전 만 5세 이하 장애아동으로 하되, 예외적으로 다음의 아동에 대해서는 지원할 수 있다.

첫째, 취학연령이 되었음에도 부득이하게 질병 등의 사유로 일반초등학교 및 특수학교에 취학하지 못하는 장애아동은 무상보육대상에 포함한다. 질병 등의 사유로 부득이하게 교육인적자원부로부터 순회교육을 받는 장애아동이 보육시설을 이용하는 경우 보육료를 지원할 수 있으며, 이 경우 순회교육 장소를 보육시설로 할 수 있다.

둘째, 장애가능성이 있는 영아 및 장애인복지카드를 미소지한 만 5세 이하 장애아동도 의사의 장애진단서를 제출할 경우 지원한다.

셋째, 장애아동이 부득이하게 휴학한 경우에도 만 12세까지는 보육료를 지원할 수 있다.

그러나 장애아동이 정부지원을 받는 특수학교를 이용할 경우에는 장애아동 무상보육료 지원이 불가하며 초등학교 과정의 아동은 방과 후 보육료 지원이 가능하다.

② 어린이집 지원

장애아동 3인당 1인의 보육교사를 두고, 3인을 초과할 때마다 1인의 보육교사를 증원한다. 또한, 장애아전문어린이집이 장애아 방과 후 보육을 일일 4시간 이상 운영할 경우 방과 후 및 장애아보육 보수교육과정(40시간 이상)을 이수한 교사에 한해 보육교사 월 지급액의 100%를 지원한다.

(2) 장애인 등에 대한 특수교육법 시행령

특수교사 및 장애아동을 위한 보육교사는 장애아동의 진학지도를 위하여 특수교육과 관련된 정보를 잘 알고 있고, 부모에게 전달해야 한다.

제2조(의무교육의 실시): 「장애인 등에 대한 특수교육법」(이하 "법"이라 한다) 제3조 및 법률 제8483호 부칙 제1조 단서에 따라 특수교육대상자에 대한 의무교육은 다음 각 호에 따라 차례로 각각 실시한다.

1. 2010학년도: 만 5세 이상 유치원 과정 및 고등학교 과정
2. 2011학년도: 만 4세 이상 유치원 과정
3. 2012학년도: 만 3세 이상 유치원 과정

제15조(보육시설의 교육 요건) 법 제19조 제2항 단서에서 "대통령령으로 정하는 일정한 교육 요건을 갖춘 보육시설"이란 다음 각 호의 사항을 모두 충족하는 시설을 말한다.

1. 「영유아보육법」 제30조 제1항에 따른 평가인증을 받은 시설
2. 장애아 3명마다 보육교사 1명을 배치한 시설(보육교사가 3명 이상인 경우에는 보육교사 3명중 1명은 「초·중등교육법」 제21조 제2항에 따른 특수학교 유치원교사 자격증을 소지한 교사여야 한다.)

3) 장애인 차별 금지법

보육시설은 교육영역에서의 차별금지(법 제13조) 및 정당한 편의 제공, 시설물접근·이용의 차별금지(법 제18조) 규정을 적용하고 있다.

(1) 교육에서의 차별금지(법 제13조)

① 입학 지원·입학 거부 금지, 전학 강요 및 전학 거부 금지

② 특정 수업, 실험·실습, 현장견학, 수학여행 등 학습을 포함한 모든 교내·외 활동에서 장애를 이유로 참여를 제한, 배제, 거부 금지

③ 장애인의 입학 지원 시 장애인 아닌 지원자와 달리 추가 서류, 별도

의 양식에 의한 지원 서류 등을 요구하거나, 장애인만을 대상으로 별도의 면접이나 신체검사, 추가 시험 등 요구 금지(단, 장애인의 특성을 고려한 교육 시행 목적인 경우 가능)

(2) 정당한 편의제공 의무

(2-1) 정당한 편의의 내용(법 제14조 및 시행령 제8조)

① 장애인의 통학 및 교육기관 내에서의 이동 및 접근에 불이익이 없도록 각종 이동용 보장구의 대여 및 수리

② 장애인 및 장애인 관련자가 필요로 하는 경우 교육보조인력 배치

③ 장애로 인한 학습 참여의 불이익을 해소하기 위한 확대 독서기, 보청기기, 높낮이 조절용 책상, 각종 보완·대체 의사소통 도구 등의 대여 및 보조견의 배치나 휠체어의 접근을 위한 여유 공간 확보

④ 시·청각장애인의 교육에 필요한 수화통역, 문자통역(속기), 점자자료, 자막, 큰 문자자료, 화면낭독·확대 프로그램, 보청기기, 무지점자단말기, 인쇄물 음성 변환 출력기를 포함한 각종 장애인보조기구 등 의사소통 수단

⑤ 교육과정을 적용함에 있어서 학습진단을 통한 적절한 교육 및 평가방법의 제공

⑥ 원활한 교수 또는 학습 수행을 위한 지도자료, 통학과 관련된 교통편의, 교육기관 내 학습시설, 화장실, 식당 등 교육 활동에 필요한 모든 공간에서 이동하거나 그에 접근하기 위하여 필요한 시설·설비 및 이동수단

(2-2) 시행 시기(시행령 제9조 및 별표 2)

① 2009년 4월 11일부터 적용: 「영유아보육법」에 따른 장애아를 전담하는 보육시설

② 2011년 4월 11일부터 적용: 보육하는 영유아의 수가 100명 이상인 국·공립 및 법인보육시설

③ 2013년 4월 11일부터 적용: 국·공립 보육시설 및 법인보육시설

(3) 시설물 접근·이용의 차별금지(법 제18조, 시행령 제11조 및 제12조)

(3-1) 시설물의 소유·관리자는

① 장애인이 당해 시설물을 접근·이용하거나 비상시 대피함에 있어서 장애인을 제한·배제·분리·거부 금지

② 보조견 및 장애인보조기구 등을 시설물에 들여오거나 시설물에서 사용하는 것을 제한·배제·분리·거부 금지

③ 장애인이 당해 시설물을 접근·이용하거나 비상시 대피를 위한 정당한 편의의 제공을 정당한 사유 없이 거부하여서는 안 됨

(3-2) 시설물의 대상과 범위 및 정당한 편의의 내용·설치기준

①「장애인·노인·임산부 등의 편의증진보장에 관한 법률」제7조 및 시행령 별표1의 대상시설(영유아보육시설 포함) 중 2009년 4월 11일 이후 신축·증축·개축하는 시설물

② 제공해야 하는 정당한 편의의 내용 및 설치 기준은「장애인·노인·임산부 등의 편의증진보장에 관한 법률」시행령 별표2에 따름

(4) 현황

우리나라 장애아 전담, 장애아 통합 어린이집은 2011년 810개소에서 2015년 1,074개소, 2016년 1,088개소, 2017년 1,124개소로 지속적으로 증가하는 추세를 보이고 있다. 그 외에 장애영유아의 특수교육현황을 살펴보면 유아특수학교 226명, 특수학교 유치부 978명, 유치원특수학급 924명, 유치원 일반학급 1,660명, 특수교육지원센터 161명, 교육기관의 장애영유아는 3,949명이다. 어린이집과 유아교육기관을 비교하면 장애영유아는 어린이집 79%, 교육기관 21%이다.

① 자격기준

2012년 제정된 장애아동복지지원법에 의하면 장애영유아를 위한 어린이집에는 장애영유아 3명마다 특수교사 또는 장애영유아를 위한 보육교사 1명을 배치하며, 장애영유아 9명당 치료사를 추가로 배치할 수 있다. 이 경우 교사 2명 중 1명 이상은 초·중등교육법 제21조 제2항에 따른 특수학교 유치원교사 자격증을 소지한 교사여야 한다.

장애영유아를 위한 보육교사는 특수학교 정교사 자격을 취득한 자이거나, 특수학교 실기교사자격을 취득한 자 또는 대학에서 특수교육 또는 재활 관련학과를 전공하고 졸업한 자를 말한다.

대학에서 특수교육 또는 재활 관련학과를 전공하고 졸업한 자란 보건복지부가 제시한 다음과 같은 교과목을 이수한 자를 말한다.

- 기본교과목 및 학점: 8과목(24학점) 이상 유사과목 인정하고 있다. 여기서 치료사란 물리치료사, 작업치료사, 임상심리사 등 국가에서 발급한 치료사 자격증 소지자, 국가가 공인한 치료관련 민간자격을 소지한 자
- 한국학술진흥재단에 등재(후보)된 학술지를 발간하는 학회에서 소정의 절차를 거쳐 발급하는 치료사 자격증 소지자로, 여기에는 언어치료사, 행동치료사, 미술치료사 등이 해당된다.
- 2012년 치료사를 양성하는 학회(학술진흥재단 등록): 한국언어청각임상학회, 한국언어치료학회, 한국정서·행동치료학회, 한국미술치료학회, 대한작업치료학회, 한국전문물리치료학회, 한국아동심리재활학회, 한국재활심리학회가 있다.

② 장애아동을 위한 보육교사의 역할은

첫째, 유아들의 권리옹호자

둘째, 장애아 전문가

셋째, 교육과정 개발자

넷째, 학습의 촉진자

다섯째, 평가자
여섯째, 학습환경의 구성자
일곱째, 정보관리자
여덟째, 부모조력자

③ 장애아동을 위한 보육교사의 자질

- 신체적, 정신적으로 건강한 사람
- 온정적 성품을 지닌 사람
- 아동을 이해하고 수용하며 존중하는 사람
- 매사에 열성적인 태도로 임하는 사람
- 도덕적, 사회적으로 건전한 품성
- 헌신적인 자세
- 겸허한 태도
- 인내하는 태도
- 봉사하는 자세
- 생각하는 자세

그 밖의 전문적 자질: 일반아동 및 장애아에 대한 지식, 일반교육과정, 특수교육과정 지식 및 교수방법

평가와 교수기술: 교육과정 구성 기술, 프로그램 실천 및 평가 기술, 교재, 교구의 제작 및 활용기술, 부모 및 전문가 참여기술 의사소통기술, 융통성, 창의성

교육관: 장애아보육에 대한 사명감, 직업윤리, 전문성 함양의 노력

4) 문제와 개선점

(1) 문제

장애아동 보육정책을 실현하는 과정에서 현재 제기되고 있는 문제는 다음과 같다.

첫째, 장애아 통합 어린이집이 부족하다.

둘째, 특수교사와 장애영유아를 위한 보육교사의 채용문제이다.

셋째, 장애아를 위한 보육과정과 프로그램의 부재이다.

넷째, 시설 및 설비가 부적절하다.

(2) 개선점(신경진, 2010)

첫째, 통합 어린이집의 지역적 분포가 매우 열악하다.

- 국공립기관, 법인기관 운영

둘째, 장애아 통합보육이 개인이나 가정 어린이집 많은 비중이다.

- 100인 이상의 대규모 어린이집에서는 10% 이상의 통합보육 의무

셋째, 장애아 통합보육이 물리적인 통합에 그치는 경우가 많다.

- 3명당 1학급 단위 구성, 전담교사, 개별화교육, 통합교육

넷째, 장애영유아 보육교사, 특수교육 관련 전문가의 도움 미비

- 순회 재활치료 실시, 방과 후 재활치료 지원

2. 선별과 진단

1) 발견 및 선별

(1) 발견

발견은 장애아를 보육하는 첫 단계로 특수교육 프로그램과 서비스를 필

요로 하는 아동을 찾는 과정으로 장애아를 발견하는 데 유용한 정보는 2007년부터 실시되고 있는 영유아 건강검진이다.

영유아 건강검진은 가정으로 발송되는 영유아 건강검진표를 수령하여 국민건강보험공단 고객센터홈페이지 또는 보건복지부 콜센터에서 검진시기 및 기관을 확인할 수 있다. 방문 영유아 건강검진은 영유아의 성장·발달 상태를 파악하고 보호자에게 올바른 건강교육을 제공하기 위하여 월령별로 1차(생후 4~6개월), 2차(생후 9~12개월), 3차(생후 18~24개월), 4차(생후 30~36개월), 5차(42~48개월), 6차(생후 54~60개월) 등 총 6차에 걸쳐 실시한다. 주요선별목표질환은 성장이상, 발달이상, 비만, 안전사고, 영아급사증후군, 청각이상, 시각이상, 치아 우식증이다. 검진항목은 각 월령별로 특화된 문진(시각, 청각 문진 포함)과 진찰 및 신체계측(키, 체중, 머리둘레)이 공통으로 실시되며 아울러 2~3종의 건강교육과 발달평가 및 상담(4개월 제외)으로 구성된다.

다음은 부모들에게 장애발견에 동참하게 하는 유용한 질문이다.

- 자녀가 정상적인 발달을 보이는가?
- 자녀가 자신의 나이에 맞는 적절한 행동을 하는가?
- 자녀의 발달과정 중 문제가 될 만한 요소가 있었는가?
- 가정환경 중 자녀의 신체, 언어, 인지, 정서발달에 부정적인 영향을 주는 요인들이 있는가?
- 자녀가 정상적인 발달을 하기 위해서 좀 더 많은 자극과 보살핌을 필요로 하는가?

또한 어린이집에서 교사가 장애를 보다 쉽게 발견할 수 있는 방법은 다음과 같다.

- 아동이 정상적인 발달을 보이는지를 관찰하는 것이다.
- 포테이지 아동발달관찰표로 보육교사들에게 아동이 정상적인 발달을 보이는지를 살펴보는 데 도움을 줄 수 있다.

(2) 선별

장애아동의 선별은 전문적인 장애진단이 필요한지를 결정하는 과정으로 아동이 정상적인 발달을 보이는지, 그렇지 않은지를 확인하는 것을 목적으로 하고 있다.

선별은 부모의 면담, 아동관찰, 특정 검사도구를 사용하여 이루어지고 있으며, 부모는 누구보다도 아동에 대해서 가장 잘 알고 있다. 즉, 부모면담은 영유아에 대한 정확한 정보를 제공할 뿐만 아니라 부모와 전문가 또는 교사의 긍정적인 관계를 형성하는 데 중요한 역할을 한다. 한편 아동에 대한 정보를 수집하기 위해서는 사용되는 또 다른 방법은 자연적인 상황에서의 관찰이다. 관찰은 전문가나 부모가 자연적인 상황에서 대상아동을 관찰하고 행동의 다양한 측면에서 기록하는 과정을 말한다.

관찰을 통하여 또래 친구나 교사와의 상호작용, 문제행동, 의사소통행태, 놀이행동 등을 알 수 있다.

장애인 등에 대한 특수교육법 시행규칙 제2조 제1항에 제시된 특수교육대상의 진단 도구는 다음과 같다.

표 1-1 선별검사 및 진단 영역(제2조 제1항)

<table>
<tr><th colspan="2">구분</th><th>영역</th></tr>
<tr><td colspan="2">장애조기발견을 위한 선별검사</td><td>사회성숙도검사
적응행동검사
영유아발달검사</td></tr>
<tr><td rowspan="2">진단 영역</td><td>시각장애
청각장애
지체장애</td><td>기초학습기능검사
시력검사
시기능검사 및 촉기능검사(시각장애의 경우에 한함)
청력검사(청각장애의 경우에 한함)</td></tr>
<tr><td>지적장애</td><td>지능검사
사회성숙도검사
적응행동검사
기초학습검사
운동능력검사</td></tr>
</table>

구분		영역
	정서행동장애 자폐성장애	적응행동검사 성격진단검사 행동발달평가 학습준비도검사
	의사소통장애	구문검사 음운검사 언어발달검사
	학습장애	지능검사 기초학습기능검사 학습준비도검사 시지각발달검사 지각운동발달검사 시각운동통합발달검사

출처: 추연구 외(2012).

3. 보육운영평가

1) 장애아보육 프로그램 평가

일반 보육 환경과 운영 및 보육과정 전반에 걸친 평가는 평가인증지표를 참조로 질적인 요소를 점검하여야 할 것이다. 장애아보육 프로그램은 다음의 5가지 항목에서의 질적인 내용(Sandall & Ostrosky, 1999)을 중심으로 평가하여 미비한 점을 보완하는 것이 바람직하다. 각 항목에 따른 평가 결과를 중심으로 어떠한 보완과 지원이 필요한지를 알아야 할 것이다.

(1) 개별화 프로그램

개별화교육 프로그램의 진행 단계인 개별 장애아에 대한 진단평가와 목표 설정, 설정된 목표의 실행 및 평가와 관련된 13개 평가 항목을 통해 질적인 실행도를 평가해 볼 수 있다.

표 1-2 개별화교육 프로그램 평가서

번호	평가항목	평가
1	IEP의 목표와 일과/주간교육 활동의 목표는 연계를 가지고 구체화되어 있다.	
2	목표 서술은 구체적이고 긍정적인 표현으로 기술되어 있다.	
3	목표는 평가에 대한 기준을 포함하고 있다.	
4	교사(보육교사와 장애전담교사, 치료사 등) 간의 우선 지도점이 반영되어 있다.	
5	IEP 과정은 관련자 모두에게 공유되어야 하고 동의되는 과정을 가진다.	
6	진단평가는 객관적인 기준에 의한 평가서를 포함한다(현재의 발달 영역별 수행 수준의 정확한 평가를 토대로 한다).	
7	관련자(교사, 치료사 외) 간의 진단 결과는 기록, 동의되고 있다.	
8	장애아에 대한 관찰은 과학적, 체계적이다.	
9	목표는 계속적인 조정을 통하여 평가된다.	
10	평가 기간은 일관된 간격을 두고 진행되고 있다.	
11	부모와 가정의 자원 활용 방안과 요구사항이 포함되어 있다.	
12	관련 양식은 한눈에 점검이 가능한 효율성을 지니고 있다(학기별 IEP, 월안, 주안, 일안 형식).	
13	일 년 동안의 교육 기간 후반에 전이 관련 사항이 논의되고 있다.	

(2) 가정 연계

가정의 다양한 요구를 고려하고 가정에서의 일상적인 상호작용을 중심으로 부모를 포함한 가족구성원들의 장애아에 대한 지원능력이 강화되도록 하는 것이다.

표 1-3 가정 연계 평가서

번호	평가항목	평가
1	부모역할 강화와 일상적인 상호작용의 기회 확대를 목표로 둔다(부모로 하여금 자녀와의 상호작용을 주도적으로 하게 하며 성공적인 경험을 쌓아가도록 한다).	
2	교사/부모는 계속적인 논의로 현재 시점에서 가장 우선적인 사항을 포함한다.	
3	가정연계 프로그램은 학급의 활동을 보조하는 것이기보다 각자의 가정에서 가장 효과적으로 할 수 있는 내용들이 포함되어 있다.	
4	아동의 강점을 중심으로 한 내용을 가지고 접근하고 있다.	
5	서술은 간단하고 명료하며 지시적이지 않다.	
6	어린이집과 부모/가정과의 의사소통은 항시 개방적이며 다양한 형식을 갖고 진행된다(교환일기, 전화상담, 정기상담, 참여/참관 활동 등).	

(3) 일과와 환경 구조화

일과 구성과 환경 조성에 관한 내용을 중심으로 다음 26개 항목의 질적인 수준을 지속적으로 평가하여 일과와 환경 구성에 반영하는 것이 중요하다.

표 1-4 일과와 환경 구조화 평가서

번호	평가항목	평가
1	교사 주도 활동과 아동 주도 활동이 균형을 가지고 짜여 있다.	
2	다양한 집단 활동이 구성되어 있다(개별/소집단/대집단).	
3	정적 활동과 동적 활동이 균형을 가지고 진행되고 있다.	
4	일과 활동 내의 연속적인 예견가능성이 있다(예: 날씨/출석 노래, 일과표).	
5	일일 일정표가 게시되어 있다.	
6	활동을 하기 위한 충분한 시간이 확보되어 있다.	
7	장애아에 대한 개별 주의집중 시간에 대한 조정이 반영되고 있다.	
8	활동-종료 신호 체계를 가지고 있다.	

번호	평가항목	평가
9	선택판이 활용되고 있다(강화제, 자유선택시간, 물건, 장소, 사람 등).	
10	일과 진행은 융통성을 가진다.	
11	전이는 자연스럽게 이루어지며 아동이 예측할 수 있다.	
12	기다리기 지도의 체계를 가지고 있다(약속).	
13	활동에 따른 개별적인 자리 배치에 대한 계획이 있다.	
14	일과적응 평가는 학급에서 적절하게 행동하기 위해 요구되는 항목으로 구성되어 있다.	
15	아동의 능동적인 탐색을 가능하게 하는 적절한 자극이 유지되고 있다.	
16	교구와 교재 등은 정기적으로 청결하게 관리되고 있다.	
17	환경적인 배치와 모든 구성물은 안전하다.	
18	개별 아동의 흥미 영역이 구성되어 있다.	
19	필요한 경우에는 자극을 줄이고 조정할 수 있다.	
20	독립된 놀이 공간이 확보되어 있다.	
21	영역 간의 경계가 있다.	
22	선반에는 명칭이 있고 접근하기 쉬운 곳에 교구가 배치되어 있다.	
23	영역을 전이하는 경우 표시된 약속이 있다.	
24	주 단원과 관련된 교구가 재배치되고 있다.	
25	활동 결과물이 게시되고 있다.	
26	정적인 공간은 소음에 의해 방해받지 않는다.	

(4) 교수 활동

교사가 장애아의 일과와 활동 참여에 대한 촉진을 도모하기 위한 구체적인 방안으로 개별화교육 프로그램이 일일 활동과 특별한 행사 안에서 실행되는 방안이기도 하다. 교사 간의 협력적 접근을 위한 점검도 가능한 평가항목들이다.

표 1-5 교수 활동 평가서

번호	평가항목	평가
1	개별적으로 필요한 참여전략이 명시되어 있다(촉진방법, 시범보이기, 또래 활용, 집단 구성, 자리 배치 등 환경 구조화 내용).	
2	읽고 이해하기 쉽게 서술되어 있다.	
3	재미있고 의미 있는 활동으로 구성되어 있다.	
4	차시 지도 계획이 있다.	
5	다음에 이어질 활동에 대한 정보를 담고 있다(평가자료).	
6	인지적 목표에만 치중되지 않고 다양한 발달 영역의 목표가 제시되어 있다.	
7	IEP 목표와 연계를 가진 세부적인 활동 계획이 제시되어 있다.	
8	일과와 주간 활동에서의 목표가 포함되어 있다.	
9	목표, 방법, 교재, 평가 등이 수정되고 조정될 수 있다.	
10	현행수준을 참작한 지도전략을 명시하고 있다(습득-숙달-유지-일반화).	
11	가정 연계 사항을 기록한다(단순한 과제나 알림 기능은 지양).	
12	도움을 주고자 하는 성인에게 장애아 지도에 대한 지침을 줄 수 있다.	

(5) 교사 협력

구체적인 협력 실행을 위하여 요구되는 협력의 내용과 방법을 평가해 봄으로써 장애아보육과 관련된 의사소통을 보다 원활하게 할 수 있는 다음의 9개 항목들로 구성된다.

표 1-6 교사 협력 평가서

번호	평가항목	평가
1	교사들은 자유롭게 생각을 나누고, 관찰 내용에 대한 의견을 교환하며 새로운 전략에 대한 지속적인 의사소통을 하고 있다.	
2	일과 가운데 자연스러운 역할 분담과 책무성이 포함되어 있다.	
3	일과 운영과 교육계획 전반에 관해 계획하고 평가하는 것을 함께 한다.	

번호	평가항목	평가
4	장애아에 대한 목표를 공유한다.	
5	장애 보육 관련 사항에 대한 정기적인 회의체계가 있다.	
6	장애아 행동 지도에 대한 일관성을 가진다(예: 긍정적 행동지원 전략).	
7	자원봉사자, 실습생 등 교사 외 다른 조력자들에 대한 역할을 분명하게 제시하고 있다.	
8	전문가의 참관 결과를 수용하여 바람직한 변화를 모색하고 있다.	
9	회의록은 기록 보관되며, 학급 운영에 참고 자료가 되고 있다.	

2) 시설장, 장애전담교사, 일반 보육교사 역할 수행 평가

시설장과 장애전담교사 및 일반 보육교사들은 장애아보육 운영과 관련된 역할을 중심으로 다음의 내용을 평가하여 스스로의 책무성을 강화하는 것이 필요하다. 그 평가 방법은 다음에 제시된 평가 척도의 방법을 이용할 수도 있다(장애아통합보육지원센터 사업 전문위원회, 2009).

평가 척도로 평가하지 않을 경우에는 각 항목마다 구체적인 실행 여부와 정도를 점검하여 장애아보육에 필요한 점을 보완하여야 한다.

(1) 시설장 평가

표 1-7 시설장 평가서

번호	내용	그렇지 않다 ➡ 그렇다				
1	장애아보육 운영에 대해 자부심을 가지고 있다.	①	②	③	④	⑤
2	연간 장애아보육 프로그램에 대해 숙지하고 있다.	①	②	③	④	⑤
3	질적인 보육과정 운영의 요소를 실행하고 있다.	①	②	③	④	⑤
4	장애아보육이 잘 수행될 수 있도록 물리적 환경(교재교구, 편의시설 등) 개선에 노력하고 있다.	①	②	③	④	⑤
5	장애아보육을 위한 시설운영 기준을 숙지하고 있다.	①	②	③	④	⑤

번호	내용	그렇지 않다 ➡ 그렇다				
6	어린이집 연간 보육과정에 장애아보육 프로그램을 포함시켜 안내하고 있다.	①	②	③	④	⑤
7	장애아보육 대상아동에 대한 정보를 알고 있다.	①	②	③	④	⑤
8	장애아보육 관련 연수에 교사들이 참여할 수 있도록 적극 협조한다.	①	②	③	④	⑤
9	교사들이 정기적으로 교사회의를 진행할 수 있도록 시간, 공간을 확보해 주고 있다.	①	②	③	④	⑤
10	장애전담교사의 장애아보육에 관련된 업무 시간과 공간을 지원하고 있다.	①	②	③	④	⑤
11	장애아보육 프로그램 관련 서류들(예: 개별화교육계획안, 일지 등)을 정기적으로 확인하고 업무 지도를 하고 있다.	①	②	③	④	⑤
12	장애전담교사와 정기적인 회의를 통해 장애아보육에 대한 정보를 공유하고 있다	①	②	③	④	⑤
13	보육교사와 장애전담교사 간 협력을 최대화하기 위해 지속적으로 의사소통 방법에 대한 지도를 하고 있다.	①	②	③	④	⑤
14	외부 지원 자원(예: 장애인복지관, 보육정보센터 등)에 대해 개방적인 태도로 필요한 연계와 지원 체계를 갖기 위한 노력을 기울인다.	①	②	③	④	⑤

(2) 장애전담교사 평가

표 1-8 장애전담교사 평가서

번호	내용	그렇지 않다 ➡ 그렇다				
1	장애아보육 담당에 대해 자부심을 가지고 있다.	①	②	③	④	⑤
2	연간 개별화교육 프로그램에 대해 숙지하고 있다.	①	②	③	④	⑤
3	장애아보육 관련 연수에 적극 참여하고 있다.	①	②	③	④	⑤
4	통합보육지원 활동에 학급 내 모든 아동을 포함하고 있다.	①	②	③	④	⑤
5	IEP 작성의 목적과 필요성을 충분히 인식하고 아동의 요구에 맞게 IEP를 수립한다.	①	②	③	④	⑤

번호	내용	그렇지 않다 ➡ 그렇다				
6	IEP 작성 시 일반 보육교사와 협의하고 내용을 반영한다.	①	②	③	④	⑤
7	IEP 작성 시 부모와 협의하고 내용을 반영한다.	①	②	③	④	⑤
8	IEP 작성 시 관련자(치료사 등)와 협의하고 내용을 반영한다.	①	②	③	④	⑤
9	담당 장애아의 IEP 목표에 대해 숙지하고 있다.	①	②	③	④	⑤
10	IEP의 목표가 반복적인 일과 중에 지도되고 있다.	①	②	③	④	⑤
11	IEP의 목표가 진행되고 있는 보육과정 활동에서 지도되고 있다.	①	②	③	④	⑤
12	장애아 부모에게 보육계획안의 내용에 대해 잘 전달하여 정보를 공유하고 있다.	①	②	③	④	⑤
13	IEP에 따라 가정연계 활동을 잘 계획하고 수행할 수 있도록 부모에게 필요한 정보를 제공하고 있다.	①	②	③	④	⑤
14	IEP의 목표와 지도방법을 일반 보육교사에게 충분히 설명하고 있다.	①	②	③	④	⑤
15	보육일지를 빠짐없이 기록하고 있다.					
16	정기적으로 IEP 평가를 위해 회의를 진행하고 있다.					
17	장애아보육 프로그램 운영 상황에 대해 시설장에게 정기적으로 보고하고 업무지도를 받고 있다					
18	장애아가 필요로 하는 관련 서비스 제공을 위해 지역 내 자원개발 및 연계에 노력하고 있다.					

(3) 보육교사 평가

표 1-9 보육교사 평가서

번호	내용	그렇지 않다 ➡ 그렇다				
1	장애아보육 프로그램 운영에 대해 자부심을 느끼고 있다.					
2	장애아도 교수 대상이라고 인식하고 진행되는 일과와 보육 활동에 충분히 참여시키고 있다.					
3	연간 장애아보육 프로그램에 대해 숙지하고 있다.					
4	장애아보육 관련 연수에 적극 참여하고 있다.					
5	장애아의 IEP 목표에 대해 숙지하고 있다.					
6	장애아의 질적인 참여를 위해서는 일반 교육계획의 수정이 필요하다.					
7	장애아의 IEP 작성 시 장애전담교사와 충분히 협의하고 있다.					
8	주간 보육계획안을 장애전담교사와 상의하여 계획-실행-평가하고 있다.					
9	개별화교육 프로그램의 내용을 숙지하고 실행에 협조하고 있다.					

Chapter 02

장애보육환경 및 보육과정 운영

장애아동에 대한 보육의 실천에 있어서 긍정적이고 바람직한 보육 활동이 활성화되기 위해서는 장애아동의 입장에서 환경이 조성되어야 할 것이다.

장애아동의 보육 환경에 있어서 기준, 운영과정, 상호작용, 건강과 영양, 안전, 가족과 지역사회와의 협력 등을 중심으로 살펴보면 다음과 같다(차순호, 2010).

1. 보육환경

1) 기준

장애아동들의 보육기준은 학습과 행동 습관을 형성하는 데 중요한 영향을 미치며, 보육시설에서 장기간 활동하기 때문에 보육환경은 매우 중요하다고 할 수 있다.

장애아를 위한 보육시설에서 실내외 환경의 기준은 가정과 같이 편하고 쾌적해야 하며, 장애아들의 일상생활이나 놀이 활동을 적극적으로 지원하고 격려할 수 있도록 계획하고 구성하여야 한다. 특히 장애아들은 사물에 있어서 구체적으로 스스로 보고 만지고 느끼며 놀이를 통하여 새로운 지식을 습득하고 있다. 따라서 장애아들의 장애유형과 개별 발달수준이나 흥미에 맞도록 적합한 교재교구를 다양하게 마련해 주어야 하며, 개별적으로 적절하게 수정하여 제공해 주는 것이 가장 바람직하다(평가인증보육시설 지침서-장애아전담 보육시설, 2009).

2) 운영과정

장애아동의 보육 운영관리는 그 시설의 운영철학이 반영되며, 시설장의 기본자세나 마음가짐이 매우 중요한 영향을 미치게 되는 것이다. 수준 높은 보육시설의 운영을 위해서는 바람직한 운영관리 체계를 갖추고 인력의 전문성 강화를 위한 다양한 노력의 활동이 필요할 것이다. 보육운영관리에서 시설 종사자의 업무 분장과 원활한 상호의사소통을 위한 체제를 구축하고 합리적이면서 투명한 재정 관리와 원아관리를 위한 문서의 체계화, 교사 대 영유아 비율 등을 신중하게 고려하고 반영하는 것이 중요하다. 장애아동 보육인력들의 전문성과 근무환경을 적절하게 제공해 주어 자신의 업무에 있어서 최선을 다하여 장애아동의 발달에 긍정적인 영향을 미치는 것이 중요하다고 할 수 있다. 또한 보육인력의 재교육을 통해 전문성 향상을 높여주어 원활한 보육운영이 되도록 해야 할 것이다. 그리고 경력교사의 비율을 높여 장애아보육운영이 합리적이고 원활하게 운영되도록 노력해야 한다.

3) 상호작용

장애아 전담 보육교사는 장애영유아의 일상적 양육과 상호작용을 통해 장애영유아의 개별적 특성 및 차이를 파악하게 되며, 개별 발달수준에 적합한 경험을 제공할 수 있다. 이러한 주어진 경험은 장애영유아가 교사나 또래의 영유아들과 긍정적인 관계를 형성하고 대인관계 기술을 습득하는 기초가 된다. 그리고 보육교사의 적절한 행동과 태도는 장애영유아의 자존감을 향상시키고, 다른 또래들과 긍정적으로 상호작용할 수 있는 능력을 길러준다(평가인증 보육시설 지침서-장애아전담 보육시설, 2009).

4) 건강과 영양

영유아기는 성장발달이 급속하게 이루어지는 시기이다. 그렇기 때문에 성장이 더딘 장애아동의 경우에는 특히 균형 있는 영양이 중요하다. 장애아동에게 청결하고 위생적인 환경을 마련해주고, 양질의 영양을 제공하는 것은 장애아동의 건강유지를 위해 매우 중요하다. 보육시설의 실내 영역에 있어서 위생과 청결은 아동기부터 위생적인 생활습관을 기르는 데에도 중요한 역할을 할 수 있다. 보육교사는 몸이 아픈 장애아동에게 적절한 조치를 취하며 집단생활에서 발생할 수 있는 전염병에 대한 기본적인 지식을 갖추고 이에 적절하게 대응할 수 있어야 한다. 또한 보육시설에서는 장애아동의 특성이나 음식물 섭취능력 등을 고려하여 식단을 다양하게 계획하고 제공함으로써 장애아동의 성장을 도와줄 수 있도록 배려해야 한다.

5) 안전

장애아동에게 사고나 위험으로부터 보호할 수 있는 안정된 보육환경을 제공함으로써 부모들이나 그 가족들이 마음 놓고 활동에 참여하여 건강한 신체와 심리적 안정감을 발달시킬 수 있도록 도와주어야 한다.

보육시설에 종사하는 시설장과 교사는 장애아동들이 안전하게 생활할 수 있도록 필요한 시설을 설치하는 것은 물론 관련 설비의 사용 수칙을 잘 알고 그러한 수칙을 문서로 준비하여 세심하게 관리할 필요가 있다. 또한 등원시간과 귀가시간의 안전과 장애영유아 인계 등의 상황에서도 장애아동을 위한 안전과 보호에 최선을 다해야 한다. 특히 장애아동들은 신체적, 인지적으로 안전에 대한 자기조절능력이 부족하기 때문에 예기치 않은 사고가 발생할 수 있다는 것을 항상 유념하여 위험에 적절하게 대처할 수 있어야 한다. 이를 위해서는 장애아동의 부모로부터 아동에 대한 필요한 정보를 얻어 안전교육 프로그램을 계획하고, 보육시설과 가정에서 안전하게 대처할 수 있도록 교육해야 한다.

6) 가족과 지역사회와의 협력

장애아동의 보육 활동에 있어서 보육시설과 가정이 유기적인 연계성을 가지며 지도할 때 장애아동의 안정감은 더욱 향상될 수 있고, 부모는 보육시설과 보육교사를 더욱 신뢰하게 된다. 보육시설과 가정은 장애아동의 양육과 교육에서 공통점과 차이점을 이해하고 존중함으로써 장애아동이 안정적인 마음으로 생활할 수 있도록 도와주어야 할 것이다.

보육시설에서는 장애아의 교육뿐 아니라 가족의 역량을 강화하고 장애아를 둘러싸고 있는 다양한 유기체들 간의 연계를 모색함으로써 장애아가 보다 최상의 서비스를 받을 수 있도록 가족과 보육시설 및 지역사회 관련 기관들의 지속적인 연계와 협력이 중요하다. 보육시설은 장애아 부모에게 개방하며 장애아동의 생활에 대해 부모와 의견을 교환할 수 있어야 한다. 또한 부모 간 교류, 부모교육과 부모 참여의 기회를 제공하여 가정과 연계 활동을 강화하는 것이 중요하다. 장애아동의 가족을 지원할 때는 긍정적인 관계에서 출발할 수 있어야 한다. 이는 가족 지원 프로그램을 통하여 가족이 필요로 하는 것을 직접 지원해 주기보다는 가족구성원 스스로 자기 자신과 장애아동을 도와줄 수 있도록 가족구성원들의 능력을 격려하고 가족의 기능과 역할을 강화 시켜주는 것이 중요하기 때문이다.

장애아들의 보육시설에서는 지역사회의 기관들과 다양한 연계 활동을 통하여 장애아동이 자신을 둘러싼 주변 환경에 대하여 이해하고 적응할 수 있도록 도와줄 수 있는 최선의 방향을 강구하고, 지역사회의 다양한 물적, 인적 자원들을 활용하여 보육시설에서에 발생하는 문제에 대해 보다 전문적인 지원체계를 구축할 수 있도록 해야 한다.

(1) 가족지원

가족지원은 가족의 요구와 연결하여 장애아 가족들이 가능한 다른 가족들처럼 살 수 있도록 지원과 자원, 서비스와 기타, 다른 도움을 제공하는 것이다. 아울러 가족의 약점을 수정하거나 결함을 치료하려고 하기보다는 가족의 장점을 찾아내고 그 위에 기초하여야 하며, 또한 장애아를 가정 내에서 가족과 함께 양육하려는 가족의 노력을 후원하고 주요 양육자로서 장애아 가족의 주류 사회에 통합을 장려해야 한다(이병혁, 2002; 최민숙, 2007).

장애아 가족지원의 필요성을 살펴보면,

- 영유아기 자녀를 둔 부모는 그들에게 가장 큰 영향력을 지닌 존재이기 때문에 교육과 양육의 효율성을 위해서 부모에 대한 교육과 지원이 필요하다.
- 위기에 처한 가정의 부모뿐만 아니라 모든 가정의 부모는 자녀 양육과 관련된 교육과 지원을 받을 권리가 있다.
- 부모의 역할은 인간으로서 사회에서 맡는 역할 중의 하나이다.
- 장애자녀 양육에 대한 많은 스트레스와 자원의 부족 등은 부모로서의 역할을 제대로 할 능력을 저하시키기 때문에 이에 대한 적절한 지원을 필요로 한다.
- 바람직한 부모역할에 대한 바른 정보와 적절한 모델이 필요하다.
- 미래사회에 적응할 수 있는 사람으로 자녀를 키우기 위한 지원이 필요하다.
- 보육시설과 가정과의 연계성 확립을 위한 지원이 필요하다.

또한 가족생활에 있어서 장애아가 미치는 영향을 보면 먼저 부모에게 미치는 영향은 다음과 같다.

① 현실적 문제

- 주 양육자의 육체적 고통
- 시간 부족
- 주 양육자의 고립
- 부부관계와 전체 가족관계의 갈등

- 장래에 대한 근심
- 여가 시간의 축소
- 장애아와의 상호작용의 어려움
- 경제적 어려움
- 친교 대상

② **심리적 문제**

③ **부적절한 부모 반응**

- 부정과 불신이 계속되는 경우
- 장애의 원인을 계속적으로 찾는 경우
- 가정불화
- 우울증, 열등감, 무력감
- 아동에 대한 과잉보호
- 무관심과 학대
- 지속적인 스트레스

장애아가 형제자매에게 미치는 영향은 다음과 같다.

① **비장애형제자매의 사회 정서적 상황**

② **장애형제에 대한 비장애형제자매의 태도**

가족지원 유형은 다음과 같다.

① **정보제공**

- 개별 유아의 특성을 고려한 의사소통의 제공
- 정기적으로 의사소통하기
- 일일 알림장 활용하기

그 외 보육시설 역량에 따른 가족지원 방안이 있다.

(2) 관련 유관 기관과의 연계

보육시설에 입소한 장애아는 다양하고 특수한 문제를 갖는 경우가 있다. 그러므로 장애아를 담당하는 교사는 장애아가 전문가의 적절한 도움을 받을 수 있도록 다양한 관련 기관과 정보를 교환하고 긴밀한 협력 체계를 연계하는 것이 필요하다.

① 장애아보육시설 간의 정보 교환과 연계
② 치료 지원 등의 관련 서비스 기관 연계
③ 보육시설에서의 관련 서비스 실시 방안
④ 보건소, 관공서, 보육정보센터 등의 지역사회 기관 연계

2. 보육과정

국가 수준의 제3차 표준보육과정은 일선 보육기관에서 보육을 받고 있는 모든 아동들에게 표준적인 동일한 보육과정에 의하여 최소한의 질적인 보육이 이루어질 수 있도록 개발되었다. 따라서 일반 어린이집에 통합되거나 전담 어린이집에 배치된 장애를 지닌 아동들의 경우에도 표준보육과정에 의한 보육 프로그램을 우선적으로 진행하게 되는 것이다.

장애아를 보육하는 경우 그 특수성에 맞도록 국가수준의 제3차 표준보육과정을 융통성 있게 운영하도록 권장하고 있다. 제3차 표준보육과정은 기본생활, 신체운동, 사회관계, 의사소통, 자연탐구, 예술경험 등 총 6개 영역으로 구성되어 있으며, 각 영역은 연령집단별로 구분되어 만 2세 미만, 만 2세, 만 3~5세(누리과정) 영유아로 구분하여 제시하고 있다. 또한 각 연령의 보육 내용은 각각의 수준으로 나누어서 만 2세 미만 보육내용은 1.2.3 수준, 만 2세 보육내용은 1.2수준, 만 3~5세 누리과정 보육 내용은 1.2.3수준으로 구분되어 있다. 표준보육과정에서 제시하고 있는 연령에 따른 보육과정의 목적과 목표 및 내용범주를 살펴보면 다음과 같다.

1) 표준보육과정의 목적 및 내용범주

(1) 0~1세, 2세 보육과정 목적 및 목표

보육과정은 영유아 심신의 건강과 전인적 발달을 도와 행복을 도모하며 민주시민의 기초를 형성하는 것을 목적으로 한다. 보육과정의 목표는 다음과 같다.

표 2-1 0~1세 보육과정의 영역별 목표

관련영역	0~1세 보육과정
기본생활	건강하고 안전한 일상생활을 경험한다.
신체운동	감각 및 기본 신체운동능력을 기른다.
의사소통	말소리를 구분하고 의사소통의 기초를 마련한다.
사회관계	친숙한 사람과 관계를 형성한다.
예술경험	아름다움에 관심을 가진다.
자연탐구	보고, 듣고, 만지면서 주변 환경에 관심을 갖는다.

출처: 보건복지부(2013).

표 2-2 2세 보육과정의 영역별 목표

관련영역	2세 보육과정
기본생활	건강하고 안전한 생활습관의 기초를 마련한다.
신체운동	감각, 신체조절 및 기본운동능력을 기른다.
의사소통	의사소통능력의 기초를 기른다.
사회관계	나를 인식하고 다른 사람과 더불어 생활하는 경험을 한다.
예술경험	아름다움에 관심을 가지고 예술 경험을 즐긴다.
자연탐구	주변 환경에 호기심을 갖고 탐색하기를 즐긴다.

출처: 보건복지부(2013).

(2) 3~5세(누리과정) 목적 및 목표

누리과정은 유아가 놀이를 통해 심신의 건강과 조화로운 발달을 이루고 바른 인성과 민주시민의 기초를 형성하는 것을 목적으로 한다. 누리과정의 목표는 다음과 같다.

표 2-3 누리과정의 영역별 목표

관련영역	3~5세 보육과정
신체운동·건강	자신의 소중함을 알고 건강하고 안전한 생활습관을 기른다.
의사소통	자신의 일을 스스로 해결하는 기초능력을 기른다.
사회관계	호기심과 탐구심을 가지고 상상력과 창의력을 기른다.
예술경험	일상생활에서 아름다움을 느끼고 문화적 감수성을 기른다.
자연탐구	사람과 자연을 존중하고 배려하며 소통하는 태도를 기른다.

출처: 교육부(2020).

(3) 표준보육과정의 연령별 · 영역별 내용범주

표 2-4 표준보육과정의 내용범주

영역 연령	기본생활	신체운동	의사소통	사회관계	예술경험	자연탐구
0~2세 내용범주	건강하게 생활하기 안전하게 생활하기	감각과 신체 인식하기 신체조절과 기본운동하기 신체 활동에 참여하기	듣기 말하기 읽기 쓰기	나를 알고 존중하기 나와 다른 사람의 감정알기 더불어 생활하기	아름다움 찾아보기 예술적 표현하기 예술 감상하기	탐구하는 태도 기르기 수학적 탐구하기 과학적 탐구하기
영역 연령	신체운동 · 건강		의사소통	사회관계	예술경험	자연탐구

3~5세 내용범주	신체 활동 즐기기 건강하게 생활하기 안전하게 생활하기	듣기와 말하기 읽기와 쓰기에 관심가지기 책과 이야기 즐기기	나를 알고 존중하기 더불어 생활하기 사회에 관심 가지기	아름다움 찾아보기 창의적으로 표현하기 예술감상하기	탐구과정 즐기기 생활속에서 탐구하기 자연과 더불어 살기

출처: 보건복지부(2013). 교육부(2020).

① 기본생활

기본생활 영역은 '건강한 생활하기', '안전한 생활하기'의 2가지 내용범주로 구성되어 있으며 '건강한 생활하기'의 내용범주별 내용은 다음과 같다.

첫째, '몸을 깨끗이 하기'는 건강한 생활의 기초로서 스스로 몸 씻기와 이 닦기를 시도하도록 하는 것이며, 장애아보육을 위해 시각에 어려움이 있는 영아는 감각이 예민하기 때문에 칫솔이나 치약을 거부할 수 있으므로 처음에는 손가락에 끼는 실리콘 칫솔을 사용하고, 만약 실리콘 칫솔을 거부하면 치약이 묻지 않은 부드러운 칫솔을 가지고 놀게 한 뒤 점차 익숙해지면 좋아하는 향의 치약을 사용하여 양치하는 습관을 길러 준다.

둘째, '바르게 먹기'는 영아가 건강을 유지하기 위해 음식을 골고루 먹고 도구를 사용하여 스스로 먹고 정해진 자리에서 먹는 것이며, 장애아보육을 위해 시각에 어려움이 있는 영아는 뚜껑 없는 컵을 사용하여 마시는 훈련을 시작하고, 음료수를 따르기 전 두 손으로 컵을 만져 보도록 하며, 목이 마를 때는 주스로 시작하는 것이 효과적이다. 음료수를 쏟았을 때 혼내지 말고, 손으로 쏟은 음료수를 만져보게 한다. 물을 마시고 난 후 컵을 내려놓을 장소를 지정해 주고, 제자리에 두는 훈련을 시작한다. 지속적으로 음식을 뱉어 내는 경우에는 좋아하는 주스, 우유 등과 번갈아 먹이거나 좋아하는 음료와 섞어 먹이는 것도 좋은 방법이다.

셋째, '건강한 일상생활하기'는 영아가 건강한 생활 습관을 형성하는 데 필요한 규칙적인 수면과 휴식, 배변 습관을 가지고 즐겁게 생활하는 태도를 형성하도록 것이며, 장애아보육을 위해 시각에 어려움이 있는 영아를 위한 교실은 후각이나 청각적 단서를 이용할 수 있도록 한다. 예를 들면, 영아가 좋아하는 영역에는 향수를 놓아두는 것이 좋고, 화장실 앞에는 입체감을 느낄 수 있는 매트를 두어 구분할 수 있도록 한다.

기본생활 영역 중 '안전하게 생활하기'의 내용범주별 내용은 다음과 같다.

첫째, '안전하게 놀이하기'는 실내·외 안전한 장소에서 여러 가지 놀이 기구나 놀잇감을 안전하게 사용하도록 하는 내용이다. 장애아보육을 위해 시각에 어려움이 있는 영아는 보육실로 들어오는 문에 소리 나는 종을 달아놓으면 스스로 방향을 인지할 수 있고, 색 테이프 등으로 바닥에 영역 공간을 구분해 주면 안정적으로 놀이하게 된다.

둘째, '교통안전 알기'는 영아가 교통수단의 위험을 알고 사고의 위험으로부터 자신을 보호하기 위해 필요한 교통안전을 알도록 하는 내용이며, 수준별 내용은 '교통수단의 위험을 안다'와 교통수단의 위험을 알고 조심한다'로 구성되어 있다. 장애아보육을 위해 시각에 어려움이 있는 영아를 위해 계단은 어둡지 않게 하고, 손잡이를 설치하며, 미끄럼 방지 테이프를 붙인다.

셋째, '위험한 상황 알기'는 영아가 처할 수 있는 여러 가지 위험한 상황과 위험한 것에 대해서 알고 조심하며, 위험한 상황이 발생했을 때 어른의 지시에 따를 수 있도록 지도하는 내용이며, 구체적인 내용은 위험한 상황과 위험한 것에 관련된 내용과 '위험한 상황 시 어른의 지시에 따른다'는 내용으로 구성되었다. 장애아보육을 위해 움직일 때 도움을 받아야 걸을 수 있는 영아는 통행에 지장이 되는 바닥면의 높이 차이가 없어야 혼서서 원하는 장소로 이동할 수 있으므로 휠체어나 유모차를 탄 영아도 실외놀이터로의 접근이 용이하도록 바닥처리를 한다.

② 신체운동

신체운동 영역은 '감각과 신체 인식하기', '신체조절과 기본운동하기', '신체 활동 참여하기'의 3가지 내용범주로 나누어 구성되어 있으며, 뇌 병변장애나 신체장애를 가진 아동에게는 다양한 신체 활동을 통해 자기 자신에 대하여 긍정적인 마음을 가지는 것이 중요하다.

'감각과 신체인식하기'의 내용범주별 내용은 다음과 같다.

첫째, '감각능력 기르기'는 영아가 다양한 감각 경험을 통하여 사물의 특성을 구별하는데 기초가 되는 감각능력을 향상시키도록 하는 내용이며, 구체적으로 '다양한 감각적 차이에 반응한다'로 구성되어 있다. 장애아보육을 위해 촉감에 민감한 반응을 보이는 경우 영아가 편안함을 느끼는 말이나 노래 등을 들려주며 교사에게 신뢰감을 가지고 안정감 있게 활동에 참여할 수 있는 분위기를 만들어 주고, 시각적으로 어려움을 가진 영아의 경우 사물이 가진 독특한 냄새를 경험할 수 있도록 활동을 제공할 때 음식, 물감, 로션, 과일, 꽃, 흙, 어항 등 활동과 관련된 사물의 냄새를 맡아보게 한다.

둘째, '감각능력 활용하기'는 영아가 감각기관을 활용하여 주변의 사물과 환경을 탐색함으로써 사물의 특성과 환경을 인식하는 능력을 향상시킬 수 있는 내용이며, 구체적인 내용은 '감각기관으로 주변 환경을 탐색한다'로 구성되어 있다. 장애아보육을 위해 시각에 어려움이 있는 영아의 경우 다른 감각을 최대한 활용할 수 있도록 촉각, 청각, 후각적 정보를 함께 제공한다.

셋째, '신체를 인식하고 움직이기'는 영아가 자신의 신체부분을 탐색하고 움직이면서 자신의 신체에 대하여 긍정적으로 인식할 수 있는 내용으로 구성되어 있다. 영아는 기본적인 신체 명칭이나 세부적인 신체 명칭에 대해 알아가기 시작하며 이때 신체 각 부위가 어떻게 움직일 수 있는지를 함께 인식하게 된다. 구체적으로 '신체 각 부분의 명칭을 아는 것'과 '신체 각 부분의 움직임을 탐색하는 것'으로 구성되어 있다. 장애아보육을 위해 청각적 어려움이 있는 영아에게는 교사의 얼굴을 볼 수 있는 방향에서 적절한 크기로 정확하게 말하고, 영아가 선호하는 짧고 반복적인 리듬을 이용하여 신체 각 부위의 명칭을 노래로 리듬감 있게 제시한다.

'신체조절과 기본운동하기'의 내용범주별 내용은 다음과 같다.

첫째, '신체 균형잡기'는 영아가 움직이면서 신체의 균형을 잡을 수 있는 능력을 기르는 내용으로 '안정된 자세를 취하려고 시도한다'는 구체적인 내용으로 구성되어 있다. 장애아보육을 위해 청각에 어려움이 있는 영아의 경우 평형감각에 문제가 있거나 어지러움을 느끼지는 않는지 영아의 평형 조절능력에 대한 사전 정보를 제공받고, 활동 중 영아의 반응을 민감하게 살핀다. 시각에 어려움을 가진 영아에게는 영아가 참여하게 될 활동을 설명해주고 영아가 올라갈 평형판의 모양과 움직임을 손으로 미리 탐색할 수 있도록 한 뒤에 활동한다.

둘째, '대근육 조절하기'는 2세 영아가 신체의 균형을 유지하면서 신체의 대근육을 조절하여 신체 움직임을 발달시킬 수 있는 내용이며, 구체적으로 '팔, 다리, 목, 허리 등 움직임을 조절한다'는 내용으로 구성되어 있다. 장애아보육을 위해 걸음이 불안정한 영아나 저시력 영아에게 손으로 잡고 이동할 수 있는 안전바를 설치하여 독립적 접근을 보장한다.

셋째, '소근육 조절하기'는 2세 영아가 소근육의 힘과 조절력, 시각능력의 발달을 기초로 눈과 손을 협응하여 움직일 수 있는 능력을 기르기 위한 내용이며, 구체적으로 '눈과 손을 협응하여 소근육을 조절해본다'는 내용으로 구성되어 있다. 장애아보육을 위해 신체 조절이 어려운 영아의 경우 신체가 안정되지 않으면 몸의 균형을 유지하는 데 에너지를 소비하게 되므로 소근육 활동 참여 동기가 저하되지 않도록 편안하고 안정된 자세를 먼저 잡아 준다.

넷째, '기본운동하기'는 2세 몸의 축을 한 곳에서 다른 곳으로 이동하면서 움직이는 걷기, 계단 오르기 등의 운동과 제자리에서 몸의 축을 변동하지 않고 움직여보는 구부리기, 뻗기, 구르기, 흔들기 등의 제자리 운동에 참여하면서 운동능력의 기초를 갖추게 되는 내용이다. 장애아보육을 위해 '터널통과하기 놀이'와 같은 활동을 진행할 때 시각적 어려움이 있는 영아의 경우 터널의 폭과 길이를 미리 손으로 만져 볼 수 있도록 한다.

'신체 활동 참여하기'의 내용범주별 내용은 다음과 같다.

첫째, '신체 활동에 참여하기'는 영아가 신체 활동을 즐기고 자발적으로 참여함으로써 신체운동 능력을 향상시키는 내용이며, 구체적으로 '신체 활동에 자발적으로 참여해 본다'의 내용으로 구성되어 있다. 장애아보육을 위해 신체 활동 참여에 거부감이나 두려움을 가진 영아에게는 먼저 또래의 활동을 지켜볼 수 있도록 하고, 교사가 적절한 도움을 주어 점차적으로 활동에 참여할 수 있도록 지원하고, 신체 활동 후에는 충분한 휴식을 통해 안정감을 찾을 수 있도록 한다.

둘째, '바깥에서 신체 활동하기'는 영아가 실외 놀이터, 가까운 공원이나 숲 등의 자연환경에서 신체 활동을 하는 내용이며, 구체적으로 '규칙적으로 바깥에서 신체 활동을 한다'는 내용으로 구성되어 있다. 장애아보육을 위해 저시력 영아에게 놀이 영역으로 이동하는 길의 바닥을 구분되도록 표시해 주고, 신체의 어려움이 있는 영아들의 참여를 지원할 수 있는 테이블이나 앉아서 놀이할 수 있는 공간을 구성해 준다.

셋째, '기구를 이용하여 신체 활동하기'는 영아가 간단한 기구를 활용하여 신체 활동을 함으로써 운동능력을 기르고, 다양한 신체 움직임을 경험하는 내용이며, 구체적으로 '간단한 기구를 이용하여 신체 활동을 한다'의 내용으로 구성되어 있다. 장애아보육을 위해 실외 놀이 때에는 영아들의 움직임을 잘 관찰하고 필요한 도움을 주어 성취감을 가질 수 있도록 지원한다.

③ 의사소통영역

의사소통영역은 듣기, 말하기, 읽기, 쓰기'의 4가지 내용범주로 구성되어 있다.

'듣기' 내용범주별 내용은 다음과 같다.

첫째, '말소리 구분하여 듣고 의미 알기'는 다양한 말소리를 통해 말하는 대상의 여러 가지 상황에 따라 다른 의미를 구분하는 내용이며, 구체적으로 '친숙한 낱말의 발음에 흥미를 보이는 것', '친숙한 낱말의 발음에 관심을 가지고 듣는 것', '다양한 말소리의 차이를 구분하는 것'으로 구성되어 있다. 장애아보육을 위해 스스로 움직이거나 앉기에 어려움을 보이는 영아는 자세유지 보조기기를 제공하며, 영아가 시선을 맞추고 고개를 움직이며, 손과 팔을 사용할 수 있도록 안정된 자세를 유지해 주고, 영아는 일정 시간 이상 의자에 앉기 힘들고 피곤할 수 있으므로 활동 후에는 편안한 자세로 바꾸어 준다.

둘째, '짧은 문장 듣고 알기'는 2세의 영아가 일상생활에서 사용하는 친숙한 낱말로 영아가 이해할 수 있는 짧은 문장을 들려줌으로써 문장의 뜻을 이해하고 반응할 수 있게 하는 내용이며, 구체적으로 '낱말을 듣고 친숙한 사물과 사람을 찾아보는 것', '일상생활과 관련된 친숙한 낱말을 듣고 뜻을 이해하는 것', '친숙한 짧은 문장을 듣고 반응하는 것'으로 구성되어 있다. 장애아보육을 위해 스스로 움직이거나 고개 가누기 등의 자세 유지가 어려운 영아는 주변의 상황과 친숙한 사물들을 쉽게 보고, 접근할 수 있도록 자세유지를 돕는 보조기기를 사용한다.

셋째, '짧은 이야기 듣기'는 운율이 있는 짧은 이야기와 노랫말, 짧은 구절의 말을 들려주어 영아가 즐겁게 이야기를 들을 수 있도록 하는 내용이며, '짧은 이야기 듣기'는 '짧은 이야기와 노랫말 등을 즐겁게 듣는 것'으로 구성되어 있다. 장애아보육을 위해 신체적인 접촉을 싫어하는 영아는 인형으로 활동에 참여하거나 교사와 친구들의 활동을 관찰하게 한다.

넷째, '말하는 사람을 주의 깊게 보기'는 영아가 소통의 대상을 바라보며 말하는 사람의 표정, 몸짓, 억양 등에 주의를 기울이는 내용이며, '말하는 사람을 주의 깊게 보기'는 '말하는 사람의 표정, 몸짓, 억양 등을 주의 깊게 보고 듣는 것'으로 구성되어 있다. 장애아보육을 위해 시선 맞춤이 어려운 영아는 처음에는 소리가 나는 곳을 바라보게 하고, 영아가 흥미를 보이는 사물을 이용해 초점을 맞출 수 있도록 한다. 시선맞춤이 짧게라도 된다면 점차 시선을 옮길 수 있도록 한다.

'말하기' 내용범주별 내용은 다음과 같다.

첫째, '낱말과 간단한 문장으로 말하기'는 일상 경험 속에서 낱말에 관심을 갖고 친숙하거나 새로운 낱말을 발음해보며, 간단한 문장으로 말해보는 것이며, 구체적인 내용으로는 '눈앞에 보이는 친숙한 사물의 이름 발음해보기', '친숙한 낱말 발음하기', '일상에서 경험한 새로운 낱말에 관심 가지기', '일상생활의 반복적인 일이나 친숙한 상황 한두 낱말과 문장으로 말하기'가 포함된다. 장애아보육을 위해 영아의 자세가 활동의 집중과 소리내는 데 중요하므로 몸통과 목이 안정되게 앉혀주고, 필요시 보조의자를 사용하고, 영아의 입을 벙긋거리는 반응도 영아가 소리를 내려는 시도이므로 칭찬과 격려를 해준다.

둘째, '자신이 원하는 것 말하기'는 표정, 몸짓, 말소리를 통해 의사표현을 하고 한두 낱말의 단어로 시작해 자신이 원하는 것을 낱말 뿐 아니라 문장으로 말해보는 경험을 포함하는 내용이며, 구체적인 내용으로는 '표정, 몸짓, 말소리로 의사표현하기', '자신이 원하는 것 한두 낱말로 말해보기', '자신이 원하는 것 낱말이나 문장으로 말해보기'가 들어있다. 장애아보육을 위해 영아의 작은 반응에도 즉각적으로 반응하고 격려하여 표현이 촉진될 수 있게 한다.

셋째, '상대방 바라보며 말하기'는 영아가 두 사람 이상 있는 장소에서 말할 때, 상대를 바라보며 말을 주고받는 경험을 하는 내용으로, 이는 주변 성인과 또래들과의 대화 시 말하는 순서를 아는 데 도움을 주기 위함이다. 장애아보육을 위해 눈 맞춤이 어려운 영아와는 일상적 일과를 통해 반복적으로 눈 맞춤이 이루어질 수 있도록 하고, 일상생활에서 영아 자신도 모르게 눈 맞춤을 보이는 경우에도 이를 포착해 칭찬하고 격려한다.

'읽기' 내용범주별 내용은 다음과 같다.

'그림책과 환경 인쇄물에 흥미가지기'는 영아가 여러 가지 형태나 모양을 탐색함으로써 각 모양의 차이를 구분하는 내용과 그림책과 주변의 환경 인쇄물, 다양한 형태의 글을 교사가 읽어주어 영아가 글자의 기능과 의미에 대해 흥미를 가지게 되는 내용으로 구성되어 있으며, '그림책과 환경 인쇄물에 관심가지기'는 '그림책과 환경 인쇄물에 있는 그림과 내용에 관심을 가지는 것'과 '친숙한 그림과 환경 인쇄물을 보고 읽는 흉내 내 보는 것', '선호하는 그림책들을 읽어주면 집중하여 듣는 것'으로 구성되어 있다. 장애아보육을 위해 자세유지 보조기기를 사용하는 영아들도 쉽게 책을 꺼내어 볼 수 있도록 낮은 책꽂이에 준비해서 접근성을 높여주고, 영아가 선호하는 책은 되도록 뒤쪽보다는 쉽게 찾을 수 있는 앞자리에 배치한다.

'쓰기' 내용범주별 내용은 다음과 같다.

'끼적이며 즐기기'는 손가락 사용이 유연해지고 손목의 관절을 마음대로 움직일 수 있게 된 영아가 쓰기도구를 가지고 자유롭게 끼적이면서 자신의 생각을 표현하거나 이야기를 만들어 내는 내용이다. 장애아보육을 위해 손의 힘이 약한 영아에게는 부드러운 재질의 쓰기도구를 준비해서 작은 힘으로도 끼적이기 활동을 할 수 있도록 하고, 교사는 영아의 참여를 높이기 위해 끼적이기 재료들의 위치와 사용법을 개별적으로 알려주고 놀이를 격려한다.

④ 사회관계 영역

사회관계 영역은 '나를 알고 존중하기', '나와 다른 사람의 감정 알기',

'더불어 생활하기'의 세 가지 내용범주로 구성되며, '나를 알고 존중하기' 내용범주별 내용은 다음과 같다.

첫째, '나를 구별하기'는 영아가 자신과 다른 사람의 모습을 구별함으로써 자신이 독특한 존재임을 인식하도록 하는 내용으로 구성되어 있다. 장애아보육을 위해 영아의 접근성이 좋은 곳에 안전 거울을 설치하여 자신의 모습을 확인할 수 있도록 하고, 일과 계획 및 전이 활동 시 영아의 얼굴이 포함된 일과표를 제시하여, 이어지는 활동 및 전체 일과를 알 수 있도록 한다.

둘째, '좋아하는 것 해보기'는 영아가 자신이 좋아하는 것을 알고, 자신의 선호를 구분하며, 좋아하는 것을 즐기는 경험을 통해 자신에 대해 긍정적인 인식을 할 수 있도록 하는 내용으로 구성되어 있으며, 구체적인 내용은 '내가 좋아하는 것을 찾아본다', '좋아하는 놀이나 놀잇감을 선택해 본다', '스스로 선택한 놀이나 놀잇감을 즐긴다'로 구성되어 있다. 장애아보육을 위해 '북으로 악기 연주하기' 활동 시 청각적 어려움이 있는 영아의 경우 노래의 시작과 끝을 시각적으로 표시해 주며, 영아가 북 위나 옆에 손을 대고 북의 진동을 손으로 느낄 수 있도록 한다.

'나와 다른 사람의 감정 알기'의 내용범주별 내용은 다음과 같다.

첫째, '나의 감정을 나타내기'는 영아가 자신의 욕구나 감정을 표정이나 소리, 몸짓 뿐 아니라 적합한 말이나 행동으로 표현할 수 있도록 하는 내용이며, 구체적인 내용은 '여러 가지 감정을 말과 행동으로 나타낸다'로 구성되어 있다. 장애아보육을 위해 언어 영역에 안전 거울을 비치해, 영아가 자신의 표정을 탐색하고 자신의 감정 표현에 대해 즉각적인 피드백을 받을 수 있도록 한다.

둘째, '다른 사람의 감정에 반응하기'는 영아가 주변의 다른 사람이 나타내는 기쁨이나 즐거움뿐만 아니라 슬픔, 화남, 두려움, 아픔 등 여러 가지 감정을 알아차리고 이에 적합하게 반응할 수 있는 공감능력을 기를 수 있도록 하는 내용이며, 구체적인 내용은 '다른 사람이 나타내는 여러 가지 감정에 반응을 보인다'로 구성되어 있다.

장애아보육을 위해 다양한 표정 카드 또는 표정 맞추기 놀잇감, 얼굴 표정 만들기 자석 교구 등을 풍부하게 비치해 줌으로써 영아가 다른 사람의 얼굴 표정과 감정에 관심을 가질 수 있도록 한다.

'더불어 생활하기' 내용범주별 내용은 다음과 같다.

첫째, '내 가족 알기'는 영아가 자기 주변의 친숙한 사람 중에서도 보다 특별한 대상으로서의 가족이 있음을 알고 가족에게 소속감과 애정을 표현할 수 있도록 하는 내용으로 구성되어 있으며, 구체적인 내용은 '내 가족에게 애정을 표현한다'와 '내 가족에게 다른 사람과는 구별된 특별한 감정을 갖는다'로 구성되어 있다. 장애아보육을 위해 '엄마, 아빠 얼굴 꾸미기' 활동 시 크레파스의 경우 크기가 작아 조작에 어려움을 겪을 수 있으므로 분필 홀더를 끼워 제공하도록 하며, 영아가 잡기 용이한 두께와 길이의 그리기 도구를 제공한다.

둘째, '또래와 관계하기'는 영아가 또래와 함께 생활하고 놀이하는 경험을 통해 또래에게 기본적인 관심을 가지고 또래의 행동을 모방하거나 나란히 놀면서 또래와 접촉하게 되는 내용이다. 장애아보육을 위해 '또래 사진을 통한 활동' 시 시각적 어려움이 있는 영아의 경우 활동 전에 친구와 신체적으로 접촉할 수 있는 시간을 제공하며, 친구의 위치 정보에 대한 언어적 설명을 충분히 제공한다.

셋째, '자신이 속한 집단 알기'는 영아가 집단에 대한 기본적인 소속감을 가질 수 있도록 하는 내용이며, 구체적인 내용은 '자신이 속한 반과 교사를 안다'와 '자신이 속한 반의 활동에 즐겁게 참여한다'로 구성되어 있다. 장애아보육을 위해 '비치볼 주고받기' 활동 시 자세 유지에 어려움을 겪는 영아의 경우 교사의 무릎에 앉혀 활동을 수행하며, 공 굴리기, 받기에 어려움을 겪는 영아의 경우 바닥에 놓기만 해도 공이 굴러갈 수 있도록 영아가 앉은 곳의 높이를 조정해 준다. 청각에 어려움이 있는 영아를 위해 "받아요", "던져요" 라는 언어적 지원과 함께 공 받기, 던지기 동작을 시범

보이며, 시각에 어려움이 있는 영아에게는 색이 진한 공을 굴릴 수 있도록 하며, 방울 등이 들어가 소리 나는 공을 사용하는 것이 좋다.

다섯째, '사회적 가치를 알기'는 영아가 정리정돈, 순서 지키기, 인사하기, 약속 지키기 등의 생활 경험을 통해 질서, 예절, 규칙 등 사회적 가치를 익히도록 하는 내용으로 구성되어 있다. 장애아보육을 위해 개별 영아의 특성에 따라 적절한 상호 작용 시도 및 반응이 허용될 수 있는 사회적 분위기를 조성한다.

⑤ 예술경험 영역

예술경험 영역은 '아름다움 찾아보기', '예술적 표현하기, '예술 감상하기'의 세 가지 내용범주로 구성되며, '아름다움 찾아보기' 내용범주별 내용은 다음과 같다.

'예술적 요소 탐색하기'는 영아가 익숙한 환경에서 새롭게 발견하는 것에 대해 관심을 갖고 예술적 요소를 흥미롭게 탐색하는 것에 대한 내용이며, 예술적 요소 탐색하기는 '다양한 소리와 움직임 탐색'과 '색과 모양에 대한 탐색'으로 구성되어 있다. 장애아보육을 위해 가정, 놀이터, 지역사회 등에서 다양한 실외놀이 경험을 제공할 수 있도록 격려하여 생활 속에서의 다양한 아름다움을 탐색할 수 있도록 한다.

'예술적 표현하기' 내용범주별 내용은 다음과 같다.

첫째, '리듬 있는 소리와 노래로 표현하기'는 2세 영아가 친근한 노래를 따라 부르고 신체, 목소리, 리듬악기 등을 이용하여 간단한 리듬과 소리를 만듦으로써 리듬감 발달과 음악적 표현능력을 증진하기 위한 내용이다. 장애아보육을 위해 리듬 악기 또는 북채는 영아가 손에 쥘 수 있는 두께로 제공하며, 영아가 쥐기 어려운 악기는 백업 등으로 두께를 조절하여 영아가 쥐기 쉽도록 수정해 준다.

둘째, '움직임으로 표현하기'는 2세 영아의 신체운동능력 발달에 따라 친근한 리듬이나 음악에 맞춰 춤추기를 즐기고, 간단한 도구를 활용하여 신체로 표현하는 것에 대한 내용이며, 구체적으로 '움직임으로 표현하기'는 '노래나 리듬에 맞춰 표현하기', '간단한 도구를 활용하여 표현하는 것'으로 구성되어 있다. 장애아보육을 위해 영아가 몸으로 표현하기 활동을 안전하게 할 수 있도록 주변의 위험한 요소를 제거하고 충분한 공간을 확보해 주고, 노래가 있는 교실을 구성하여 영아가 즐겁게 자기표현을 할 수 있도록 격려한다.

셋째, '자발적으로 미술활동하기'는 2세 영아가 미술재료를 활용하여 자발적으로 그리기와 만들기를 시도하며 간단한 도구와 미술재료를 다루는 경험에 관한 내용이며, 구체적으로 '자발적으로 미술활동하기'는 '자발적으로 그리기와 만들기', '간단한 도구와 미술재료를 다루기'로 구성되어 있다. 장애아보육을 위해 자세 유지 보조 기기나 워커 등을 사용하는 영아들도 쉽게 활동에 참여할 수 있도록 영역의 가구를 배치한다.

넷째, '모방과 상상놀이하기'는 상징을 사용할 수 있게 된 영아가 일상생활 속에서 모방과 상상놀이를 즐길 수 있도록 격려하는 데 초점을 두고 있으며, 구체적으로 '모방과 상상놀이'는 '모방행동을 놀이처럼 즐기기', '일상경험을 상상놀이로 즐기기'로 구성되어 있다. 장애아보육을 위해 자세 유지 보조 기기나 워커 등을 보조 기기를 사용하는 영아들도 쉽게 활동에 참여할 수 있도록 하고 다른 영아들도 보조 기기에 다치지 않도록 충분한 공간을 제공한다.

'예술 감상하기' 내용범주별 내용은 다음과 같다.

'아름다움 즐기기'는 2세 영아가 주변 환경이나 자연 속에서 발견되는 예술적 요소에 관심을 가지며, 자신과 또래가 표현한 노래, 춤, 그리기 등을 즐기는 태도와 관련된 내용이며, 구체적으로 '아름다움 즐기기'는 '자연이나 생활의 소리나 움직임, 친근한 음악과 춤을 관심 있게 듣거나 보는 것', '일상생활에서 자연과 사물의 아름다움에 관심을 가지고 즐기기', '자신과 또래가 표현한 노래, 춤, 미술품 등에 관심을 가지고 즐기기'로 구성되어 있다.

장애아보육을 위해 계절에 따라 자연의 변화를 느낄 수 있는 자연물과 함께 찍은 영아의 사진을 게시하여 영아의 옷차림이나 주변 환경의 변화를 감상할 수 있도록 하며, 일상생활에서 접할 수 있는 소리에 관심을 가질 수 있도록 소리를 표현하는 말을 반복해서 들려주며 모방을 격려한다.

⑥ 자연탐구영역

자연탐구영역은 '탐구하는 태도 기르기', '수학적 탐구하기', '과학적 탐구하기의 세 가지 내용범주로 구성되며, '탐구하는 태도 기르기' 내용범주별 내용은 다음과 같다.

첫째, '호기심 가지기'는 영아가 주변의 사물과 자연세계에 대해 관심을 가지고 궁금한 것을 알고자 하는 호기심을 가지는 내용이며, 구체적으로 '호기심 가지기'는 영아가 주변의 사물과 자연세계에 호기심을 가지는 것'으로 구성되어 있다. 장애아보육을 위해 움직임에 어려움이 있는 영아가 자연물의 소리, 냄새 등을 경험할 수 있도록 보육실 탐색 영역의 낮은 곳에 구성한다.

둘째, '반복적 탐색 즐기기'는 영아가 관심 있는 사물을 감각과 대·소근육을 사용하여 주도적으로 반복하여 탐색하기를 즐기는 내용이며, 구체적으로 '반복적 탐색 즐기기'는 관심 있는 사물을 반복하여 주도적으로 탐색하기를 즐기는 것으로 구성되어 있다. 장애아보육을 위해 움직임에 어려움이 있는 영아의 놀잇감은 낮은 교구대나 바구니에 제공하며, 스스로 앉을 수 없는 영아의 경우 반드시 쟁반 같이 높이가 없는 교구 받침대를 이용하여 놀잇감을 제공한다. 영아의 경우 나누어 사용하는 것이 어려우므로 놀잇감은 색, 모양, 크기가 똑같은 것으로 여러 개 준비한다.

'수학적 탐구하기' 내용범주별 내용은 다음과 같다.

첫째, '수량 인식하기'는 2세 영아가 생활 장면에서 익숙한 사물의 수량을 인식하게 되는 내용이며, 구체적으로 '수량 인식하기'는 '많고 적음을 구별하는 것', '두 개 가량의 수 이름을 말해 보는 것', '세 개 가량의 구체물을 말하며 세어보는 것', '구체물을 일대일로 대응해 보는 것'으로 구성되어 있다. 장애아보육을 위해 모양구슬이나 열매, 같은 모양의 블록 여러 개 등 영아가 수량을 경험하고 비교할 수 있는 놀잇감을 제공한다.

둘째, '공간과 도형에 관심가지기'는 2세 영아가 자신을 중심으로 사물의 위치, 장소, 거리를 인식하는 것과 주변에서 매일 접하는 사물의 모양을 탐색하도록 하는 내용이며, 구체적으로 '공간과 도형에 관심가지기'는 '나를 중심으로 익숙한 위치, 장소를 인식하는 것'과 '주변 사물의 모양에 관심을 가지는 것'으로 구성되어 있다. 장애아보육을 위해 시각적 어려움을 겪는 영아가 안전하게 쌓기 영역과 블록 영역에서 놀이할 수 있도록 충분한 공간을 제공한다.

셋째, '차이에 관심가지기'는 2세 영아가 일상생활 속에서 주변 사물에 관심을 갖고 사물의 크기, 길이, 무게 등의 차이를 탐색하도록 하는 내용이며, 구체적으로 '차이에 관심가지기'는 '주변 사물의 크기(속성의 차이)에 관심을 가지는 것'으로 구성되어 있다. 장애아보육을 위해 시각적 어려움을 겪는 영아의 경우 손으로 만져서 크기를 느껴 보도록 하고, 청각적으로 어려움을 겪는 영아의 경우 크기를 직접 비교해 보며 입모양을 보게 하여 큰 것과 작은 것의 개념을 알 수 있도록 한다.

넷째, '단순한 규칙성에 관심가지기'는 영아가 벽지, 옷, 포장지, 그림 등에서 단순하게 반복되는 무늬, 색을 경험하고 동화, 동시, 노래, 율동에서 반복되는 어휘와 문장, 리듬, 동작을 인식하는 등 주변 생활용품이나 환경, 동화, 노래, 율동에서 단순한 규칙성을 경험하는 내용이다. 장애아보육을 위해 단순한 규칙성에 대한 관심을 지나치게 표현하지 않는지 주의하여 살피고, 한 가지 놀잇감의 배열 등에 집착하지 않도록 유념한다.

다섯째, '구분하기'는 영아가 관심 있는 놀잇감이나 사물의 차이점을 인식하고 영아 나름의 한 가지 기준을 만들어 같고, 다른 것을 모으는 경험을 하는 내용이며, 구체적으로 '구분하기'는 '주변사물의 같고 다름에 따라 구분하는 것'으로 구성되어 있다. 장애아보육을 위해 영아가 일상생활에서 놀잇감과 생활용품을 구분해 볼 수 있도록 모형 생활용품을 비치해 주고, 일상생활에서 교구장과 놀잇감 정리 바구니에 자리를 표시하여 구분하여 정리하는 경험을 할 수 있도록 한다.

'과학적 탐구하기' 내용범주별 내용은 다음과 같다.

'물체와 물질 탐색하기'는 영아가 주변의 친숙한 물체와 물질을 능동적으로 탐색하는 내용이며, 구체적으로 '물체와 물질 탐색하기'는 '친숙한 물체와 물질을 능동적으로 탐색하는 것'으로 구성되어 있다. 장애아보육을 위해 물질의 변화를 관찰할 수 있는 비누거품, 로션, 손으로 눌러 짜보거나 만져볼 수 있는 물감 등 주변의 친숙한 물체와 물질을 다양하게 제공한다.

첫째, '주변 동식물에 관심가지기'는 영아가 주변의 동식물의 모양, 소리, 움직임에 관심을 갖고 보다 능동적으로 탐색해보는 내용이며, 구체적으로 '주변 동식물에 관심 가지기'는 주변 동식물의 모양, 소리, 움직임에 관심을 갖는 것'으로 구성되어 있다. 장애아보육을 위해 시각에 어려움이 있는 영아의 경우 동물의 울음소리를 들을 수 있는 CD나 동물 울음소리가 녹음된 그림책을 준비하여 비치하고, 청각에 어려움이 있는 영아의 경우 동물의 영상을 보고 동물 울음소리의 크기를 경험할 수 있도록 영상자료를 준비한다.

둘째, '자연을 탐색하기'는 2세 영아가 주변에서 볼 수 있는 돌, 물, 모래 등의 자연물을 탐색하고, 변화하는 날씨 현상에 관심을 갖고 감각으로 느껴보는 내용이며, 구체적으로 '자연을 탐색하기'는 '돌, 물, 모래 등의 자연물을 탐색하는 것'과 '날씨를 감각으로 느끼는 것'으로 구성되어 있다. 장애아보육을 위해 '흙놀이' 활동 시 다양한 방법으로 흙놀이를 제안하여도 감각의 예민함 때문에 거부하는 영아의 경우 모양 찍기 틀을 이용하여 틀로 찍어보는 놀이를 한다.

셋째, '생활도구 사용하기'는 영아가 일상생활 속에서 사용하는 간단한 도구에 관심을 가지고 직접 사용해보는 내용이며, 구체적으로 '생활도구 사용하기'는 '생활 속에서 간단한 도구에 관심을 가지는 것'과 '간단한 도구를 사용하는 것'으로 구성되어 있다. 장애아보육을 위해 영아가 사진기, 고장난 전화기, 냉장고 모형 등을 통해 일상생활에서 흔히 볼 수 있는 도구와 기계에 관심을 갖도록 탐색 영역에 비치해 주고, 기계나 도구에 집착하여 행동에 어려움을 겪는 경우 대체물을 준비하여 소거될 수 있도록 한다.

2) 누리과정

2012년 3월부터 시행되고 있는 5세 누리과정에 이어 만 3, 4세까지 누리과정이 확대 도입됨에 따라 3~5세 연령별 누리과정이 고시되었으며, 2013년 3월부터는 전국의 모든 유치원과 어린이집에서 3~5세 연령별 누리과정이 전면 시행되었다. 교육부에서는 국정과제 구현과 출발선 평등 실현을 위해 2017년 12월 '유아교육 혁신방안'을 발표하였는데, '유아교육 혁신방안'의 주요 내용으로 '유아가 중심이 되는 놀이 위주의 교육과정 개편'이 명시되었다. 이에 유아·놀이 중심 교육과정 개편 방향을 반영하여 2019년 7월, 「2019 개정 누리과정」이 고시되었고, 유치원과 어린이집에 다니는 3~5세 유아에게 공통으로 적용되는 교육과정으로 2020년 3월부터 시행될 예정이며, 누리과정에서 제시하고 있는 5개 영역의 구성에 대해 살펴보면 다음과 같다.

(1) 신체운동·건강

신체운동·건강 영역은 유아가 다양한 신체 활동에 즐겁게 참여하고, 청결과 위생, 즐거운 식사, 적당한 휴식을 통해 건강한 생활습관을 기르며,

일상에서 안전하게 생활하는 방법을 배우고 실천하는 태도를 기르기 위한 영역이며, 신체 활동 즐기기, 건강하게 생활하기, 안전하게 생활하기가 있다.

(2) 의사소통

의사소통 영역은 유아가 일상생활에서 필요한 의사소통능력과 상상력을 기르기 위한 영역이며, 듣기와 말하기, 읽기와 쓰기에 관심 가지기, 책과 이야기 즐기기가 있다.

(3) 사회관계

사회관계 영역은 자신을 존중하고 더불어 생활하는 태도를 가지기 위한 영역이며, 나를 알고 존중하기, 더불어 생활하기, 사회에 관심 가지기로 이루어져 있다.

(4) 예술경험

예술경험 영역은 유아가 자신의 친근한 주변 환경에서 발생하는 소리, 음악, 움직임과 춤, 모양과 색 등에서 아름다움을 느끼고 또래와 교사, 부모, 지역사회의 주민이나 작가가 표현한 예술작품을 가까이 접하면서 탐색하고 창의적인 표현을 즐기며 감상하도록 하기 위한 영역이며, '아름다움 찾아보기', '창의적으로 표현하기', '예술 감상하기'가 있다.

(5) 자연탐구

자연탐구 영역은 유아가 탐구하는 과정을 즐기고, 자연과 더불어 살아가는 태도를 가지는 영역이며, 탐구과정 즐기기, 생활 속에서 탐구하기, 자연과 더불어 살기가 있다.

3) 유형

(1) 교수모형

장애아동의 성공적인 발달을 촉진하기 위해 교수모형을 개발하였다. 교수모형의 4개 핵심 요소를 살펴보면 다음과 같다. 첫째, 양질의 유아교육 프로그램, 둘째, 교육과정의 수정과 조정, 셋째 삽입된 학습기회, 넷째 유아중심교수전략이다.

① 양질의 유아교육 프로그램

성공적인 보육은 양질의 유아교육 프로그램을 기반으로 이루어진다. 10개의 척도로 프로그램이 평가될 수 있다.

가. 유아가 대부분의 시간에 놀이를 하거나 교구 혹은 다른 유아들과 상호작용하는가?

나. 유아는 하루 동안 다양한 활동에 접근하는가?

다. 교사는 하루의 다른 시간대에 개별 유아 소집단, 전체집단과 활동하는가?

라. 학급은 유아의 창의적 미술작품, 글쓰기, 그들이 꾸민 이야기들로 장식되어 있는가?

마. 유아는 의미 있는(흥미와 경험에 관련되어) 맥락에서 학습하는가?

바. 유아는 프로젝트 활동을 하며 놀이하고 탐색할 시간을 갖는가?

사. 유아는 바깥에서 놀이하고 탐색할 수 있는 시간을 갖는가?

아. 하루 중에 교사들은 유아에게 개별적으로 혹은 소집단으로 책을 읽어주는가?

자. 학급진도가 빠른 유아나 부가적 도움을 필요로 하는 유아를 위해 교육과정이 수정되는가?

차. 유아와 가족은 유아교육 프로그램에서 안정감을 느끼는가?

② 교육과정 수정

교육과정의 수정은 유아가 진행 중인 활동에 흥미를 보이지만 충실하게 참여할 수 없을 때 사용하면 가장 효율적이다.

교육과정의 수정은 학급에서 진행 중인 활동이나 일과에 따라 다음과 같은 다양한 수정유형을 제시한다.

가. 환경 지원

나. 자료 수정

다. 활동의 단순화

라. 유아의 선호 활용

마. 특수 장비

사. 성인 지원

아. 또래 지원

자. 보이지 않는 지원

③ 삽입된 학습기회

삽입된 학습기회란 교육과정의 수정만으로 개별화교육 프로그램의 교수 목표를 성취하는 데 충분하지 못하기 때문에 기존의 학급일과나 활동 내에 직접적인 교수를 삽입하는 것을 말한다. 장애아동에게 삽입된 학습기회는 다음과 같은 장점이 있다.

첫째, 진행 중인 학급 활동과 일과를 활용하기 때문에 학급환경에 큰 변화를 줄 필요가 없다.

둘째, 장애아가 선호하는 활동이나 흥미로워하는 활동을 기초로 하기 때문에 장애아의 참여를 자연스럽게 촉진시킬 수 있다.

셋째, 교수 활동이 자연스러운 학급환경에서 일어나기 때문에 새로 배운 기술을 쉽게 사용할 수 있다.

넷째, 보육교사가 하루에 여러 번 다양한 다른 활동을 하면서 삽입된 학습기회를 제공하면, 학습된 기술을 다른 상황에서 활용할 수 있는 유아의 능력이 증진될 것이다.

장애이동에게 삽입된 학습기회는 다음과 같은 단계로 수행한다.

첫째, 학습목표를 명확히 하고 성취기준을 설정한다.

둘째, 학습 영역을 삽입할 수 있는 활동, 학급일과 등 다양한 삽입된 학습기회를 만든다.

셋째, 교수 활동을 계획하고 실행한다.

넷째, 성취수준을 평가한다.

④ 유아 중심 교수전략

유아 중심 교수전략은 보육교사가 특정한 기술이나 개념을 가르치고자 할 때 사용할 수 있다.

가. 주의

나. 촉진전략: 점진적 보조, 반응 기다리기, 역연쇄 이용하기

다. 강화전략

라. 또래중재전략

또래를 활용하는 데는 다음과 같은 몇 가지 점을 주의해야 한다.

첫째, 또래아동은 목표기술을 수행할 수 있어야 한다.

둘째, 또래는 장애아동이 목표기술을 습득하는 것을 돕기 위해서 무엇을 해야 할지 알아야 한다.

셋째, 한 명의 또래아가 하루 종일 도우미가 된다면 지칠 수 있다.

넷째, 보육교사는 또래의 도움을 가치 있게 여긴다는 것을 알려주어야 한다.

다섯째, 보육교사는 또래가 장애아동이 도움을 받아야 하는 존재로 대하지 않도록 가르쳐야 한다.

3. 교수방법 및 전략

장애아동에게 적절한 교육적 결정을 내리거나 교수내용을 적용시키기 위해서는 꼭 필요한 자료이므로 소홀히 해서는 안 된다.

1) 발달 영역별 교수전략

장애아동의 발달 영역은 대체로 운동, 사회, 정서, 언어, 인지 등 5개 영역으로 나누어 살펴볼 수 있다.

(1) 신변처리기술 영역

신변처리기술이란 기본적으로 식사하기, 대·소변 가리기, 옷 입고 벗기, 씻기에서 더 나아가서는 목욕하기, 몸단장하기, 옷 관리하기, 물건 사기, 청소하기 등의 일상생활 자립기술을 말한다.

(2) 운동발달 영역

여러 가지 운동기능은 유아들로 하여금 환경을 탐색하고 조절하게 하여 주변 환경에 대하여 학습할 수 있는 기회를 제공할 뿐만 아니라 식사하기, 옷 입기, 용변보기와 같은 자조기술, 정확한 입술운동을 동반하는 말하기, 놀이와 같은 사회적 기술 그리고 사물의 조절을 통한 인지적 행동의 발달에 영향을 미치는 매우 중요한 영역이다.

- 운동기술의 평가
- 기능적 운동기술의 교수
- 치료적 접근
- 음악과 게임의 활용, 보조도구의 활용
- 움직임의 촉진

(3) 사회 · 정서발달 영역

사회성이란 어느 사회집단의 성원으로서 연령에 적합한 적응적인 행동과 대인관계를 말하며, 정서란 감정이 더 세분화된 상태로써 두려움, 놀람, 슬픔, 혐오, 분노, 기대, 기쁨 및 수용 등의 표정, 태도 행동으로 나타나는 것이다.

- 양육자와의 상호작용
- 또래와의 상호작용 및 사회적 놀이

(4) 언어발달 영역

장애아동을 위한 의사소통 지도전략은 다음과 같다.

첫째, 장애아의 의사소통양식과 기능을 관찰한다.

둘째, 의사소통은 사회적 상호작용을 전제로 한다.

셋째, 진정한 의사소통기술은 기능적이어야 한다.

넷째, 장애아에게 맞는 적절한 보완·대체 의사소통의 활용이다.

(5) 인지발달 영역

인지란 감각된 자료를 해석하고 이것을 기억해 두었다가 필요할 때 재생시켜서 사고, 추리, 문제해결에 이용하고 이를 기초로 환경에 대한 지식과 태도를 획득해 나가는 과정을 말한다.

2) 일과에서의 지도방법

장애아는 어린이집에 등원하여 귀가하기까지의 일과와 현장 학습이나 행사를 포함한 모든 활동에 참여되어야 한다. 하루 일과와 활동에서 장애아를 위한 지도 전략을 주요 활동 영역별로 제시하였다(조윤경 외, 2005).

(1) 등원

등원은 가정에서 어린이집으로의 전이와 양육자와의 분리를 경험하는 도전적인 활동이 될 수 있다. 매일 아침에 등원하는 장애아가 어린이집에 적응하는 시간이 필요함을 알고 안정감을 느끼고 등원할 수 있도록 계획되어야 한다.

- 규칙적인 패턴을 유지한다.
- 눈높이에서 맞이한다.
- 부모와 대화한다.
- 자조기술을 지도한다.
- 이름을 인식할 기회를 제공한다.
- 부모와의 분리를 돕는다.

(2) 자유선택 활동

일반유아들은 자유선택 활동 시간에 놀이를 주도하거나 선택할 수 있기 때문에 즐거운 시간이 된다. 하지만 장애아는 구조화되어 있지 않고, 예측 가능성이 낮은 자유선택 활동 시간에 어려움을 느끼며 이 시간을 적절하게 활용하지 못할 수도 있으므로 적절한 지원이 요구된다.

- 자기주도적 탐색기회를 제공한다.
- 장애아의 선택을 존중한다.
- 놀잇감 사용방법을 지도한다.
- 발달수준에 적합한 놀잇감과 놀이방법을 제공한다.
- 또래와의 상호작용의 기회를 제공한다.
- 부모에게 놀이방법을 지도한다.

(3) 전이 활동

전이 활동은 장애아에게 어렵고 긴장을 주는 시간이다. 즐기고 있던 활동을 끝내고, 새로운 활동에 재집중을 요구하고, 전체적으로 소음 수준이 증가하며, 다음 활동이 무엇인지 혼란스러워 문제행동이 나타날 수 있다.

- 명확한 신호를 사용한다.
- 복합적이고 다양한 단서를 사용한다.
- 일관성 있게 사용한다.
- 효과적인 신호를 사용한다.

(4) 대·소집단 활동

대·소집단 활동 시간은 교사 주도로 구조화된 활동이기 때문에 장애아에게 많은 학습기회를 제공하지만 몇몇 문제행동이 발달될 가능성도 있다. 대·소집단 활동 시간의 학습을 최대화하고 문제행동을 예방할 수 있도록 계획이 필요하다.

정해진 절차에 따라 일정하게 진행한다.

- 너무 길게 실시하지 않는다.
- 자리배치를 세심하게 계획한다.
- 대그룹에서 유아들이 불필요하게 기다리는 일이 없도록 한다.
- 장애아의 특성을 고려한다.
- 다음 활동을 소개하는 것으로 전이를 용이하게 한다.

(5) 간식 및 점심시간

어린이집에서 진행되는 간식 시간과 식사 시간은 다양한 기술들을 필요로 하는 중요한 하루 일과 중의 한 부분이다. 장애아는 다음과 같은 이유로 식사 지도가 필요하다.

- 스스로 먹는 방법을 배우도록 지도한다.
- 다양한 자조 기술을 익히도록 지도한다.
- 사회적 기술을 지도한다.

- 의사소통 기술을 지도한다.
- 인지 기술을 지도한다.

(6) 실외 활동

유아는 교실에서 벗어나 자연 속에서 놀이하면서 대근육 발달을 이루고, 실내에서 표출하기 어려웠던 욕구를 맘껏 표출하면서 즐거움을 느낄 수 있다. 실외 활동 시 장애아는 다음과 같은 어려움을 갖게 된다.

- 대근육 사용기회를 제공한다.
- 사회적 기술을 습득할 수 있는 기회를 제공한다.
- 장애아의 특성에 맞는 실외 환경을 구비한다.
- 장애아의 안전에 대비한다.

(7) 귀가

귀가는 양육자와의 헤어짐이 아닌 재결합의 시간이기 때문에 등원만큼 어려움이 발생하지는 않는다. 하지만 유아가 귀가 시간이나 귀가자를 예측할 수 없을 경우에는 불안감으로 인해 어려움을 겪기도 한다. 부모와 유아가 약속한 일정한 시간에 귀가가 이루어질 수 있도록 부모의 협력이 필요하다. 대부분의 어린이집에서는 전체 유아를 대상으로 귀가 지도를 실행하고 있는데, 유아에 따라서는 개별적인 일과가 필요하기도 하다.

- 일관성 있는 귀가일정을 계획한다.
- 서두르지 않는다.
- 시간 개념 발달의 지원을 돕는다.
- 자조 기술을 돕는다.

Chapter 03

시각장애

1. 정의

인간의 중요한 생활 중에서, 특히 교육과 관련된 정보 획득에서 보면 먼저 시각을 통하여 이루어지는데 이러한 시각에 장애가 나타나면 시각장애가 발생한다. 시각장애(visual impairment)의 정의는 일반적으로 의학적·법적·교육적으로 구분할 수 있다.

1) 의학적 정의

시각장애의 의학적 정의는 주로 시력과 시야, 광각, 색각 등에 의해 결정된다(박중휘 외, 2008).

- 시력(visual acuity)은 눈으로 구별할 수 있는 물체의 존재 및 그 형태를 인식하는 최소의 이미지를 수치로 나타낸 것이다. 즉, 눈의 기능 상태를 파악한다.
- 시야(visual field)는 눈으로 한 점을 주시할 때 눈에 보이는 범위가 되는데, 정상적인 시야 범위는 가로 50°, 세로 120°이다. 시야결손의 경우 협착(contraction), 감도저하(depression), 암점(scotoma) 등이 나타난다.
- 광각은 눈으로 빛을 느끼는 기능, 빛의 유무 판단 빛 강도 차이 구별하는 능력이다. 야맹과 주맹이 있다.
- 색각(color vision)은 가시광선 중 파장의 차이 따르는 물체 색을 구별·인식하는 능력이다. 색약, 색맹, 색시증이 있다(이진학 외, 2008).

2) 법적 정의

시각장애의 법적 정의는 「장애인 등에 대한 특수교육법」과 「장애인복지법」에서 다르게 분류하고 있는데, 먼저 장애인 등에 대한 특수교육법에서는 「장애인 등에 대한 특수교육법 시행령」 별표(제정 2012)에 의하면 시각장애는 "시각계의 손상이 심하여 시각기능을 전혀 이용하지 못하거나 보조공학기기의 지원을 받아야 시각적 과제를 수행할 수 있는 사람으로서 시각에 의한 학습이 곤란하여 특정의 광학기구·학습매체 등을 통하여 학습하거나 촉각 또는 청각을 학습의 주요 수단으로 사용하는 사람"으로 정의하고 있다. 그리고 「장애인복지법 시행규칙」 별표1(2013)에 의하면 시각장애인의 장애등급을 6개 등급으로 정의하고 있다(윤선오 외, 2013).

- 제 1급: 두 눈 시력(만국식 시력표 의하여 측정, 굴절이상 있는 사람 대하여 교정시력 기준. 이하 같다) 0.02 이하 사람
- 제 2급: 두 눈 시력 0.04 이하 사람
- 제 3급: ① 두 눈 시력 0.08 이하 사람
  ② 두 눈 시야 각각 주시점에서 5도 이하 남은 사람
- 제 4급: ① 두 눈 시력 0.1 이하 사람
  ② 두 눈 시야 각각 주시점에서 10도 이하 남은 사람
- 제 5급: ① 두 눈 시력 0.2 이하 사람
  ② 두 눈 시야 1/2 이상 잃은 사람
- 제 6급: 한 눈 시력 0.02 이하 사람

3) 교육적 정의

시각장애아동이 학습할 때 시력을 잘 이용할 수 있는 경우이다. 일반적으로 교육적 맹과 교육적 저시력이 있다.

Barraga(1983)는 "시각장애란 시각장애 인해 학습경험 제시방법과 학습에 사용될 자료의 특성 아동에게 맞도록 변경시키지 않으면 최상학습과 성취가 곤란한 사람"이라 하였다. 또한 Corn(1980)은 "시각장애란 시력 교정한 후에도 심한 시각장애가 있지만 광학보조기와 비광학 보조기 및 기술을 이용하고 환경을 변경시키면 시각기능이 향상될 수 있는 사람"으로 정의하고 있으며, 국립특수교육원(1999)에서는 교육적 정의를 시각장애, 맹, 저

시력으로 제시하고 있다.

① 시각장애

두 눈 중 좋은 쪽 눈의 교정시력이 0.3 미만이거나 교정한 상태에서 학습 활동에 어려움 겪는 자

② 맹

두 눈 중 좋은 쪽 눈의 교정시력이 0.05 미만이거나 두 눈 중 좋은 쪽 눈의 시야가 20도 이하인 자 또는 학습에 시각을 주된 수단으로 사용하지 못하고 촉각이나 청각을 주된 수단으로 사용하는 자

③ 저시력

두 눈의 교정시력이 0.05 이상 0.3 미만인 자 또는 저시력 기구나 시각적 환경이나 방법 수정 및 개선을 통해 시각적 과제를 학습할 수 있는 자

2. 원인 및 출현율

1) 원인

시각장애의 원인을 살펴보면 선천적(출생 시 발생), 후천적으로 나뉘며, 발생원인에 따라 굴절이상, 안구운동이상, 눈 질환, 망막과 시신경이상으로 분류하고 있다.

(1) 굴절이상

아동들에게 흔히 발생하며 눈의 각막과 수정체가 제 역할을 못하므로 빛 망막 위에 또렷한 초점이 형성되지 못한다. 눈의 망막에 초점을 정확하

게 형성하지 못하는 원인으로 근시, 원시, 난시, 노안이 있다.

① 근시

눈의 각막과 망막 사이의 거리가 길어서 동공을 통과한 물체 상이 망막 앞에 맺히는 굴절이상이다. 가까이 있는 물체는 명확히 볼 수 있고, 멀리 있는 물체는 희미하게 보이므로, 오목렌즈로 교정가능하다.

② 원시

굴절력이 약하거나 안축 길이가 짧아서 물체 상이 망막보다 너무 뒤에 맺히는 굴절이상이다. 멀리 있는 물체는 또렷하게, 가까이 있는 물체는 희미하게 보인다. 즉, 각막과 수정체를 통과한 물체 상이 망막 뒤에 맺히는 것으로 안구의 전후 직경이 너무 짧기 때문 발생한다. 볼록렌즈로 교정가능하다.

③ 난시

수정체나 각막 표면이 매끄럽지 못하고 굴곡을 이루어서 망막 위에 맺혀진 상이 다소 넓은 영역에 흩어져 상이 흐려지거나 왜곡되는 현상이다. 정 난시와 부정 난시가 있으며 렌즈로 교정가능하다.

④ 노안

나이가 많아짐으로써 일어나는 원시와 시력 감소되는 현상이 동시에 발생한다. 노안도 교정렌즈를 착용하여 망막에 초점을 맞출 수 있다.

(2) 안구운동 이상

① 사시

안구 움직임을 조절하는 눈 주위 근육의 수축과 이완에 문제 있는 경우이다. 안구가 한쪽으로 치우친 외사시와 내사시가 있으며, 교정이 비교적

용이하고 치료가능하다.

② 복시(이중시)

두 눈의 협응 결핍으로 한 물체가 두 개의 상으로 나타나는 현상이다.

③ 안구 진탕증

안구가 불수의적으로 빠르게 떨리는 운동 현상이다.

(3) 눈 질환

① 백내장

깨끗하고 투명해야 할 눈 수정체가 혼탁해져서 빛이 망막에 도달 못하는 현상이다. 원인을 알지 못하는 경우도 있고, 원인에 따라 노인성, 선천성, 당뇨성, 외상성 등으로 나뉜다. 노인성 백내장은 후천적으로 50~60대에 발병하며, 수술로 치료가능하다.

② 녹내장

안압이 높아져 시신경을 파괴하는 현상이다. 통증, 매스꺼움, 두통 등의 증상이 있고 적절한 치료가 이루어지지 않으면 시신경 손상과 영구적 시력 손상이 올 수 있다. 약물치료와 레이저 치료가 있으며 조기치료가 매우 중요하다.

③ 황반변성

망막 시세포 중 추체에서 발생하며, 망막황반부 변성 시야의 중심부가 잘 보이지 않아 시력이 악화된다. 정기적 안과 검진과 심리적 안정이 중요하다.

(4) 망막과 시신경 이상

① 망막 색소변성

유전적인 질환으로 망막이 점진적으로 퇴화하며, 주로 청소년기에 나타난다. 망막주변에서 일어나므로 중심 시력은 괜찮으나 시야가 좁아지며 특별한 치료법이 없다.

② 망막박리

시세포층에 영양을 충분히 공급하지 못해 시력이 감퇴하는 현상이다. 원인을 모를 때가 많으며, 약물치료도 하지만 수술요법을 쓴다.

③ 백색증

홍체가 들어오는 빛의 양을 조절하지 못해 너무 많은 빛이 들어와서 보는 데 어려움이 있다. 주로 남자에게 나타난다.

④ 시신경 감퇴

시신경 섬유 손상으로 전기적 자극이 망막에서 두뇌의 시각중추까지 전달되지 않아 시력을 상실한 것이다. 두뇌에 대한 전기 충격의 결과로 시신경이 역기능을 한다.

2) 출현율

모든 장애 영역 가운데 시각장애의 출현율이 가장 낮다. 국립특수교육원의 조사연구보고서(2001)를 보면, 시각장애의 출현율은 0.03%였고, 이는 전체 특수교육 요구아동 구성 비율의 1.11%이다.

OECD(1995) 주요국의 일반학교에 통합된 시각장애아동의 비율은 일본이 0.01%, 네덜란드 0.02%, 미국·스위스·대한민국 0.03%, 독일 0.05%이다.

3. 분류 및 특성

1) 분류

시각장애아동은 여러 가지 기준에 따라 분류할 수 있는데 다음과 같다.

(1) 장애 정도에 따른 분류

Faye(1976)는 시각장애를 장애 정도에 따라 다섯 집단으로 분류하였다.

- 정상근접 시력집단: 교정렌즈, 읽기 보조기를 통해 특수한 훈련을 받지 않아도 정상적인 기능을 한다.
- 중등도 기능집단: 시각 예민도가 중간 정도 감소하고, 시야손실이 없는 아동으로 특수한 보조기기나 조명이 필요하다.
- 중심시야 감소집단: 중등도 시야손실이 발생하여 신체적·심리적으로 잘 대처하지 못할 가능성이 있고, 법적 맹인으로 특수한 서비스를 받을 권리가 부여된다.
- 기능적 시력이 낮아서 중심시력이 낮을 가능성 있는 집단: 시야손실이 현저하고, 신체적 적응에 문제가 있다. 표준적인 굴절이득이 거의 없거나 전혀 없다.
- 맹 집단: 독립적 기능을 위해 교육, 자활, 재활 서비스가 필요하다.

(2) 장애시기에 따른 분류

장애 발생시기에 따라 선천성, 후천성 시각장애로 분류한다. 시각장애가 5세 이후 발생한 아동은 시각기억을 발달시킬 수 있는지 확인한다.

- 선천성 시각장애: 출생 시나 출생 직후에 발생한 경우
- 후천성 시각장애: 사고나 질병으로 발생한 경우

(3) 교육에 따른 분류

학습 활동에 필요한 특수 교육적 요구를 기초로 중등도, 고도, 최고도로 분류한다.

- 중등도 시각장애: 일반학급이나 학습 도움실에서 시각 보조기기를 활용해 거의 완전하게 교정될 수 있는 장애정도
- 고도 시각장애: 시각보조기기의 도움을 어느 정도 받을 수 있고, 시각을 학습수단으로 사용할 수 있는 장애정도
- 최고도 시각장애: 교육에서 시각을 사용할 수 없으며, 촉각과 청각이 주요 학습수단으로 사용되는 장애정도

2) 특성

(1) 신체 및 운동 특성

시각장애아동의 신체발달은 일반 아동과 큰 차이가 없으나, 뚱뚱하거나, 작거나, 야윈 신체를 가진 경향이 있다. 시각장애가 신체발달에 간접적인 영향을 미친다고 할 수 있으나, 모방적 학습의 제안, 시각적 자극의 제한, 환경적 요인 등 중요 요인이 있다(Warren, 1984). 예를 들면, 다리의 앞쪽 경사와 배면 척추 후반 등과 빈약한 둔부, 무릎 굴곡, 두 다리를 벌린 폭넓은 걸음걸이 등이 있다(김동연, 1987).

Fraiberg(1977)는 맹유아에 대한 연구에서 이동행동이 시작된 후부터 운동발달이 지체되고, 청각, 촉각 정보가 운동을 동기화시키지 못한다고 하였다. 이처럼 운동발달 지체가 일어나는 것은 비장애아에 비하여 운동량이 부족하기 때문인 것으로 추측하였다. 서 있는 자세 유지하기, 혼자 걷기 등에서 지체되며, 공간속에서 자기 신체 조정 영역 열등하다. 또한 중추신경 조직에 손상 없는 맹아동은 저시력아동보다 평균적으로 걷는 시기가 늦다고 지적하였다(Jan, 1975).

저시력아동, 맹아동에게 촉각, 청각을 통해 움직이도록 동기 유발하고, 다른 여러 가지 감각을 통해 운동발달을 촉진시켜 자연스러운 자세와 걸음걸이를 갖도록 지도에 유의해야 한다(전헌선 외, 2012).

(2) 인지적 특성

지능은 일반학생과 큰 차이가 없으나 경험 부족으로 인지발달에 영향을 미친다. 특히 지적구조에 다소 차이가 있어 삶의 초기부터 적절한 환경자극을 제공해 준다면 지능발달의 지체를 극복할 수 있다(김영욱 외, 2009).

현재 시각장애아 지능 연구는 많이 있어왔으나, 현재 사용할 수 있는 지능검사는 거의 없는 실정이다. 동작성 검사는 사용할 수 없으며, 미국에서 WISC 언어성 검사를 해본 결과 법적 맹아(579명)의 평균 지능지수가 104.1~107.3으로 나타났다(Vander Kolk, 1982).

일본의 연구에서는 전맹학생의 지능이 94.5였으며, 중도약시의 경우 87.3, 경도약시는 88.8으로 나타났다(佐, 1974).

한국 K-WISC 언어성 검사의 결과는 평균지능이 96.13(남96.18, 여 93.92)으로 나타났다. 그 후 맹학생 지적 구조 연구 평균지능은 108.22(남 108.72, 여 107.72)로 나타났다.

시각장애아 학습과 기억력은 대뇌의 지적 기능에 관여하는 부위에 병인이 없는 한 일반아동과 별 차이가 없다. 촉각, 청각 자극 이용 학습이나 기억에서도 일반아동과 별 차이 없다. 그러나 시각장애아는 영상적 표상에서 어려움을 나타내므로 이러한 것이 요구되는 학습에서는 일반아동에 비하여 지도에 유의해야 한다(강갑원 외, 2008).

3) 사회·정서적 특성

시각장애아동의 시각 결함은 감각 상실로 자신의 심리적·정서적·사회성발달에도 영향을 미친다. 시각장애아 부모가 유아와 관련된 모든 일을 소극적으로 대처해 유아에게 사회적 반응을 할 수 있는 언어접촉, 피부접촉 등의 동기유발 행동을 하지 않았기 때문에 시각장애 유아는 소극적·수동적인 경향을 보인다(이해균, 2005).

시각장애아동의 경우 자제력이 약하고 화를 잘 내며, 남을 의심하고 폐쇄적이고 의존적이다. 열등감이 높으며 소극적이고, 일반아동과 함께 어울리지 못하고 고립된 행동을 보인다(장선철, 2007).

4. 판별

시각장애아동들은 의학적 측면 시력 분류 기준을 적용하고 있으며, 판별을 위해 시력검사, 시야검사, 색각검사가 수반되기도 한다. 또 교육적 진단 기능으로 행동관찰을 중시하고 있다.

1) 시력검사

시각손상으로 인한 판별에 이용되는 시력검사는 주관적 시력검사와 객관적 시력검사로 구분된다. 주관적 시력검사에는 원거리시력검사, 근거리시력검사, 시야·색각검사, 대비감도검사, 기능시력평가 등이 있으며, 객관적 시력검사는 주로 안과의사에 의해 평가되는 눈 외모와 안저 반응, 양안의 위치 및 안구운동, 안진 검사에 대한 반응 등이 있다(이해균, 2005).

(1) 시력단위 및 시력측정

국제안과학회의 표준시표는 렌돌트(Landolt)환으로 측정하도록 하며, 유럽과 미국은 스넬렌 시표(Snellen), 즉 네덜란드의 안과의사 Snellen이 시각 예민도 측정을 위해 개발한 것을 가장 많이 사용한다.

스넬렌 시표는 다양한 크기의 영어의 알파벳 구성 표를 활용한다. 글을 읽을 줄 아는 사람에게 영어의 알파벳으로 구성된 표를 사용하며, E 모양의 상징으로 구성된 것은 글 읽을 줄 모르는 사람에게 이용한다.

우리나라는 한천식 시시력표 사용하고, 십진법으로 표기한다.

시력검사는 시각장애아동을 판별하는 데 가장 효과적이다. 그러나 시야 문제가 있거나 근시가 심한 시각장애아동에게는 크게 도움이 못된다(송준만 외, 1990).

(2) 시야 및 색각검사

시야는 눈을 움직이지 않고 한 점을 주시하고 있을 때 볼 수 있는 외계 범위이다. 정상적인 시야는 가로 150도, 세로 120도이다. 시야검사에는 대면법, 탄젠트스크린법, 주변시야계법, 평면시야계법, 암슬러 격자검사 등이 있다.

색각장애에는 전색약, 전색명, 적녹색약, 적녹색맹 등이 있다. 여기에 속한 아동은 직접적인 특수교육대상이 아니지만 정확한 판별이 필요하다. 우리나라 색각장애는 남성 전체 인구 5.90%, 여성 전체 인구 0.44%로 보고되며(이진학 외, 2008) 색맹인자를 가진 염색체가 열성이어서 여자에게는 적게 나타나고 있다.

(3) 행동관찰

행동관찰에서 이상증후가 발견되면 어떤 시각장애가 있다고 의심할 수 있으니 전문가 상담이 필요하다. 예를 들면, 눈을 깜박거리며 책을 가까이에서 본다든지, 눈을 자주 문지르는 행동, 그림책이나 동화책을 읽을 때 머리 돌리는 증상이 있다.

표 3-1 시각장애아동 행동관찰

구분	내용
행동적 징후	• 눈을 과도하게 비빈다. • 한쪽 눈을 가리고 보거나 자주 깜박거린다. • 빛에 대해 지나치게 민감하거나 둔감하다. • 멀리 있는 물체를 선명하게 보기 어렵다. • 형태가 비슷한 글자나 물체를 혼동한다. • 책을 볼 때 책을 눈에 가까이 둔다. • 책의 구별이 잘 안 된다.
눈의 외관성 징후	• 눈꺼풀이 벌겋게 부어오른다. • 눈 주변이 벌겋다. • 눈에 염증이 생기거나 다래끼 등이 생겨서 고름이 자주 낀다. • 눈의 흰 부분이 자주 충혈된다. • 눈에서 눈물이 자주 흐른다. • 사물을 볼 때 균형이 잘 맞지 않아서 눈을 자주 찡그린다.
불평	• 책을 눈에서 멀리 떼면 눈을 찡그린다. • 차를 타면 현기증을 자주 느낀다. • 주의 집중을 요하는 활동을 하게 되면 두통이나 구토 증세가 있다. • 글자가 희미하게 잘 보이지 않거나 이중으로 보인다고 호소한다. • 눈이 피로하다고 호소한다. • 눈알이 돌거나 쑤신다고 불평한다.

출처: 전경원 외(2014).

5. 교육적 접근

우리나라의 시각장애학교 교육과정은 1967년 최초의 맹학교 교육과정, 1977년 제2차 맹학교 교육과정, 1985년 제3차 맹학교 교육과정, 1977년 제4차 맹학교 교육과정이 시행되어 오고 있다. 그러나 일반교육과정과의 연계성 부족, 다양한 직업교육의 부재 등이 나타나고 있으며 현재 개정 작업이 이루어지고 있다.

1) 시각장애아동의 교육

시각장애아동 가운데는 필요한 자료나 약간의 보조만으로도 정상적인 학습을 할 수 있는 반면, 일정시간 동안이나 하루 종일 교사의 지도를 받아야 하는 경우가 있다. 시각장애아동을 교육할 때는 다음과 같은 사항에 유의해야 한다(이해균, 2006).

첫째, 시각장애아동은 운동부족으로 인하여 신체발육 지체가 일어날 수 있다. 수면부족, 식욕부진의 해결을 위해 보행이나 운동량을 늘려야 한다.

둘째, 시각장애아동은 생활공간이 좁아 주위 사람과 접촉이 적어지기 쉽다. 그러므로 상황에 적절한 놀이를 풍부하게 제공하고 이를 통해 될 수 있는 한 폭넓은 인간관계를 경험하도록 사회성을 신장시킨다.

셋째, 시각장애아동은 실제 체험에 근거한 언어 형성이 중요하다. 따라서 언어표현뿐 아니라 인간관계 속 커뮤니케이션 형태로 자기표현하고, 주어진 환경에 적극적으로 적응하고 접촉하는 사물의 형태, 성질, 특징, 부분과 전체와의 관계 등을 이해하는 방법을 습득한다.

넷째, 시각장애아동은 정서적 안정이 필요하다. 적극적 성격의 형성을 위하여 일반아동 이상으로 모자관계가 안정되는 것이 중요하다. 부모 수용, 조언에 의하여 불안, 동요로부터 해방시켜 시각장애아동이 바람직하게 성장할 수 있도록 한다.

시각장애아동에 대한 통합교육의 필요성은 인식하나, 현장에서는 대부분 기숙제 혹은 통학제 맹학교를 다니고 있다. 따라서 시각장애아동의 통합교육의 효과성을 이루기 위해 첫째, 잘 훈련된 교사를 확보하고, 둘째, 특수장비와 광학보조기기를 이용할 수 있어야 하고, 셋째, 점자 번역 서비스를 받을 수 있어야 하며, 넷째, 시각장애아동을 위한 적절한 프로그램이 다양하게 제시 · 개발되어야 한다.

시각장애아동을 위한 더 자세한 교육적 접근을 살펴보면 다음과 같다(이소현 외, 2005).

표 3-2 통합 환경에서 시각장애아동을 위한 교육적 접근

1. 교수방법은 꼭 필요할 때만 수정하도록 하고, 교육 목표는 시각장애학생과 일반학생 모두에게 동일하게 적용한다.

2. 일반학급에서 사용하는 인쇄자료를 시각장애아가 필요로 하는 형태의 자료로 제공한다.

1) 특수교사와 협의하여 확대복사물, 점자 또는 녹음된 교재를 준비한다.
2) 필요한 때 제공할 수 있도록 하기 위하여 충분한 시간을 두고 자료를 준비한다.
3) 수업내용뿐 아니라 시험, 과제물 등에도 이러한 대안적 방법을 활용한다.

3. 책을 읽을 때 시간을 충분히 준다. 시각장애아는 책을 찾고, 읽기 시작할 곳을 찾는 데 시간이 더 걸릴 수 있다.

4. 워드프로세서 사용을 장려한다.

1) 묵자로 자신의 의사를 표시할 수 있게 워드프로세서를 사용하도록 지도하는 것이 좋다.
2) 자신이 쓴 묵자를 컴퓨터가 읽어서 확인해 주는 프로그램이 국내에서도 개발되어 있으므로 이를 이용하여 스스로 워드프로세서를 사용할 수 있도록 지도한다.

5. 칠판이나 OHP를 사용할 때 내용을 크게 말하면서 적는다.

6. 시각장애학생에게도 강도 높은 운동이 필요하다. 가능한 한 일반 또래들과 경쟁하도록 한다.

7. 시각장애아동들이 사용하는 다양한 특수기기에 익숙해지도록 한다. 점자타자기, 점필과 점판 등은 점자를 쓰는 데 필요한 대표적인 필기도구이다.

8. 저시력아동을 위하여 가능한 한 대비효과가 큰 자료를 사용하도록 한다.

1) 배경 그림 위에 글씨가 있는 자료를 사용하지 않는다.
2) 흐린 부분은 사인펜으로 진하게 사용하지 않는다.
3) 칠판은 항상 깨끗이 지운 후 사용한다.
4) 종이의 한쪽 면만 사용한다.
5) 한 페이지에 글씨가 너무 많이 몰려 있어 혼동스럽지 않도록 한다.

출처: 이소현 외(2005).

2) 시각장애아동의 지도내용

시각장애아동을 대상으로 한 독특한 교육 활동 영역은 기본 생활 습관 지도, 점자지도, 보행지도, 감각훈련지도, 정서발달지도, 신체발달지도로 구분한다(장선철, 2002).

(1) 점자지도

시각장애인의 경우 점자가 문자이며, 이들이 사용하는 점자(braille)는 1829년 프랑스 루이 부라유(Louis Braille)에 의해 창안된 것이다. 우리나라는 1926년 박두성이 "훈맹정음(訓盲正音)"이란 이름으로 한글판 점자를 창안하였다. 점자는 6점으로 구성되며, 6개 점을 조합해 64개의 점형을 만들어 각 점형마다 특정한 의미의 문자를 배당해 사용한다. 64개의 점형 중 하나의 점도 찍지 않은 빈칸을 제외한 63개 점형에 초성 자음 13자, 종성 자음 14자, 모음 21자, 약자 27자, 약어 7개, 숫자, 문장부호 등을 배정하여 사용한다.

한글점자 점의 명칭 및 점자 일람표는 다음과 같다(김영욱 외, 2009).

표 3-3 점의 명칭, 점자 일람표

찍을 때	읽을 때
4 ● ● 1	1 ● ● 4
5 ● ● 2	2 ● ● 5
6 ● ● 3	3 ● ● 6

점자의 기본 구조는 묵자와 다르며, 그 특징은 다음과 같다.

첫째, 초성 자음과 종성 자음이 다르게 제자(製字)된다.

둘째, 점자에서는 초성 'O'을 사용하지 않는다.

셋째, 초성 'ㄲ, ㄸ, ㅃ, ㅆ, ㅉ'을 적을 때는, 앞의 'ㄱ, ㄷ, ㅂ, ㅅ, ㅈ' 대신 된소리표를 적는다.

넷째, 부피를 줄이고, 읽기와 쓰기 속도를 증가시키기 위하여 27개의 약자와 7개의 약어를 사용한다.

다섯째, 약자 '영'은 그 앞에 'ㅅ, ㅆ, ㅈ, ㅉ, ㅊ'이 올 때에는 '엉'으로 읽는다.

여섯째, 모음 겹글자 '얘'는 '야+이'가 아니라 '야+애'로, 위는 '우+이'가 아니라 '우+애'로 쓴다.

일곱째, 모음 겹글자 '왜'는 '오+애'가 아니라 '와+애'로, 웨는 '우+에'가 아니라 '워+애'로 쓴다.

여덟째, 점자는 모아쓰지 않고 풀어쓴다. 예를 들면, '국'을 'ㄱ, ㅜ, ㄱ'으로 적는다.

이러한 점은 시각장애아들이 점자를 배우는 데 어려움이 되므로 교사는 시각장애아에게 점자를 가르칠 때 이러한 특성을 유의해야 한다.

(2) 보행지도

시각장애아들이 가장 불편한 것은 보행의 어려움이다. 보행(orientation and mobility)은 '방향정위'와 '이동성'으로 구분한다.

① 방향정위(orientation)

시각 외의 잔존 감각기관을 통해서 자신과 주위환경의 관계를 이해하는 능력

② 이동성(mobility)

물리적 환경에서 안전하고 독립적으로 다닐 수 있는 능력으로 가동성 혹은 보행훈련

보행의 종류에는 안내자 보행, 흰 지팡이 보행, 안내견 보행, 전자기구 보행 등 네 가지로 나눌 수 있다.

① 안내자 보행

기본적인 방법은 시각장애인이 안내자의 왼쪽에 서고 오른팔로 안내자의 왼쪽 팔꿈치 윗부분을 잡고 안내자와 반보 차이로 보행

② 흰 지팡이 보행

보행보조기구로서 주위환경 탐색이나 정찰 보행

③ 안내견 보행

시각장애인에게 일상생활에서 도움을 주기 위한 보행

④ 전자기구 보행

직접적인 환경과 관계되는 보행

Chapter 04

청각장애

1. 정의

청각장애는 귀로 소리를 듣는 데 어려움이 있는 경도에서 최고도에 이르기까지 청각불능상태(hearing disability)를 가리키는 일반적 용어로 농(deaf)과 난청(hard of hearing)을 포함하는 개념이다(김종현 외, 2011).

청각장애는 전문가에 따라 청력손실, 의사소통능력 간의 관계로 정의하고 있다.

① 청각장애(heaing impairment)

경도에서 최고도에 이르는 청력손실이 있는 상태의 전 범위를 포괄적으로 나타내는 용어이다.

② 난청(hard of hearing)

유의한 수준의 청력손실이 있는 상태로 청각을 일차적인 의사소통수단으로 이용할 수 있을 정도의 청력손실 상태를 지칭한다. 보청 여부 상관없이 중재기법으로 개인이 지닌 잔존청력을 이용한다.

③ 농(deafness)

시각을 일차적인 의사소통과 말·언어발달의 수단으로 이용해야 할 정도로 청력손실이 심한 상태이다.

1) 장애인 등에 대한 특수교육법 정의

「장애인 등에 대한 특수교육법 시행령」(2012) 별표1의 "특수교육대상자 선정기준(제 10조 관련)"에 의하면 청각장애를 지닌 특수교육대상자는 "청력손실이 심하여 보청기 착용해도 청각 통한 의사소통 불가능 또는 곤란한 상태이거나 청력이 남아 있어도 보청기 착용해야 청각을 통한 의사소통

가능하며, 청각에 의한 교육적 성취가 어려운 사람"이다.

2) 장애인복지법 정의

장애인복지법 시행규칙(2013)에 의하면 청각장애인의 기준은 다음과 같다.

① 청력이 손실된 사람

- 2급: 두 귀의 청력을 각각 90dB 이상 잃은 사람(두 귀가 완전히 들리지 아니하는 사람)
- 3급: 두 귀의 청력을 각각 80dB 이상 잃은 사람(귀에 입을 대고 큰 소리로 말을 하여도 듣지 못하는 사람)
- 4급: 1. 두 귀의 청력을 각각 70dB 이상 잃은 사람(귀에 대고 말을 하여야 들을 수 있는 사람)
  2. 두 귀에 들리는 보통 말소리의 최대 명료도가 50% 이하인 사람
- 5급: 두 귀의 청력을 각각 60dB 이상 잃은 사람(40cm 이상의 거리에서 발성된 말소리를 듣지 못하는 사람)
- 6급: 한 귀의 청력손실을 80dB 이상 잃고, 다른 귀의 청력을 40dB 이상 잃은 사람

② 평형 기능에 장애가 있는 사람

- 3급: 양측 평형 기능의 소실로 두 눈을 뜨고 직선으로 10cm 이상을 지속적으로 걸을 수 없는 사람
- 4급: 양측 평형 기능의 소실 또는 감소로 두 눈을 뜨고 10cm를 걸으려면 중간에 균형을 잡기 위하여 멈추어야 하는 사람
- 5급: 양측 평형 기능의 감소로 두 눈을 뜨고 10m 거리를 직선으로 걸을 때 중앙에서 60cm 이상 벗어나며, 복합적인 신체 활동은 어려운 사람

2. 원인 및 출현율

1) 원인

청각장애의 원인은 여전히 어려운 판단이다. 그 원인을 파악하게 됨으로써 청각장애예방과 치료 또는 교육적 변인, 즉 청력손실의 시기, 중복장애 유무, 장애부모의 태도 등을 아는 데 도움이 된다.

① 유전

열성 유전 84%, 우성 유전 14%, 성 관련 형질 2%로 밝혀지고 있다. 오늘날에는 청력손실을 초래하는 유전적 증후군이 50개 이상인 것으로 확인되고 있으며, 아동기 청각장애의 약 50%가 유전에 의한 것으로 밝혀졌다.

② 뇌막염

대뇌피질을 보호하는 뇌막의 염증으로 인하여 발생하는 것으로 전체 청각장애의 4.9%가 해당한다.

③ 풍진

임산부가 풍진 바이러스에 감염되는 경우, 탯줄을 통하여 태아에게 감염된다. 임신 3개월 이내에 감염되면 청력손실 발생률이 높다. 청각장애의 발생률이 82%로 가장 높고, 심장질환 39%, 정신지체 34%, 시각장애 19%로 중복장애 발생의 확률이 높다.

④ 모자혈액형 불일치

임산부와 태아의 Rh혈액형이 불일치할 경우 모체의 혈액에서 항체가 형성되고, 이것이 태아의 혈액을 파괴하여 청각장애가 발생한다. 70% 이상이 중복장애를 갖는 것으로 밝혀졌다.

⑤ 미숙

신생아 출생 시 표준 체중에 훨씬 미달되는 경우 청각장애가 발생한다. 풍진 및 혈액형 불일치와 합병되는 경우가 많다.

⑥ CMV

선천성 바이러스 감염으로 청각장애가 발생한다.

청각장애가 되는 중요 6가지 원인 중 유전이 원인일 경우 단순 청각장애가 되며, 기타의 경우 중복장애의 확률이 높은 것으로 나타나고 있다.

2) 출현율

청각장애인 수를 추정하는 데는 조사대상의 수와 표집방법, 조사 시 도구의 적용에 따라서 차이가 있다(김영욱 외, 2009). 국립특수교육원(2001)에서 장애아동 출현율을 조사한 바에 따르면 6~7세의 총 학령인구 중 청각장애 아동은 0.06%인 2,324명으로 추정된다. 2005년 장애인 실태조사(보건복지부, 2005)에서는 청각장애인을 0.65%(302,000명)로 보고하고 있다.

3. 분류 및 특성

1) 분류

청각장애아동의 분류는 청력손실의 정도, 청력손실의 시기, 청각장애의 부위 등의 기준에 따라 하고 있다.

(1) 청력손실의 정도에 따른 분류

청각장애아동의 평균 청력손실 정도에 따라 분류하는 기준도 다양하게 제시하고 있다. 기도 청력검사(air conduction threshold)를 실시해 회화음역(0.5, 1, 2KHz)을 중심으로 평균 순음역치(Puretone Threshold Average)를 산출하여 평가한다.

평균 순음역치로 평가하는 청력손실의 정도는 다음과 같다.

표 4-1 평균 순음역치(PTA)로 평가하는 청력손실의 정도

청력손실 정도	청력역치
정상	15dB HL 이하(normal)
성인: 정상, 아동: 미도	16~25(slight HL)
경도	26~40(mild)
중도	41~55(moderate)
중고도	56~70(moderately severe)
고도	71~90(severe)
심도	91 이상(profound)

출처: 심현섭 외(2010).

(2) 청력손실 시기에 따른 분류

청각장애아동의 청력손실 시기를 교육적 관점에서 언어습득 전 청각장애와 언어습득 후 청각장애로 분류하고 있다.

- 언어습득 전 청각장애(prelingually hearing impaiment): 말을 하고 언어를 이해하는 학습을 하기 이전(3~5세)에 청력장애가 있는 경우
- 언어습득 후 청각장애(postlingually hearing impaiment): 말을 하고 이해하는 학습을 한 후에 청력장애가 있는 경우

(3) 청각장애 부위에 따른 분류

청각장애아동의 청각기관 중 어느 부위에 장애가 발생하였느냐에 따라 분류하고 있다.

- 전음성 청각장애(conductive hearing impaiment): 외이나 중이의 문제로 발생하는 청각장애. 청력손실의 정도는 심하지 않음
- 감각신경성 청각장애(sensorineural hearing impaiment): 내이나 청신경에 손상이 있을 때 나타나는 청각장애. 대부분의 아동에게서 청력손실의 정도가 심함
- 혼합성 청각장애(mixed hearing impaiment): 전음성과 감각신경성 청각장애가 함께 나타남
- 중추성 청각장애(central hearing impaiment): 특별한 청력장애를 보이지 않고 음을 듣기는 하지만 의미를 이해하는 데 어려움을 보이는 청각장애

2) 특성

청각장애아동의 특성을 주로 언어발달, 지적능력, 사회·정서적 측면에서 살펴보면 다음과 같다.

(1) 말·언어발달 특성

청각장애아동은 언어발달 지체를 보인다. 청각장애아의 말은 건청아에 비해 느리게 발달하며, 또래아동과 가족으로부터 고립과 정서적 어려움을 겪고 있다.

청력손실이 말과 언어에 미치는 영향은 청력손실의 정도, 청력손실을 입은 시기, 중재를 시작한 시기 등 여러 변인들에 따라 달라질 수 있다(권요한 외, 2010).

청각장애아동은 색깔이나 숫자의 개념 형성이 건청아보다 빠르나, 2개 음절 단어 발성은 현저히 늦다(Schafer & Lybch, 1980).

문법이 느리게 발달하고, 보어를 잘 사용하지 않는 등 여러 가지 면에서 언어발달에 어려움이 있다. 이유는 청각장애아는 국어를 사용할 기회가 거의 없기 때문이다. 더욱이 이들 부모가 수화능력이 없다면 이들에게는 언어모델이 없는 것이다. 청각장애 부모를 둔 청각장애아동은 건청 부모를 둔 경우보다 언어발달 우수한데, 그 이유는 말 이외에 수화를 사용했기 때문이다(Moores, 1987).

청각장애아동의 언어발달을 촉진하기 위해서는 언어적인 자극을 줄 때 능동적으로 참여하도록 해야 한다. 청각장애아는 언어발달이 느리지만 발달하지 않는 것이 아니기 때문에 청각장애아동의 언어발달을 체계화시켜 개별화 프로그램을 만들 필요가 있다. 그리고 청각장애아동에게 요구되는 언어의 의미를 잘 표현해 주는 것이 언어발달에서 중요하다(강갑원 외, 2008).

표 4-2 발달시기별 청각장애아동의 언어 특성

발달시기	언어발달 특성	
생후 3~4개월	몸짓, 움직이기, 울기, 양육자가 의사소통으로 해석할 수 있는 발성	
생후 6~12개월	목적을 달성하기 위해 몸짓과 발성을 사용한 의도적인 의사소통 시작	
생후 6~36개월	a. 비언어적 의사소통기술	증가, 단어나 기호 습득 시작시기에 감소되거나 고정
	b. 언어적 의사소통행위	19개월에 시작, 30개월에 안정, 30~36개월 사이 현저히 발달
	c. 어휘	생후 18개월: 평균 0~9개의 단어 사용 생후 22개월(통합적 의사소통 프로그램): 60개의 수화와 구어 단어 습득 생후 22개월(구화 의사소통 프로그램): 10개의 구와 단어 사용
학령기	a. 어휘 및 단어 의미	최중도 청각장애아동: 대략 3년 이상 지체 중등도 청각장애아동: 1년 정도 지체
	b. 화용기술	대화자로서 역할하기, 화제 꺼내기, 화제 유지하기에 어려움을 보이나, 나이가 들어감에 따라 꾸준히 향상

출처: 김영욱 외(2009).

(2) 지적 특성

청각장애아동의 지적능력은 건청아에 비해 양적인 평균이 약간 낮기는 하지만 정상 범위이다. 하지만 청각장애아동에게 높은 언어수준을 요구하는 검사에서는 평균 이하 지적 능력이 나타난다.

청각장애아동의 지능검사에서 지적 능력이 평균 이하로 나타나는 것에는 다음과 같은 이유가 있다.

첫째, 지적 발달을 위한 적절한 자극을 받지 못했거나 교육 받지 못함
둘째, 검사에 충분한 의사소통이 이루어지지 않음
셋째, 지능검사가 너무 언어에 의존함

청각장애아동에게 지적능력 문제가 있다는 확실한 증거가 없음에도 청각장애아동들은 학업성취에 어려움이 있다. 많은 연구에서 청각장애아동들이 읽기나 쓰기에 있어서 대부분 자신의 연령보다 뒤떨어지는 수행을 보이며, 어휘량은 적고 문장구조는 더 단순함을 나타내고 있다. 수학은 청각장애아동들의 성취 가장 높은 영역 중 하나임에도 불구하고 20세경의 평균수준은 중학교 2학년 정도로 보고되고 있다(송준만 외, 2004).

수화에 기초한 수행검사를 실시한 청각장애아동과 건청아 간 지적 수행능력에는 유의미한 차이가 없는 것으로 나타났다(Prinz et al., 1996). 이런 결과들은 조기에 실시되는 효과적인 언어교육과 여러 가지 경험을 통해 향상될 수 있다(전헌선 외, 2012).

(3) 사회·정서적 특성

인간들은 사회적 상호작용에서 언어가 중요한 역할을 담당하기 때문에 청각장애아동들은 사회·정서적 적응 문제를 가질 수 있다(송준만 외, 2004).

영아기에는 청각장애아동이 건청아와 상호작용하는 데 어려움을 나타내지 않으나, 유아기부터 주된 상호작용에서 언어를 의사소통 도구로 사용할

때 청력손실이 심한 청각장애아동일수록 친구관계에 어려움이 나타난다.

또한, 통합 환경 청각장애아동일수록 의사소통 문제로 인성발달에 미치는 영향이 크다(전헌선 외, 2012).

청각장애부모를 둔 청각장애아동는 건청 부모를 둔 청각장애아동보다 조기에 수화를 사용하여 부모와 의사소통함으로써 사회적 성숙, 사회적 적응이 훨씬 더 성공적이다(Hallahan Kauffman & Lloyd, 1999).

4. 판별

청각장애아동을 판별하는 데는 선별검사(screening test)를 통한 청각장애 유무 판별과 순음청력검사, 어음청력검사, 유희청력검사, 특수한 청력검사와 같은 과학적인 청력검사가 있다.

1) 선별검사

청각장애 유·무를 개괄적으로 검사하는 방법이다. 신생아 청각선별검사는 감수성, 특이성이 높고 객관적 기준을 적용할 수 있다. 신생아가 병원을 퇴원하기 전 시행 가능해야 하고, 합당한 비용이여야 한다.

현재 우리나라는(2011년 9월)모든 신생아가 건강보험의 혜택을 받지는 못하나, 의료급여 수급권자 및 차상위 계층의 출생아 그리고 최저 생계비 200% 이하(4인 가구 기준, 288만 원 이하) 가정 출생아는 해당 보건소에서 발행한 쿠폰으로 무상으로 검사받고 있다. 또한 난청 고위험 요소를 가진 신생아와 그 외 신생아는 부모 동의하에 청각선별검사가 이루어지고 있다.

표 4-3 청각장애 고위험 요소

1. 유전성 감각신경성 난청의 가족력
2. 태아 시의 감염
3. 두 개안면부의 기형
4. 출생 시 체중 1,500g 이하
5. 교환수혈이 필요한 정도의 과빌리루빈혈증이 있는 경우
6. 아미노배당체(amonoglycosides)를 포함하는 하나 이상의 이독성 약물의 사용력이 있거나 고리이뇨제와 함께 사용한 경우
7. 세균성 뇌수막염
8. 아프카 수치(Apgar scores)가 1분에 0~4, 5분에 0~6인 경우
9. 인공호흡기를 5일 이상 사용한 경우
10. 감각신경성 난청이나 전음성 난청과 관련된 것으로 알려진 증후군의 징후 혹은 임상적 소견이 있을 때

출처: 전현선 외(2012).

청력을 측정하지 않고 청각장애 유무를 결정하기는 쉽지 않으나, 다음과 같은 특징을 보이는 아동은 선별검사가 필요하다(전헌선 외, 2012).

- 중이염을 자주 앓은 경험이 있는 아동
- 아동 말소리의 명료도가 떨어지고, 연령에 맞는 말소리를 산출하지 못하며, 말소리가 왜곡, 생략, 대치된 아동
- 보통 말소리에 반응을 보이지 않거나 주의를 기울이지 않는 아동
- 상대방 언어적 요구를 잘 이해 못하고 다시 말해 달라 요구하는 아동
- 방송 매체를 들을 때 보통사람이 듣는 것보다 큰 소리로 듣는 아동
- 상대방의 말을 듣기 위해 화자 쪽으로 귀를 가까이 하고 듣는 아동
- 말하기 수업활동에 참여하지 않으려고 하는 아동

2) 청력검사

(1) 순음청력검사(pure-tone audiometry)

순음청력검사기를 사용하여 피검자에게 순음(pure-tone) 들려주고, 이에 대

한 피검자의 청각역치(hearing threshold level)를 측정하는 방법이다.

검사방법에는 음이 공기를 통하여 외이도를 거쳐 내이에 전달되는 과정을 측정하는 기도청력검사(air conduction threshold)와 소리가 두개골을 통해 내이에 전달되는 과정을 측정하는 골도청력검사(bone conduction threshold)가 있다. 순음청력검사로 청력손실, 청력형, 청각장애 부위를 판별할 수 있다.

(2) 어음청력검사(speech audiometry)

어음청력검사로는 말소리를 탐지하고 측정하는 어음인지역치검사(speech recognition threshold)와 말소리 변별도 측정하는 말소리변별력검사(speech discrimination test), 말소리청취역치 저하검사(rollover test)가 있다(김영욱 외, 2009).

- 어음인지역치검사는 보통 2음절의 검사어음(연령에 따라 선택하여 적용)을 들려주고 50%의 정반응 수준 강도를 찾아 말소리 청취역치를 구함
- 말소리변별력검사는 보통 말소리 청취역치보다 40dB 높은 강도에서 검사한다. 주로 단음절어를 사용, 제시하고 제시한 음절에 대해 바르게 변별한 음절수의 백분율을 표시
- 말소리청취역치 저하검사 방법은 말소리변별력검사와 같으나, 소리의 강도가 고정된 것이 아니라 말소리 강도를 10dB씩 변화시키면서 각 강도에 대한 말소리 변별력을 구한다는 점이 다름

(3) 유희청력검사(play audiometry)

유아(3~5세)의 청력 측정을 위해 놀이를 활용하는 검사이다. 약 2.5세 이상 되는 아동에게 소리를 듣고 고리를 끼우는 것과 같은 일정한 행동을 하도록 교육한 후 청각장애 여부를 판별하는 방법이다.

5. 교육적 접근

1) 교육

청각장애아동들의 교육에서는 제한된 학습 환경을 최소화하는 것이 가능하며, 이는 학교적응력을 기를 수 있다는 점에서 바람직한 것으로 나타나고 있다. 청각장애아동의 청각장애정도, 학령 전에 받은 훈련 및 치료, 의사소통능력, 부모의 요구, 일반학교의 준비 등을 고려해야 한다. 그러나 일반적으로 청력손실정도에 따라 결정한다. 청력손실도가 낮을수록 많이 통합된 환경 배치를 하고, 청력손실도가 높을수록 많이 분리된 환경 배치를 한다.

2) 지도내용

제1의 목표는 청각장애아동의 의사소통능력 향상이다. 어떻게 하면 의사소통능력을 보다 더 향상시킬 수 있을까? 어떤 의사소통 방법이 최적인가? 등 부모와 교사의 관심을 집중시키고 이의 연구와 실천에 많은 노력을 기울여야 한다. 다음은 의사소통방법과 그와 관련된 지도내용을 간단하게 소개하고자 한다(김영욱 외, 2009).

(1) **청능훈련**(auditory training)

청각장애아들이 가지고 있는 잔존청력(residual hearing)을 가능한 최대로 활용하여 상대방 말을 통해 언어적 정보를 수용할 수 있게 하는 것이다(교육부, 2000). 보청기나 인공 와우를 사용하는 청각장애영유아가 소리에 반응하는 방법을 알지 못하면 보청기 조절과 인공 와우 매핑에 어려움이 있다.

청능훈련에서는 청각장애영유아가 소리에 반응하는 방법을 배우게 하며,

나아가 말소리를 듣고 이해하여 표현하는 능력을 익히도록 한다.

다음은 청능훈련에서 실시하는 대화 기법과 듣기 훈련법이다.

① 대화기법

가. 자연적 대화기법

형식에 구애받지 않고 자연스러운 대화를 통해 청각장애아동이 일반적인 대화 형식을 익히도록 유도한다. 청각과 시각적인 단서(AV: Auditory Visual)를 모두 동원·실시하는 상황에서 시각적 단서 없이 청각적 단서만 활용하는 상황(AO: Auditory Only)으로 전이시킨다. 자연적 대화기법은 폭넓은 의사소통환경을 익힐 수 있지만, 청각장애가 고도 내지 심도일 경우 이해가 부족하여 산만해질 우려가 있다.

나. 구조적 대화기법

주어진(closed-set) 주제나 환경에 따른 제한적 청각상황을 활용한다. 청각장애아동이 미리 예상할 수 있도록 유도하면서 대화한다. 소리를 처음 접하는 청각장애아나 아직 언어의 개념이 없는 고도 이상의 청각장애아에게는 어려울 수도 있다.

② 듣기훈련법

가. 청각탐지(auditory detection)

단순한 음성이나 악기 소리를 사용하여 소리의 존재 유무를 감지하고, 소리가 들리면 의식적인 행동 반응으로 유도한다. 청각장애아동의 흥미를 유발시킬 수 있는 다양한 놀이기구를 활용해 소리의 감지능력과 청력검사 수행능력을 접목시키는 지속적인 평가법(ongoing evaluation)과 유기적으로 연결한다. AV 상황에서 AO 상황으로 진전시키거나 단순한 악기 소리에서 의성어나 의태어로 발전한다.

나. 청각변별(auditory discrimination)

두 가지 이상의 소리 자극을 대조를 통해 구별하도록 한다. 주파수가 서로 다른 소리 변별에서 주파수가 비슷한 소리의 변별로 나아간다.

다. 청각확인(auditory identification)

청각장애아는 자신이 들은 단어나 문장을 바르게 골라내는 데 어려움이 있다. 확인 단계에서는 주어진 상황에서 청각장애아동에게 주어진 소리나 단어를 골라내고 따라하게 한다. 처음에는 적은 수, 동일한 집단의 예로 시작하여 점진적으로 많은 수의 예와 복합집단의 예로 진행한다(AV 상황에서 AO 상황). 모방이 첨부되므로 본격적인 언어훈련과 병행하는 것이 좋으며, 음소 ➡ 단어 ➡ 문장 등으로 전개시켜 나간다. 훈련내용과 주제는 학습자의 언어발달 수준에 맞추어 가까운 것에서 먼 것으로 정해 나가는 것이 적절하다. 또한 주제의 선정은 아동이 관심을 보이고 흥미 있어 하는 것 중심으로 시작하는 것이 좋다.

라. 청각인지(auditory recognition)

청각장애아동은 보기가 주어지지 않은 상황(open set)에서 들은 음소 ➡ 단어 ➡ 문장을 골라내어야 한다. 다양한 게임 등으로 인지 및 사고 훈련도 함께 한다. 인지 및 사고훈련의 예를 들면, 관찰학습, 예상게임, 비교게임, 넌센스게임, 실상과 환상 가리기, 원인과 결과 나누기 등이 있다.

마. 청각이해(auditory comprehension)

자발적으로 이해하거나 질문에 답하는 형식으로 이해의 정도를 높인다. 단, 지도하는 사람의 말을 반복하거나 따라하지 못하게 하고, 반응하기 전에 사고하는 시간을 갖도록 유도한다. 청각이해를 위한 방법으로는 반대말 대기, 물체·사건·활동 등의 종류 구분하기, 주어진 문장의 진위 가리기,

주어진 단어와 연상되는 단어 말하기, 예문을 읽어 주거나 상황을 설명한 후 관계된 질문하기, 동화책 읽고 이야기 나누기 등이 있다.

바. 독화지도(speechreading)

독화는 말의 시각적인 수용으로, 상대방의 입 모양이나 표정을 보고 화자의 사고를 이해하는 기술이다. 독화과정에 포함할 수 있는 변인으로는 화자의 말소리인 음성단서, 화자의 조음운동에 의해 나타나는 시각단서, 전언에 수반되어 화자에 의해 표현되는 비음성단서(안면표정, 손짓과 몸짓 등), 환경으로부터 오는 단서(김영욱 외, 2009)가 있다.

독화지도 방법에는 분석적 방법과 종합적인 방법이 있다.

- 분석적 방법

입술 움직임에 주력하는 것으로 시각적으로 구별되는 말소리를 조음 위치와 방법으로 이해시켜 상대방이 하는 말을 인지할 수 있게 지도한다.

- 종합적 방법

부분보다 전체 이해에 중점을 두는 것으로 문맥적 정보를 이용하여 시각적으로 구별되지 않는 의미의 개념을 추측할 수 있도록 지도하여 청각장애아동이 의사소통하는 데 어려움을 줄여준다.

청각장애아동이 청각적 정보 없이 독화를 하면 조음위치가 같거나 유사한 말소리를 구별하는 것이 어렵고, 시각적으로 보이지 않는 입 안쪽에서 나는 소리(연구개음, 성문음 등)를 이해하기 어렵다. 그러므로 분석적 방법과 종합적 방법을 병행하여 지도해야 청각장애아동이 상대방의 말을 쉽게 이해할 것이다. 또한 독화과정은 문자 그대로 읽는 것이 아니라 소리 나는 대로 읽는 음운과정이므로 독화지도 시 청각장애아동에게 알려 주어야 한다.

(2) 수화법(manual method)

수화법은 1760년대 세계 최초 de lepee(더 레페)가 설립한 파리 농학교에서 사용한 방법이다. 우리나라는 지문자(finger spelling)와 수화(sign language)로 나누었다(장선철, 2007). 수화법(手指法, 수지법)은 수화 및 지문자(指文字: 손가락으로 한글의 자모를 표기한 글자)를 함께 사용한다.

최근 구화능력과 추상적 사고능력 형성에 방해가 된다고 하여 학습현장에서 배제하여 왔으나, 구화능력 학습에 개인차가 심하고 구화와 수화를 병행하는 것이 효과적인 경우도 있으며, 구화법도 의사소통에 한계가 있어서 최근에는 수화와 지문자가 함께 많이 사용하고 있다.

수화란 손, 몸짓, 얼굴 표정 등을 이용하는 시각적·공간적 전달매체이다. 즉, 몸으로 시연을 하거나, 모방하거나, 비슷한 손모양이나 동작을 하여 의미를 전달하는 방법이다. 예를 들면, 우리나라 수화에서 '소'를 나타낼 때 양손의 엄지와 검지만 펴고, 나머지 손가락 오므린 채 검지의 끝을 머리 양쪽에 갖다 대어 표현한다. '먹다'라는 표현을 할 때는 오른손을 입에 갖다 대어 먹는 시늉을 한다. 그러나 대부분 수화는 구체적 영상의 형태가 아니라 추상적 형태를 표현한다.

수화는 대부분 사물의 모양과 비슷하지 않다. 그렇기 때문에 수화를 모르는 사람은 청각장애인이 사용하는 수화의 의미를 이해하기 어렵다.

수화는 쉽게 이해할 수 있는 이점이 있으나, 어휘수가 부족한 것이 단점이고, 최근 어휘가 많이 개발되고 있다(강갑원 외, 2008).

우리나라 수화에는 자연수화와 문법수화가 있다.

자연수화는 농 사회의 역사에 따라 자연스럽게 발생되어 전통적으로 전해 내려온 것으로 국어체계와 다른 독자적인 문법을 갖고, 문법수화는 건청인과의 원활한 의사소통을 위해 국어 의미와 문법체계를 맞추어 만들어진 수화이다.

지문자는 손 모양을 사용하여 시각적으로 구어의 철자와 동일한 형태 만든 것이고, 수화를 보충하는 용도로 많이 사용한다. 지문자는 수화 시

음성언어와 함께 사용되기도 한다(권요한 외, 1998).

(3) 종합적 의사소통법(total communication method)

1968년 미국 메릴랜드(Maryland) 농학교에서 D. Denton이 적용하면서 개발되었다.

청각장애아동과 의사소통할 때 구화법만 사용한다면, 청력손실 고도 이상 청각장애아동은 청각과 말로 정보를 받아들이기 어렵다.

종합적 의사소통은 청각장애아동이 의사소통하는 데 이러한 어려움을 덜어주기 위해 개인의 의사소통 욕구에 초점을 맞추어 청각, 구화, 수화, 지문자, 쓰기 등 모든 의사소통 양식을 활용한다.

종합적 의사소통은 수화와 말을 동시에 제공함으로써 한 개인이 수화와 말을 더 잘 이해하고 효과적으로 사용할 기회를 증가시킨다. 잔존청력, 보조기기, 말 읽기, 청능 훈련, 읽기와 쓰기 등을 사용한다(추연구 외, 2012).

(4) 이중언어-이중문화접근법(bilingual-bicultural approach)

청각장애아동의 자연수화인 모국어와 그 나라의 건청인이 사용하는 언어를 익히고 청각장애인 문화와 건청인 문화 모두를 습득하도록 해야 한다는 것(Tumbull et al., 2004)이다. 1990년대 이후의 교육 목적은 농아동이 사고에 필요한 도구를 발달시키고, 다른 농인과의 관계 통해 건강한 자아의식을 발달시키기 위해 강력한 시각적 1차 언어 갖도록 하는 것이다(김영욱 외, 2009).

Chapter 05

지적장애

1. 정의

오늘날 정신지체아를 일컫는 말로 지적장애(intellectual disabilities)가 가장 많이 사용되고 있다. 지적장애는 1950년대까지 '정신박약(feeble minded), 정신결함(mental deficiency) 등의 용어로 표현되었고, 1960년대부터는 지적장애를 '정신지체'라는 용어로 사용하기 시작하였다.

장애 대상의 용어를 규정한다는 것은 그 대상의 의미와 한계를 정하는 것이므로 다른 용어와 구별되어야 할 만큼 명확해야 하며 신중성을 기해야 한다. 과거 수년 동안 지적장애의 정의는 용어규정의 문제, IQ검사에 기초한 지능 그리고 사회적·개인적 능력에 기초한 적응행동 등에서 입장 차이를 보이며 변천해 왔다(김영욱 외, 2009).

세계적으로 인정받고 있는 미국정신지체협회(American Association on Mental Retardation; AAMR)의 정의를 많이 사용하고 있는데, 1921년 최초의 정의를 발표해 온 이래, 가장 최근의 2002년도까지 거의 10년마다 지적장애에 대한 정의를 새롭게 보완하면서 지적장애 정의의 흐름을 주도해 왔다. 그 정의는 용어, IQ 경계점수, 적응행동의 진단적 역할 등에 대해 많은 변화를 겪어 왔다(강영심 외, 2019). 여기서는 「장애인 등에 대한 특수교육법」·「장애인복지법」상의 정의를 살펴보겠다.

1) 장애인 등에 대한 특수교육법 정의

「장애인 등에 대한 특수교육법 시행령」(2012) 별표1의 "특수교육대상자 선정기준(제 10조 관련)"에 의하면 정신지체를 지닌 특수교육대상자는 다음과 같다. "지적 기능과 적응행동상의 어려움이 함께 존재하여 교육적 성취에 어려움이 있는 사람"으로 정의되고 있다.

2) 장애인복지법 정의

「장애인복지법 시행규칙」(2013)은 지적장애인을 1, 2, 3급으로 나누고 다음과 같이 규정하고 있다.

- 1급: 지능지수 34 이하의 자로 일상생활과 사회생활의 적응이 뚜렷하게 곤란하여 일생동안 타인의 보호가 필요한 사람
- 2급: 지능지수 35 이상 49 이하의 사람으로 일상생활의 단순한 행동을 훈련시킬 수 있고, 어느 정도의 감독과 도움을 받으면 복잡하지 아니하고 특수기술을 요하지 아니하는 직업을 가질 수 있는 사람
- 3급: 지능지수 50 이상 70 이하의 사람으로 교육을 통한 사회적·직업적 재활이 가능한 사람

이상과 같이 「장애인복지법 시행규칙」은 IQ의 상한을 70으로 규정하고 있으며, 일반지능과 일상생활, 사회생활, 직업생활을 동시에 고려하여 정신지체 여부와 그 등급을 판별하도록 규정하고 있다(백은희 외, 1993).

2. 원인 및 출현율

1) 원인

지적장애에 있어서 위험요소를 사전에 예방하고 조기중재적인 차원과 교육에서 그 원인을 아는 것은 중요성에 있어서 매우 크다는 것을 알게 될 것이다. 과거 지적장애 연구에서는 생물학적 요인과 환경적 요인의 2개의 범주에서 원인을 구분하였으나, 현재는 다요소적인 측면에서 각각의 원인들이 서로 상호작용한다고 여겨지고 있다(김원경 외, 2010).

미국지적발달장애협회(AAID)는 지적장애의 원인을 생의학적·사회적·행

동적·교육적인 네 가지 범주의 위험요인으로 구분한다. 이를 시기별로 출산 전, 출생 시, 출생 후의 원인으로 구분해 제시한 내용은 다음과 같다(AAMR, 2002).

표 5-1 지적장애 발생 시기별 위험요인

시기	생물의학적	사회적	행동적	교육적
출생 전	1. 염색체 장애 2. 단일 유전자장애 3. 증후군 4. 대사장애 5. 대뇌장애 6. 산모질병 7. 부모의 연령	1. 빈곤 2. 산모영양결핍 3. 가정폭력 4. 부모 산전 관리 부족	1. 부모의 약물남용 2. 부모의 알코올남용 3. 부모의 흡연 4. 부모의 미성숙	1. 부모의 인지장애 2. 부모가 될 준비의 결여
출생 시	1. 조산 2. 출생 시 손상 3. 신생아 이상	1. 출생 시 관리 부족	1. 부모의 양육 거부 2. 부모의 아동 유기	1. 중재서비스를 위한 의료적 의뢰체계의 부족
출생 후	1. 외상성 뇌손상 2. 영양실조 3. 뇌수막염 4. 발작장애 5. 퇴행성 장애	1. 부적절한 아동양육 2. 적절한 자극의 결여 3. 가정의 빈곤 4. 가족의 만성 질병 5. 시설수용	1. 아동학대와 유기 2. 가정폭력 3. 부적절한 안전조치 4. 사회적 박탈 5. 부적절한 아동 행동	1. 잘못된 육아 2. 진단 지연 3. 부적절한 조기중재 서비스 4. 부적절한 특수교육 5. 부적절한 가족지원

(1) 염색체 이상

염색체에 이상이 있어서 지적장애가 되는 대표적인 경우는 다운증후군과 성염색체 이상이다. 사람에게는 모두 23쌍 46개의 염색체가 있는데 그 염색체 수가 너무 많거나, 적거나 아니면 염색체 구조에 이상이 있는 경우를 말한다(강갑원 외, 2008).

① 다운증후군

다운증후군(Down's syndrome)은 몽고인을 닮았다고 하여 몽골리즘(Mongolism)

이라고도 한다. 정상적으로 분열되어야 할 염색체가 비정상적으로 분열되어 정상적인 46개가 아니라 47개를 갖고 있다.

다운증후군의 세 가지 유형에는 삼체성 염색체(trisomy21), 전위, 모자이크가 있다.

21번 염색체가 한 쌍이 아니라 3개인 경우가 있다. 다운증후군의 약 95%가 해당한다. 유전되는 것은 아니며 산모의 연령이 높을 때 잘 나타난다.

초기 세포 분열이 일어나지 않아 신체의 특정부위에서 21번 염색체가 많아지는 경우이다. 다운증후군의 약 2% 정도를 차지하는데, 다른 증후군에 비하여 지능이 높다. 경도 정신지체 정도에 해당한다.

21번 염색체가 다른 염색체와 배열에서 자리가 바뀐 경우이다.

주로 13번 또는 15번째에 부착된다. 그렇게 흔치는 않으며 특정 연령층의 산모에서 출현된다. 산모의 나이가 많을수록 다운증후군의 자녀를 출산할 확률이 높다. 30세 이하인 경우에는 1,500 대 1이지만, 45세 이상인 경우에는 65 대 1로 높아진다(Smith & Wilson, 1973).

다운증후군에 걸린 유아는 체구가 작고, 눈이 약간 치켜 올라가고 튀어나와 있다. 첫째 발가락과 둘째 발가락 사이가 넓고, 손이 작으면서 네모진 모양을 하고 있다. 질병으로는 심장판막증, 시각장애, 호흡기 감염을 들 수 있다.

임신 중에 그 여부를 검사할 수 있으며, 대부분의 다운증후군의 영유아는 중등도 정신지체에 속한다.

② 성염색체 이상

성염색체 이상의 대표적 질환은 클라인펠더증후군과 터너증후군이다.

클라인펠더증후군은 염색체의 수가 47개로서 성염색체의 유전형 구조가 XXY이다. 즉, 정상적인 염색체 수에 비하여 X염색체가 하나 더 있다.

클라인펠더증후군의 특성은 남성이지만 가슴이 과도하게 크고, 여성적 목소리, 무모증, 작은 고환, 생식불능이 나타난다. 이들 중 일부가 경도나 중도 지적장애를 보인다.

터너증후군은 염색체의 수가 45개로 성염색체가 X 하나뿐이다. 터너증후군의 특성은 여성이지만 난소가 없거나 흔적만 있다. 따라서 2차 성징이 없어서 생식을 못한다. 키가 작고, 목에 띠가 형성되어 있으며, 골격이상도 종종 나타난다. 10세 이후에 판명되는 경우가 많다. 터너증후군의 약 20%가 지적장애에 해당한다(김정휘 역, 1989).

(2) 신진대사 이상

신진대사 이상의 대표적 질환 페닐케톤뇨증과 갈락토스혈증이다.

페닐케톤뇨증은 정상적인 성장과 발달은 효소가 적시적소에 생산되느냐에 달려 있다. 효소가 생산되지 않거나 정상적인 기능을 수행하지 못할 때, 문제를 일으키는 많은 조건들이 발생한다. 필수아미노산의 하나인 페닐알라닌(phenylalanine)을 대사할 수 없기 때문에 생긴다. 중등도 지적장애에 해당한다.

갈락토스혈증은 갈락토스를 대사하지 못해서 생긴다. 갈락토스는 우유를 소화시킬 때 생기는 탄수화물이다. 출산 초기에 소변검사를 통해서 발견할 수 있다. 갈락토스가 없는 음식을 제공하여 증상을 감소시킬 수 있다(강갑원 외, 2008).

(3) 감염

산모, 영유아가 특정 질병에 감염되어도 지적장애를 일으킬 수 있다.

산모가 임신 3개월 내에 풍진(rubella)이라는 바이러스에 감염되면 태아발달에 손상을 가져올 수 있다. 산모가 임신 5개월에 매독에 감염되면 태아 발달에 손상을 가져올 수 있다.

(4) 약물중독

산모가 약물이나 알코올에 중독되었을 때에도 지적장애를 일으킬 수 있다. 산모가 임신 중에 알코올의 섭취로 태아가 알코올중독에 걸리면 지적장애가 일어날 수 있다. 특히 알코올은 태반에서 걸러지지 못하고 태아의 혈액으로 바로 유입된다. 태아에게 손상을 주는 약물을 임신 중에 복용하면 태아에게 나쁜 영향을 준다. 대표적인 약물은 틸로마이드 진정제, 항생제, 항암제 등이다. 흡연, 카페인, 납 중독도 지적장애를 일으킬 수 있다.

(5) 기타

이상의 원인 외에 뇌수종(hydrocephalus), 소두증(microcephalus), 혈액의 Rh(Rhesus)인자, 영양실조, 조산, 출산 시 사고 등을 들 수 있다.

뇌수종은 척추와 두개골 사이에 있는 척수가 뇌 안이나 밖에 고여 뇌에 압력을 가해 뇌가 확장되는 질환이다.

소두증은 두개골이 너무 작아서 뇌가 손상을 입는 장애이다.

혈액의 Rh(Rhesus)인자는 태아와 산모의 혈액의 Rh형이 불일치하여 손상을 입는 장애이다. 영양실조는 태아가 자궁 내에 있을 때와 출생 후 18개월간의 영양상태가 몸의 생화학적 조절과 뇌 기능 사이의 관계에 영향을 준다. 출산 시 뇌 손상이나 조산도 지적장애의 원인이 될 수 있다.

2) 출현율

지적장애인의 출현율은 지적장애의 판별기준에 따라 달라진다. 만일 IQ를 지적장애 판별의 유일한 준거로 삼는다면, 웩슬러 지능검사의 IQ가 70 이하(표준편차 −2 이하)일 경우를 지적장애로 간주한다면 그 출현율은 약 2.3%가 될 것이다(Beime-Smith, Patton, & Kim, 2006). 그러나 IQ만을 준거로 삼아 지적장애인의 출현율을 추산하기보다는 일반 지적 기능, 적응행동, 사망률 등을 동시에 고려해야 하며, 이러한 측면에서 지적장애인의 출현율은 통계상의 출현율보다 더 적을 수 있다(Targan, 1973; Mercer, 1973).

지적장애인의 출현율은 판별의 준거(정의)와 산출에 사용되는 방법에 따라 달라지지만, 성, 연령, 조사지역에 따라 달라지기도 한다. 생물학적 성 염색체 결함, 개인적 및 사회적 요구가 많은 연령층, 전원지역보다 사회적 요구가 많은 도시에서 지적장애인으로 판별될 가능성이 많기 때문이다.

3. 분류 및 특성

1) 분류

지적장애는 유형이나 그 정도에 따라 다양하게 분류하여 왔다.

미국정신지체협회(AAMR)은 지적장애의 용어와 정의뿐만 아니라 분류체계도 여러 가지로 제시했는데. 먼저 1973년의 분류는 주로 지능지수를 기초로 하여 경도(mild), 중등도(moderate), 중도(severe), 최중도(profound)로 분류하였고, 1992년. 2002년의 개정된 분류에서는 지적장애아동에게 요구되는 지원(support)의 종류와 강도에 따라 간헐적(intermittent)지원, 제한적(limited)지원, 확장적(extensive)지원, 전반적(pervasive)지원으로 분류하였다.

(1) 지적 능력에 따른 분류

지적장애를 분류하는 데 가장 널리 사용되고 있는 것은 지능지수의 수준에 따른 분류이다.

표 5-2 지능지수(IQ)에 의한 지적장애의 분류

분류목	지능지수
경 도(mild)	50~55에서 70
중등도(moderate)	35~40에서 50~55
중도(severe)	20~25에서 35~40
최중도(profound)	20~25 이하

출처: 강갑원 외(2008).

지적장애의 지능지수 분류에 따른 각 의미를 알아보면 다음과 같다(Heward, 2000).

경도 지적장애인의 IQ는 50~55에서 70까지에 속하며, 지적장애의 85%를 차지한다. 적절한 지원을 하면 지역사회에서 독립적으로 또는 지원 상황에서 성공적으로 생활할 수 있다.

중등도 지적장애인의 IQ는 35~40에서 50~55까지에 속하며, 지적장애의 10%를 차지한다. 일반적으로 감독 하에 지역사회에 적응할 수 있다.

중도 지적장애인의 IQ는 20~25에서 35~40까지에 속하며, 지적장애인의 3~4%를 차지한다. 대다수는 집단가정(group home)에서 또는 그들의 가족과 지역사회생활에서 적응을 할 수 있다.

최중도 지적장애인의 IQ는 20~25 이하에 속하며, 지적장애인의 1~2%를 차지한다. 일부는 철저한 감독과 보호 하에 간단한 과제를 할 수 있다.

(2) 지원의 필요 정도에 따른 분류

실제 생활하는 환경에서 어느 정도의 지원을 받아야 기능을 향상시킬 수 있는지, 그 강도에 따라 분류하는 것이다. 다음과 같이 4가지로 분류하고 있다(AAMR, 1992).

표 5-3 지원의 강도에 대한 정의

간헐적 (intermittent)	'필요에 따른' 지원으로, 항상 지원을 필요로 하는 것은 아니며, 인생의 전환기(예: 실직 또는 심각한 질병으로 인한 위기 상황)에 단기적인 지원 등과 같은 일시적인 필요에 따른 지원, 간헐적 지원의 강도는 상황에 따라 높을 수도 있고 낮을 수도 있음
제한적 (limited)	일정한 시간 동안 일관성 있게 지원이 필요하고 시간제한적인 성격을 띠며, 집중적인 지원보다는 지원인력이 덜 필요하고 비용도 적게 듦(예: 시간 제한적인 직업 훈련 또는 학교에서 성인기로의 전환을 위한 지원)
확장적 (extensive)	적어도 몇몇 환경(직장 또는 가정)에서 정기적으로(예: 매일) 지원을 제공하는 것으로, 시간 제한적이지 않은(예: 장기적 지원, 장기적인 가정생활 지원) 지원수준
전반적 (pervasive)	지속성과 높은 강도의 지원; 전반적인 모든 환경에 걸쳐서 제공되며, 삶을 유지시키는 데 필요한 지원, 확장적이거나, 시간 제한적인 지원보다 전형적으로 더 많은 수의 지원인력과 더 많은 개입을 필요로 하는 지원

2) 특성

지적장애아동은 지적요인의 정도에 따라 행동 특성에 차이가 있다. 일반적으로 지적장애아동에게서 나타나는 특성을 일반적 특성, 신체적 특성, 지적 특성, 성격적 특성, 가정 및 학교 행동 특성으로 구분하여 보면 다음과 같다(장선철, 2002).

(1) 일반적 특성

- 주의집중을 잘하지 못한다.
- 언어능력이 떨어진다.
- 상상을 잘 하지 못한다.
- 노력하려고 하지 않는다.
- 흥미 범위가 좁다.

- 경제의식이 희박하다.
- 선·악 구별이 잘 안 된다.
- 정서가 불안정하다.
- 습관이 한 번 형성되면 잘 바뀌지 않는다.
- 신체적 성숙은 비장애아와 별 차이가 없다.

(2) 신체적 특성

경도 지적장애아동의 경우에는 비장애와 신체적 발달이 비슷하나 중등도 지적장애 이하부터는 성장 지체가 나타난다. 신장, 체중, 흉위, 폐활량이 다소 처진다.

신체적 발달보다는 신체기능이나 운동기능에서 현저히 발달지체가 나타난다.

(3) 지적 특성

학습능력이 낮다. 초등학교 6학년까지는 유치원 수준의 능력을 나타내고, 학령기가 끝날 때쯤에도 초등학교 3학년 수준의 능력을 넘기 어렵다.

훈련가능급 지적장애의 경우, 의사소통능력은 기를 수 있으나 일반적 문자학습이나 기술기능은 거의 학습하기 어렵다.

- 기억력이 낮다. 특히 장기 기억보다는 단기 기억이 낮다.
- 언어발달 지체를 보인다. 언어 구사에 문제가 있다. 잘못된 단어를 사용하기도 한다.
- 자신이 가지고 있는 지식이나 기술을 새로운 상황에 적용하는 능력(일반화 능력, 창의력)이 낮다.
- 주의집중력이 낮다. 특히 집중시간이 짧고 어느 한 요소에 집중을 하지 못한다. 한 가지 과제를 끝까지 마무리하지 못한다.
- 추상적 사고능력이 낮다. 일반적 개념습득이 어렵고 추상적 사고능력이나 추상적 자료를 사용하는 능력이 제한된다.

- 불필요하거나 비본질적 정보나 자료에 주의를 기울임으로써 학습이 비능률적이다.

(4) 성격적 특성

- 사람을 피한다.
- 멍하게 있을 때가 많다.
- 남이 하는 대로 따라하는 경향이 있다.
- 주위 일에 관심이 별로 없다.
- 동작이 대체로 기민하지 못하다.
- 복장이 더러워져도 별로 개의치 않는다.
- 화가 나면 물건을 잘 내던진다.
- 남과 사회적 관계를 잘 맺지 못한다. 주의산만, 집중력 결여 등은 친구들이 지적장애인을 멀리하게 하는 원인이 된다.

(5) 가정 및 학교 행동적 특성

- 집에서 자신의 할 일을 하지 못한다.
- 가족에게 지나치게 의존한다.
- 부모에게 어리광을 부리거나 반항하기도 한다.
- 학교에서 자신보다 어린 아이와 논다.
- 놀이할 때 자신의 역할을 잘 하지 못한다.
- 단체 놀이가 곤란하다
- 같은 놀이를 반복하는 경향이 있다.
- 친절에 감사할 줄 모른다.
- 부끄러워 할 줄 모른다.
- 고집을 잘 부린다.
- 학교에 가기 싫어한다.

- 일이나 공부를 친구와 함께 하기를 싫어한다.
- 깊이 생각하지 않고 친구에게 잘 묻는다.

4. 판별

1) 판별

지적장애아동을 판별 수행하기는 쉽지 않다. 다양한 방법과 관련된 증거 자료로 종합적으로 판별해야 할 것이다. 지적장애아를 올바르게 판별하기 위한 자료로는 지능검사 결과, 학업 성적, 생육력, 병력, 가정환경 조사, 사회적응 행동, 의학적 상태, 언어능력 등에 관한 것이 있다(강갑원 외, 2008).

우리나라 특수교육진흥법 시행규칙(제3조 3항)에서는 지능검사, 사회성숙도검사, 적응행동검사, 기초학습검사, 운동능력검사를 통하여 판별하도록 하고 있다. 이상과 같은 정보를 바탕으로 확인하여야 할 사항은 다음 다섯 가지인데, 차례로 확인해 보면 다음과 같다.

- 지적장애인이 지적장애인지 아닌지를 알아본다.
- 지적장애인이면 어떤 유형인지 알아본다.
- 지적장애의 정도를 알아본다. 즉, 경도인지 중등도인지 등을 알아본다.
- 지적장애로 인해 어떤 기능에 결함이 있는지 알아본다.
- 어떤 결함이 치료가 가능한지를 알아보고, 치료를 하려면 어떻게 해야 하는지 알아본다.

지적장애를 판별하기 위하여 자료를 수집하는 방법으로는 심리검사, 의학검사, 관찰, 각종 기록물 검토, 부모와의 상담 등을 들 수 있다. 이 중에서 지적장애를 판별하는 데에 많이 사용되는 심리검사인 지능검사와 적응력검사에 대하여 살펴보기로 하겠다.

(1) 판별과정

지적장애아동을 판별하기 위해서는 미국정신지체협회에서 제시한 기준과 단계를 참고하면 도움이 될 것이다.

판별에서부터 지적장애인에게 필요한 지원내용을 결정하기까지 모두 세 단계로 구분하고 있다(Luckasson et al., 1992).

① 1단계

다음 사항에 부합되면 지적장애로 간주한다.

- 지능지수가 70~75 또는 그 이하이다.
- 10가지 적응기술 영역 중에서 최소한 두 가지 기술이 장애를 보인다.
- 18세 이하에서 이상의 증세를 보인다.

여기에서 적응기술 10가지란 미국정신지체협회에서 지적장애를 정의할 때 제시한 영역, 즉 의사소통, 신변처리, 가정생활, 사회기술, 지역사회의 활용, 자기관리, 건강과 안전, 기능적 학업교과, 여가, 직업 영역을 말한다. 이 영역 중에서 두 가지 이상의 영역의 적응에 장애가 있으면 지적장애로 판단한다는 것이다.

18세가 넘어서 이러한 증세를 보이는 경우에는 지적장애로 보지 않는다는 것이다. 노인이 치매를 앓아도 지적장애와 같은 증상을 보일 수 있으나, 지적장애로 분류하지 않을 것이다.

② 2단계

지적장애로 판단되면 강점과 약점을 기술한다.

- 신체, 정서적 특성을 고려하여 강점, 약점을 기술한다.
- 신체의 건강상태와 병과 관련한 내용을 모두 기술한다.
- 현재의 환경과 앞으로 유아의 발달에 도움이 될 환경이 어떠하여야 하는지를 기술한다.

③ 3단계

지금까지의 누가 기록 내용과 지적장애의 강도에 따라 앞으로 어떤 지원을 할 필요가 있는지를 결정한다. 필요한 지원 내용은 다음 4가지 차원을 중심으로 결정한다.

- 지적기능과 적응기술
- 심리, 정서적 측면
- 신체, 건강, 질병 측면
- 환경 측면

2) 지능검사

지능을 확인하는 가장 강력한 방법은 지능검사이다. 검사 결과는 진단이나 판별뿐만 아니라 교육과정 운영, 프로그램 작성, 교육적 배치를 결정하는데 중요한 자료이다. 지적장애인 모두에게 지능검사를 실시하는 것은 아니다. 지적장애가 심하거나 기질적으로 두뇌에 질환이 있는 장애아는 발달검사, 적응행동 측정, 관찰, 그 밖의 다른 도구를 사용하여 수집한 정보를 바탕으로 판단한다. 지능검사는 개인용검사와 집단용검사가 있는데, 지적장애인을 진단할 때에는 개인용 검사를 많이 사용한다.

우리나라에서는 보편적으로 고대-비네 검사가 있다.

3) 적응행동검사

적응행동검사는 일반적으로 행동의 명세 목록으로 구성되어 있다. 이 목록을 가지고 부모나 교사에게 각 항목에 대하여 물어서 검사한다. 먼저 들 수 있는 것이 적응행동척도(AAMR-ABS)이다.

다음으로는 사회성숙도검사이다. 이 검사는 3세에서 7세까지의 일반아동과 경도 및 중도 지적장애아를 대상으로 한다. 21개 영역, 95개 문항으로 구성되어 있다.

이상과 같은 검사를 통하여 얻은 점수 이외에 직접 유아를 관찰하고, 부모와 상담을 통해 얻은 정보, 학업수행상태 등의 정보를 종합하여 지적장애의 여부와 수준을 판단한다.

5. 교육적 접근

지적장애아동을 위한 프로그램은 대상 지적장애아동 개개인의 요구와 적성에 알맞은 학업수행을 위해서 교육과정에 따른 교육적 배치, 교육방법상 선택의 다양성을 갖는 것이 필요하다. 따라서 개인 및 집단에 대한 서비스의 다양성과 현존하는 서비스의 유효성이라는 두 가지 측면을 고려하여 유연하게 교육적 접근을 취할 수 있도록 제도가 운영되어야 한다.

기본적으로 지적장애아동의 교육적 접근을 위해서는 지적장애아동의 요구에 따라 최소 제한된 환경에 배치해야 하며, 상황이 변하면 다른 환경으로 옮겨갈 수 있도록 배치에 융통성이 허용되어야 한다(전헌선 외, 2012).

1) 진정한 통합교육의 실현

진정한 통합교육의 실현을 하기 위해서는 첫째, 통합교육의 철학적 이념을 구현, 둘째, 분리교육 대 통합교육의 대립에 대한 적절한 타협과 조치, 셋째, 지역사회의 실질적 통합을 위한 실천조치 강구, 넷째, 통합교육 내실화를 위한 과제 실천이다.

2) 다양한 교수방법의 실천

교수·학습의 재구조화에 따른 능력, 과제, 책략 변인에 따른 다양한 교수전략이 지적장애아동의 특성에 따라 제공되어야 한다. 특히, 특수교육공학적 접근으로 컴퓨터 보조수업, 초학문적 실천, 직접교수기법, 적응교수, 예능을 통한 교육, 다중접근법을 이용한 새로운 아이디어를 창출하여 학생의 학업성취에 대한 교사 자신들의 노력결과를 평가해야 한다.

3) 전환교육의 실천

지적장애아동의 전환교육은 실질적인 사회통합을 의미하며, 종합적인 전환서비스를 제공하는 총체적인 진로교육체제이다. 올바른 전환교육을 수행하기 위해서는 학제적 접근으로 초학문적 지원 체제의 팀 협력방식이 필요하다. 기관 간 협력을 통한 서비스 전달 간의 간학문적 협력, 인적 전문가들의 협력, 기관 간 협력 정보의 공유, 자료수집 및 평가의 협력이다.

전환교육의 수행과제는 전환교육의 이념 증진, 전문 인력 구축, 생활기능 중심 교육과정의 개발, 학교와 관련기관 및 전문가의 협력구축, 장애학생 부모와 학생의 적극적인 참여, 진단평가를 포함한 전환교육계획 훈련, 배치 및 사후서비스에 이르기까지 결과 중심의 과정적 구조화, 전환교육 중도 탈락자에 대한 대안교육 서비스제공대책 등이 있다.

4) 자기결정과 자기권리 주장

지적장애아동들의 자기결정기술 함양을 위한 교수방략들이 소개되고 있다(조인수, 2005). 이들의 질적인 삶을 배가하고 자신이 주체가 되어 스스로 의사를 표현하고 권리를 주장, 획득할 수 있게 하며, 의무를 실천할 수 있게 하자는 운동이 전 세계적으로 확산되고 있다. 우리나라에서는 "더불어 사는 국민"이란 단체 명칭으로 자기권리 주장운동이 활발히 전개되고 있다.

5) 통합적 진로교육

지적장애아동 교육의 핵심적 과제인 직업지도와 준비, 개인사회적 기술, 일상생활 기술 등 지역사회 생활적응을 위한 실질적 "사회적 적응 기술을 배양해야 한다.

사회적 기술은 개념적, 사회적, 실천적 기술 16개 하위 영역 과제들의 습득이 지적장애인 결과 중심 전환교육의 목표이기도 하다.

또한 통합적 진로교육의 핵심요소는 중도 지적장애인들을 위한 독립생활 기술 교수이므로 교육과정의 구조화가 체계적으로 이루어져야 하고,

지역사회 중심 교수를 통한 지적장애인들의 적응행동기술 향상을 꾸준히 시스템화 해 나가야 한다.

Chapter 06

지체장애

1. 정의

지체장애는 그 유형, 발생 시기, 원인에 따라 범위가 광범위하고 다양하며, 의학적, 사회적, 문화적 의미에 따라 내용이 변화될 가능성 있어 지체장애를 정확히 정의내리기는 어려움이 따른다.

지체란 체간과 사지를 말하며, 체간은 척추를 중축으로 한 상반신으로 두부(頭部)와 몸통을 의미하며, 특히 척추는 경추, 흉추, 요추의 세 부분으로 이루어져 두부를 지지하면서 운동기능을 발휘한다. 체간의 부자유로 인해서 정적인 지적능력, 동적인 운동기능, 형태 이상에 의한 운동기능에 어려움이 나타나는 것이다.

사지는 상지와 하지를 가리키며, 상지는 일상생활과 작업 활동에 관련되며, 하지는 서기, 걷기 등과 같은 이동기능에 관련된다(전헌선 외, 2012).

미국에서는 지체장애의 정의를 두 가지 범주에서 제시하고 있다.

첫째, 정형외과적 손상으로 신체적 상태가 일상생활, 학교나 가정생활의 참여에 제한을 갖는 경우이며, 두개골, 관절, 근육 등의 이상이 주로 나타나는데, 구체적으로 내 반족, 신체일부의 결손, 그 외 선천적인 변형, 소아마비, 골 결핵과 같은 질환에 의한 손상, 뇌성마비에 의한 손상, 절단, 화상 등에 의한 구축 등이다.

둘째, 병·허약으로 아동들의 교육수행에 영향을 미치는 신체조건을 가지고 있는 경우 체력부족, 즉 심장질환, 결핵, 류마티스염, 신장, 천식, 빈혈, 혈우병, 간질, 납중독, 백혈병, 당뇨병 등과 같은 만성 또는 급성의 건강문제이다(김영욱 외, 2009).

한마디로 지체장애란 원인과는 관계없이 지체기능의 부자유로 인하여 그대로 두면 장차 자활이 곤란한 경우를 말한다.

1) 장애인 등에 대한 특수교육법 정의

「장애인 등에 대한 특수교육법」(2012)에서는 “기능·형태상 장애를 가지고 있거나 몸통의 지지 또는 팔다리의 움직임 등에 어려움을 겪는 신체적 조건이나 상태로 인해 교육적 성취에 어려움이 있는 사람”으로 정의되고 있다.

2) 장애인복지법 정의

「장애인복지법 시행규칙」(2013)에서는 지체장애인으로 신체의 일부를 잃은 사람, 관절에 장애가 있는 사람, 지체기능장애가 있는 사람, 신체에 변형 등의 장애가 있는 사람으로 분류하고 있다.

2. 원인 및 출현율

1) 원인

지체장애의 다양한 종류에 의해서 원인도 다양하게 나타나고 있다. 일반적으로 ① 알레르기와 감염, ② 유전, ③ 사고와 상해, ④ 중다 요인, ⑤ 원인 불명 등을 들 수 있는데(Smith, 2006), 발생론적 입장에서 보면 출생 전, 출생 시. 출생 후로 구분할 수 있다(김영욱 외, 2009).

첫째, 출생 전 요인은 유전적 요인과 임신 중 태아와 외부적 요인으로 구분하고 있다.

• 유전적 요인

부모들이 갖고 있는 유전적으로 나쁜 결함이 자녀에게 전달된 것으로 부모 대에서는 나타나지 않았으나 몇몇 자녀 중에는 결함 유전인자가 나타나는 경우이다. 예를 들면, 여성에게는 희귀한 유전적 장애인 진행성 근위축증은 일반적으로 반성(伴性)유전인데 어머니를 통해 자녀에게 전달된다.

• 외부적 요인

임신 중 산모의 부적합한 의학적 처치, 흡연, 알코올 중독, 마약은 태아에게 잠재적으로 해를 끼치며 신체적인 결함을 일으키고 있다.

둘째, 출생 시 요인은 부적당한 겸자(鉗子) 사용, 분만 사고에 따른 뇌출혈과 뇌손상, 모체의 산소 결핍, 전치태반박리. 뇌염, 뇌막염, 핵 황달 등이다.

셋째, 출생 후 요인은 보통 출생에서 2세까지를 말하며, 조산, 뇌손상, 뇌혈관질환, 뇌막염 등

2) 출현율

지체장애는 다른 장애와 함께 중복해서 나타나는 경우가 있기 때문에 이들의 수를 정확하게 파악하는 데는 어려움이 있다.

2009년 국립특수교육원의 「특수교육 요구아동 출현율 조사 연구」에 따른 6세부터 11세 사이의 아동을 대상으로 출현율은 다음과 같다.

표 6-1 지체장애 출현율

구분	출현율(%)
지체장애	0.19
중복장애	0.01
건강장애	0.07
전체	0.27

출처: 김영욱 외(2009).

3. 분류 및 특성

1) 분류

지체장애는 먼저 「장애인복지법」에서 제시한 지체장애와 뇌 병변장애의 분류에서 대분류로 신체적 장애, 중분류로 외부 신체기능의 장애, 소분류로 지체장애, 뇌병변장애로 분류하고 있다.

세분류로 지체장애는 절단장애, 지체기능장애, 변형 등의 장애로 분류되며, 뇌 병변장애는 중추신경의 손상으로 인한 복합적인 장애로 분류하고 있다.

「장애인 등에 대한 특수교육법」에서는 지체장애는 크게 중추신경계의 손상으로 인한 신경성 증후군과 근골격계의 이상으로 인한 운동기 증후군으로 분류하고 있으며, 신경성 증후군은 뇌성마비, 진행성 근위축증, 척수성 소아마비가 포함된다. 운동기 증후군은 결핵성 증후군, 골 증후군, 관절 증후군, 외상성 증후군, 형태 이상 증후군을 포함하고 있다.

표 6-2 지체장애의 분류

유형	분류	종류
신경성 증후군	뇌성마비	경직형, 불수의운동형, 운동실조형, 강직형, 진전형
	진행성 근위축증	듀센형, 베커형, 안면견갑상완형, 지대형, 위축성 근 경직형
	척수성 소아마비	소아마비
운동기 증후군	결핵성 증후군	결핵성 고관절염, 무릎관절, 결핵, 관절결핵, 골 결핵, 척추 카리에스
	골 증후군	골형성 부전증, 연골무형성증, 골단염, 구루병, 레그-페르데스병, 모르퀴 오병, 골수염
	관절 증후군	선천성 고관절탈구, 병적 탈구, 관절 류마티즘 관절염, 관절 구축
	외상성 증후군	절단 반흔구축, 가관절
	형태 이상 증후군	만곡족, 내반슬, 외반슬, 척추측만, 척추후만. 척추전만, 척추파열(이분척추), 단지증

출처: 전헌선 외(2012).

• 뇌성마비(cerebral palsy)

중추신경계의 손상으로 인해 근육마비와 경직, 팔다리의 변형, 비자율적 근육 운동, 경련과 근육 약화, 협응성 장애 등 기타 운동기능 장애로 특정지어지는 신경장애이다. 뇌의 기능장애로 인해 나타나는 신경결함 증상 중 신경운동장애가 주로 나타난다. 손상정도에 따라 성장 발육의 지연, 감각, 지각, 청력, 시력, 언어, 인지능력 및 운동장애 등의 중복장애 동반된다.

뇌의 기능발달이 가장 활발해야 할 만 2세 이전 어린 시기에 발생, 정상발달이 저해되는 비진행성 질환이다.

뇌성마비는 지체장애아동의 가장 많은 비율을 차지하며, 75%는 지적장애를 보이고 있다.

미국의 뇌성마비학회(AACP: The American Academy on Cerebral Palsy)에서 뇌성마비를 생리적, 부위별로 분류하고 있으며, 생리적 분류는 경직형, 불수의

운동형, 운동실조형, 강직형, 진전형으로 구분된다.

뇌성마비의 내용을 살펴보면 다음과 같다(표).

표 6-3 뇌성마비의 특성

분류	특성
경직형 (spastic type)	• 대뇌 추체로 손상 • 뻣뻣한 근육 • 외부 영향을 받는 활동으로 근육 긴장의 증가 • 선택적인 운동 억제 감소 • 비정상적이고 제한적인 운동 협응 • 근 활동의 지나친 과활성화 • 제한된 범위의 이동 • 느린 근 활성화와 자세 반응 • 뇌성마비의 50~60%
불수의운동형 (athetoid type)	• 대뇌 추체외로 손상 • 억제되지 않고 불수의적인 움직임이 나타남 • 불수의와 강직, 진전을 포함 • 강직일 때 움직이는 범위 내에서 저항을 보임 • 움직임은 시기, 방향, 장소의 특성에 따라서 비정상적임 • 손상된 자세 고착 • 뇌성마비의 30~40%
운동실조형 (ataxic type)	• 소뇌 손상 • 손상된 자세 억제 • 무너진 균형 • 협응 운동의 조절에 있어서 부적절한 억제 • 종종 긴장 이상과의 연합 • 활동적인 운동을 하는 동안에 체력 감소 • 몸, 손, 목소리 등의 떨림도 존재 • 뇌성마비의 5~10%
강직형 (rigidity type)	• 관절을 굴곡하거나 신전하면 묘한 저항감이 있음 • 근육의 신축성 상실로 운동 저항이 강하게 생김 • 경직형과 비슷하나 과잉동작이나 불수의적인 동작은 없음 • 뇌성마비의 5~10%

분류	특성
진전형 (tremor type)	• 수의 운동 시에 주로 진전이 나타남 • 대뇌와 소뇌의 연락장애가 있을 때 진전이 나타남 • 보행실조가 나타남 • 뇌성마비의 2~5%

출처: 전헌선 외(2012).

또한 뇌성마비는 일반적으로 마비부위에 따라 구분할 수 있다.

표 6-4 뇌성마비의 부위별 분류와 분포

분류	분포
단마비 (monoplegia)	• 사지 중의 한 쪽 마비(매우 희박함)
편마비 (hemiplegia)	• 몸 한쪽의 팔과 다리 마비
양마비 (diplegia)	• 모든 사지마비: 팔보다는 다리가 더 포함됨
사지마비 (quadriplegia)	• 모든 사지마비: 팔, 다리가 똑같이 포함됨
삼지마비 (triplegia)	• 몸 세 부분의 마비
대마비 (paraplegia)	• 오로지 다리만 마비(매우 희박함)

• 진행성 근 위축증

근 이영양증, 척수성 근 위축증 등 다양한 용어로 불리며, 진행성의 근 위축을 보이며 근육 조직 검사에서 근육의 괴사 및 재생과정을 보이고 근섬유의 크기가 고르지 않으며 근섬유가 괴사된 자리에 지방 및 섬유화 조직으로 대치되는 모든 근 질환이다.

유전적 원인에 의해 발병, 일반적으로 근육의 약화가 진행되어 일어서기 어렵고 걷거나 뛰기가 어렵다. 근위축증후의 진행과정은 보행 시기, 휠체어 시기, 침상 시기로 구분된다(전헌선외, 2012).

보행 시기에는 달리기가 어렵고, 계단을 오를 때 난간을 이용하거나 일어설 때 무릎에 손을 짚는다. 다리의 근력 저하가 생기면 상체를 좌우로 뒤뚱거리며 걷게 되고 뒤꿈치를 들고 발가락을 세워 걷는다. 허리의 근력 저하로 가슴과 배를 쑥 내민 특유 자세를 취한다.

휠체어 시기에는 척추측만, 관절구축이 진행되고, 운동량 부족으로 비만이나 순환장애가 발생한다.

침상시기에는 호흡, 신장기능이 저하되어 호흡곤란의 문제가 있다.

근위축 증후의 종류는 다양하다. 유전 성향과 임상 양상에 따라 다섯 가지 유형, 즉 듀센형, 베커형, 안면견갑상완형, 지대형, 위축성 근 경직형으로 구분한다(전헌선 외, 2012).

• 듀센형과 베커형 근위축증(Duchenne/Becker Muscular Dystrophy: DMD/BMD)

가장 대표적이고 흔하며 X 염색체와 연관 있는 근위축증이다. 임상에서 양상의 경중에 따라 듀센형, 베커형으로 나누며, 듀센형은 초기 운동발달이 느려 18개월까지 독립 보행을 못하는 경우이다.

종아리 근육이 가성 비대(실제 근육이 비대해지는 것 아니고 근섬유가 괴사된 자리에 지방 및 섬유화가 진행되어 단단해지고 커진 것처럼 보이는 것-의사 성장: false growth)를 보이며, 하지에서 근위축이 시작되고, 10세경에는 휠체어에 의존한다.

베커형은 6세에서 19세에 주로 출현한다. 하지의 근력 약화, 종아리 근육의 통증, 근 경련 등이 일어나고, 듀센형에 비해 느리고 다양하다.

• 안면견갑상완형(Facioscapulohumeral Dystrophy: FSH)

안면근, 견갑근(어깨근), 상완(어깨와 팔꿈치 사이 근육)과 허리, 엉덩이 근육 등이 약화되고, 어깨뼈가 날개같이 튀어나오는 익상견갑(scapular winging)이 있다. 원인은 유전자와 단백질 이상으로 밝혀지고 있다.

10~20대 남녀에게 주로 나타나며 빨대로 물을 마실 수 없고, 풍선을 불 수 없을 정도이다. 또 목을 움직이는 근육(목굴근), 대흉근(가슴), 삼각근(어깨) 등도 점점 약화된다. 진행은 매우 느려 중년이 지나도 일상생활에 큰 영향이 없는 경우도 있다.

• 지대형(Limb-Girdle Muscular Dystrophy: LGMD)

소아기부터 50세 이후까지 다양하게 나타난다. 초기 견관절부와 고관절부의 근육 약화가 시작되어 어깨, 허벅지 주위 근육이 약화되며, 팔을 얼굴 높이로 들기 힘들다. 보행이 어려워지면 전신 관절이 굳어지는 것은 듀센형과 비슷하다.

• 위축성 근경직형(Myotonic Dystrophy: MTD)

20~40세 사이에 처음 나타난다. 엉덩이와 어깨 근육에서 위축이 나타나는 다른 근위축증과 달리, 목에 제일 처음 위축이 나타나며 얼굴, 다리, 팔, 손 등에 나타난다. 진행초기에는 안면과 턱, 목 근육이 약화 및 퇴화되고, 남자의 경우 이마 앞쪽이 벗겨진다. 증상이 잘 나타나지 않아 본인이 모를 수 있으며, 유일하게 백내장 증상이 보이는 경우이다.

근위축의 공통적인 징후들은 다리 근육의 위축으로 보행 자체가 힘들고, 손가락만 움직일 수 있을 정도로 근육 제어 능력 떨어지는 것이다. 듀센형 근위축증 남아에게 가우어 사인(Gower's Sign)과 호흡부전 증후 등이 나타나는지 세심한 관찰이 필요하다. 가우어 사인이란 요추 전만, 척추 및 하지 전근의 쇠약으로 일어설 때 하퇴, 대퇴의 순으로 손을 짚고 힘들게 일어서는 특이한 기립 동작이다.

• 척수성 소아마비

소아마비 또는 척수성 소아마비(polio)라 하며, 유아 및 소아에게 나타난다. 소아마비는 폴리오 바이러스(polio virus) 감염에 의해 하지나 상지에 이완성 마비가 오는 전염병의 일종이다. 소아마비는 바이러스의 원인을 파생시키는 백신이 발달하기 전 공공의 질병이었다.

바이러스는 경도에서부터 중도에 이르는 신체 마비의 원인이 되고, 뇌를 침범할 수도 있다. 또 부분 마비를 일으키는 경우도 있다. 바이러스는 지금까지 존재하고 있고, 모든 아이들은 이 질병으로부터 보호받기 위해 면역성이 필요(March of Dimes, 1999)하다. 생애 초기에 소아마비를 가진 어떤 사람들은 소아마비 후에 근육 위축이 나타날 수 있다.

한국은 소아마비가 드물었으나, 한국전쟁을 전후로 발생 빈도가 증가하였으며, 1950년 후반부터 1960년 초반 폭발적으로 대유행(주정빈, 1989)했으나, 예방접종이 개발된 이후 소아마비 발생률은 급격히 감소되어 현재 거의 사라진 질병이다.

• 척추 카리에스(spinal caries)

척추가 결핵균에 감염되어 생기는 척추염으로, 척추결핵이라고도 한다. 척추로 들어간 결핵균에 의해 조직이나 세포가 죽어 뼈 속에 빈 공간을 형성하면 등골뼈가 연화되어 척추가 둥글게 굽는다. 심한 통증과 고름, 종기 등의 증세가 나타나기도 한다.

• 골형성 부전증(osteogensis imperfecta)

태내에서부터 나타나는 유전질환으로 특별한 원인이 없어도 뼈가 쉽게 부서지는 질병이며, 남, 여 모두에게서 나타나고, 중도(重度)한 경우 이미 태내에서 많은 골절이 일어나 사망한다. 출생 후에도 골절을 반복하는 관계로 사지의 길이 차가 나타난다. 골절은 기저귀를 교체하는 중이거나 안아 올릴 때 또는 트림을 시키는 동안이나 일어서거나 걷기 시작하는 다양한 정상행동 중에서도 발생한다. 성장하면서 골절을 수없이 반복하기 때문에 장관골(長管骨) 변형이 생겨서 발육부진으로 신체가 작고 척추가 휘거나 튀어나와 있으며, 머리가 크게 보이고 턱이 앞으로 나온다. 또한 골형성 부전증은 청색 각막, 난청을 수반하기도 한다(전헌선 외, 2012).

골형성 부전증인 사람은 뼈가 약하기 때문에 이동 시 문이나 물건의 모서리에 부딪치지 않도록 주의하며, 휠체어에서 떨어지거나 넘어지지 않도록 미리 조치해야 한다.

안아서 이동할 경우 처진 다리가 흔들리지 않게 고정시켜서 다른 물체에 부딪치지 않도록 해야 한다. 골절을 가져오지 않도록 세심한 주의를 기울여 변형 예방에 힘써야 한다.

• 이분척추(spinal bifida)

태아가 뱃속에 있을 때 신경계가 형성되는 과정에서 척수가 경막(척수를 싸고 있는 두껍고 튼튼한 섬유질의 막)이나 근육, 피부에 완전히 덮이지 못한 채로 태어나는 경우 이분척추 또는 척추파열이라고도 한다(Bowe, 2000). 척추의 융합이 안 된 신경관 형성으로 척추 뒤쪽은 텅 빈 공간으로 남게 되고, 그 안에 존재하는 척수는 보호가 안 된 상태로 외부에 노출되는 현상이다. 그 종류는 척추뼈의 결함만 있는 잠재이분척추(spina bifida occulta: 척추 뒤의 피부는 그대로 덮고 있어 척수가 외부로 노출되지는 않음)와 척추뼈의 결함뿐 아니라 척추뼈 내용물의 전위와 척추를 덮고 있는 피부 결함 등을 동반해서 드러난 낭포 이분척추(spina bifida aperta)로 분류할 수 있다.

학교 구성원들은 학교에서 아동학대로 오해하거나 중복 골절처럼 보이는 골형성 부전증이나 깨지기 쉬운 뼈 질환 아동과 부딪칠 수 있다. 이는 교사들의 특별한 관심과 보호가 요구됨을 의미하며, 아동은 항상 정상적인 지능을 가지지만 골절 예방에서 신체 활동에 이르기까지 전반적인 부분을 보호받아야 한다.

지체장애의 종류는 언급한 것 이외에도 많으나 2차적인 장애가 발생하지 않도록 예방하는 것이 우선시 되어야 할 것이다.

2) 특성

지체장애아동의 특성을 살펴보면 다음과 같다.

(1) 신체적 특성

근육운동의 협응에서 어려움이 나타나며, 비정상적인 근 긴장도, 비정상적인 반사작용으로 이동성 어려움을 동반하고 있다.

일반적으로 정상적인 운동발달이 지체되고 구강운동, 언어표현의 문제가 나타나며, 물리치료와 건강관리가 필요하다.

(2) 감각 지각적 특성

지체장애아는 시력 저하, 사시, 안구진탕증, 좁은 시야 등의 시지각 장애를 가지고 있다(약 50%). 또한 청지각, 운동, 감각, 촉지각 등의 감각기관의 손상이 있으며, 호흡 기능이나 체온조절 등 생리조절 면에서의 문제가 있다.

(3) 인지 학업적 특성

지체장애아동은 심한 인지적 결함을 나타내는 수준부터 우수한 수준을 나타내는 다양한 분포가 있다. 신체적·의료적 문제로 인하여 학습결손, 부적절한 학습 경험, 의사소통의 문제가 있다.

(4) 사회정서적 특성

입원과 치료, 수술 등의 경험으로 인한 부정적 영향이 나타나며 정신지체를 수반하고 있다. 주의집중력, 의존성의 문제, 자신감과 자기 통제력의 부족, 미성숙한 행동 등이다.

(5) 의사소통적 특성

중추신경계의 기질적 손상으로 인한 의사소통장애가 나타나며, 발달초기의 놀이 경험 부족으로 인한 의사소통 기술의 제한이 있으며, 비언어적인 몸짓, 제스처 등 언어전행동의 학습이 제한된다.

4. 판별

1) 판별태도

판별의 목적은 장애의 유무와 정도에 대한 것과 교육계획을 수립하기 위하여 대상 장애아의 강점과 약점을 파악하기 위한 것이다(IDEA, 1990).

판별은 자립, 일상생활, 교육적, 사회적, 인성적인 모든 면에서 독립을 가능하게 하는 중요한 역할하며, 대부분 지체장애아를 위해 자기연령수준에서 최대한 적합하게 독립할 수 있는 방법을 찾아주고 가능한 한 많은 문제를 해결할 수 있도록 한다(김영욱 외, 2009).

지체장애아의 판별을 위해 가져야 할 태도는 과학적, 교육적으로 관찰하는 것이다. 판별은 일정기간의 관찰로 이루어져야 한다.

판별은 예견적으로 이루어져야 하며 미래의 상을 묘사하고 가능성을 예측한 판별이어야 한다. 판별은 합의로 이루어져야 하므로 판별위원회를 구성하여 여러 사람의 합의에 의해 신중하게 판별하여야 한다.

지체장애아를 판별하는 판별위원에는 의료진, 물리치료사, 작업치료사, 재활기사, 특수교사, 부모, 언어병리학자, 사회사업가 등이 있다.

2) 판별내용

지체장애아동이 독립된 신체기능을 기르기 위해서는 조기에 제 기능에 대한 운동이 필요하다. 이러한 기능에 대한 우선 판별을 하여야 한다.

착탈의, 식사동작, 위생, 건강에 필요한 조치 등을 포함한 자립기능과 일상생활의 동작의 지속적인 판별은 아동발달과 기술의 훈련에도 중요하다.

- 형태상의 이상: 발 모양이 이상하다, 척추가 굽어 있다, 목이 기울어져 있다, 상지의 기형을 볼 수 있다, 사지나 체간의 형태가 이상하다 등
- 운동발달의 지연: 목놀림, 자다가 몸을 뒤척임, 앉음새, 기기, 서기, 혼자 걷기 등의 동작이 일반아동의 발달 연령을 지나도 하지 못하거나 할 수 있어도 동작이 서툰 경우
- 손놀림의 지연: 식사동작(숟가락, 젓가락, 포크 사용 등), 옷 입고 벗는 동작, 용변동작, 동작 등 손놀림 운동이 다른 아동에 비해 늦어지는 경우
- 기타: 얼굴이 마비되고 침을 흘리는 경우, 사시(斜視), 언어장애, 지능장애, 감각장애, 지각장애 등

5. 교육적 접근

지체장애아동을 위한 교육적 접근은 다학문적 접근법(Vining et al., 1979)이다. 지체장애아동의 기초 학습을 방해요인으로 일차적 운동장애, 언어장애, 감각 및 지각장애, 청각장애, 시각장애 등이 있으며, 이차적 사회적 상호작용 기회부족, 단기기억 및 장기기억 저장된 내용의 부족 등 이러한 요인들은 인지처리 전략 부족, 지속적인 과제처리곤란 등으로 이어지고 있다(전헌선 외, 2012).

뇌성마비아동의 경우에는 일반아동이나 유아처럼 읽기가 자연스럽게 터득되지 않고 혹은 교육을 통해서 터득된다 하더라도 또래 연령에서 이루

어지는 것처럼 자연스럽게 이루어지지는 않는다. 그것은 다양한 이유가 있겠지만 언어적 자극이나 환경적 자극들이 일반아동만큼 허용적이지 않은 것도 하나의 이유가 된다.

1) 교과지도

지체장애아동의 교수·학습을 위해서 학업적 특성을 고려하여 학교에서 적응과 적절한 학습태도를 가질 수 있도록 지체장애아동의 과제를 충분히 다루어 볼 시간적인 여유를 제공하는 것이 필요하다. 경험을 통한 참여와 생활환경 내에서 반복적인 지도로 학습과제와 관련된 능력을 직접 가르치는 것 등이 필요하다.

교과별 구체적인 학습전략 사용할 수 있도록 지도, 다양한 환경 속에서 일반화·유지할 수 있도록 기능적인 학업기술 지도해야 한다. 이들은 제한된 언어와 이해할 수 없는 발성을 사용, 시 지각 장애와 신체적 특성(머리를 불수의적으로 흔들기 등)으로 인한 읽기의 어려움과 학습 속도, 기본적인 운동능력, 협응 및 조절능력이 부족하므로 이를 고려한 교과별 지도전략이 요구된다(김원경 외, 2010).

2) 의사소통 지도

지체장애아동 중에서 뇌성마비아동은 인지능력의 결함이 없어도 구강주변의 근육조절과 협응의 문제로 인해 언어표현능력에서 결함이 나타난다. 말이나 글을 통해 독립적으로 의사표현을 할 수 없는 사람, 자기표현능력을 증진시키는 방법으로 제스처나 발성, 얼굴 표정, 머리 끄덕임, 지적하기 등의 비언어적인 방법을 사용하거나, 그림, 사진 낱말판 등이나 컴퓨터 보조기구를 활용해 표현능력 신장시킬 수 있는 보완대체 의사소통방법을 사용하는 것이다.

보완대체 의사소통에 사용되는 보조기구는 각각의 장단점을 지니고 있으므로 잔존능력과 요구에 따라 충분한 능력을 발휘할 수 있도록 효율적인 표현 수단을 선정하고, 의사소통을 촉진시키기 위해 교육환경을 조성하여야 한다(전헌선 외, 2012).

3) 일상생활 지도

지체장애아동의 매일의 생활 중에서 필요한 기능으로 개인이나 가정생활뿐 아니라 사회구성원 한 사람으로서 사회와 관련 가지고 생활하기 위해 필요한 모든 활동을 의미한다. 자조기능 혹은 신변자립행동이라고도 하며, 식사하기, 착·탈의, 화장실 사용하기, 몸단장, 이동하기 등이 여기에 포함된다.

일상생활의 지도는 매일 반복되는 생활 속에서 필요한 보편적인 기술을 지도하는 것이며, 이를 위해 잦은 기회를 제공한다. 이러한 일상생활훈련은 사회생활을 하기 위하여 어떠한 개인에게 있어서나 필요불가결한 일차적인 생존 기능이기 때문에 장애의 정도나 상태의 경중을 불문하고 우선적으로 실시되어야 할 프로그램이다.

기본적인 생활습관 지도는 하루의 일과를 통해서 반복적으로 지도하며, 이때 감각운동기능, 의사소통지도, 문제행동에 대한 긍정적 행동지원 등과 병행하면 더욱 효과적이다.

일상생활훈련에 속하는 내용으로는 이동 훈련 등의 기본동작 훈련, 식사훈련, 용변 훈련, 착·탈의 훈련, 몸단장 훈련이 있다(김원경 외, 2010).

4) 보조공학

미국의 장애아동교육법(IDEA)에서는 보조공학을 '상업적으로 구입하거나, 변경하거나, 아니면 최적화시키는 것이든지 간에, 장애를 가진 개인의 기능적인 능력을 고양시키거나 유지하는 데 사용되는 모든 아이템, 장비 혹은 생산체제'로 정의하고 있다.

Parette(1998)는 장애를 가진 사람이 사용하는 보조공학의 유형은 대개 장애를 가지지 않은 사람이 사용하는 것들과 같다고 강조하고 있으며, 지체장애를 가진 모든 아동이 보조공학을 필요로 하는 것은 아니지만, 보조공학은 지체장애아 교육과 일상생활에서 많은 참여를 보장한다. 또한 학습과 일상생활에서 좀 더 쉽고 효율적으로 접근할 수 있게 해주고 있다.

보조공학은 삶의 주도적인 역할을 향상시킬 수 있는 기회를 제공한다(Bryant & Bryant, 2003). 이러한 보조공학은 일상생활, 학습, 여가 및 레크리에이션 활동의 참여를 증가시키며, 일반 또래아와의 의사소통 기회, 상호작용을 확대하여 통합 활동을 촉진한다. 또는 다른 사람과의 상호작용과 컴퓨터를 통한 정보수집 및 접근이 가능하게 함으로써 학업 및 일상생활에 성공적으로 참여하도록 도움을 주고 있다.

보조공학기기는 다양한 영역에서 장애아동의 기능을 신장시키고 있다.

Chapter 07

정서 · 행동장애

1. 정의

정서·행동장애에 대한 학자들의 의견이 일치되지 않아 이를 명확하게 정의 내리기는 쉽지 않다. 그 이유는 다음과 같다.

첫째, 정서·행동장애는 일종의 사회적 구성 개념이다. 명확한 기준이 없다. 얼마나 자주 그리고 얼마나 심하게 특별한 행동을 해야 장애라고 단정할 수 있는지 애매하다.

둘째, 정서·행동장애에 대한 여러 이론들이 서로 다른 개념들과 용어를 사용하여 정의하고 있다.

셋째, 윤리적, 문화적 집단에 따라 적절한 행동에 대한 규준과 기대 수준이 상당히 다르다.

넷째, 행동장애는 때때로 다른 장애들과 동시에 나타나는데 어느 장애가 주 원인이고, 결과를 가져왔는지 밝히기 어렵다.

1) 정서행동장애에 대한 IDEA의 정의

IDEA(1999)에서는

(1) 심한 정서·행동장애는 다음 중 한 가지 이상의 특성이 장기간 동안 현저하게 나타나며, 교육수행에 불리한 영향을 미치는 상태를 의미하는 것으로 정의하고 있다.

첫째, 지능과 감각 그리고 건강요인으로 설명할 수 없는 학습의 무능력

둘째, 또래 및 교사들과 만족스러운 대인관계를 형성하거나 유지하지 못함

셋째, 정상적인 상황에서 부적절한 행동이나 느낌

넷째, 일반적으로 만연된 불행이나 우울한 기분

다섯째, 개인문제나 학교문제와 관련된 신체증상이나 두려움을 나타내는 경향

(2) 심한 정서행동장애는 정신분열증을 포함한다. 심한 정서행동장애를 가진 것으로 결정되지 않는다면 사회적 부적응아동들은 포함되지 않는다(미 교육부, 1999).

2) 정서·행동장애에 대한 CCBD의 정의

(1) 정서·행동장애는 어린이집이나 유치원에서 행동이나 정서반응이 적절한 연령, 문화 또는 인종규준과 너무 달라 학업, 사회, 직업 또는 개인기술을 포함한 교육수행에 불리한 영향을 미치는 장애이다.

첫째, 그 환경에서 스트레스 사건에 대한 반응이 지나치게 나타난다.
둘째, 서로 다른 두 장면에서 일관되게 나타나는데 적어도 하나는 학교와 관련이 있다.
셋째, 일반교육의 직접적인 중재에 반응하지 않고 불충분하다.

(2) 정서행동장애에는 다른 장애들과 함께 동시에 나타날 수 있다.
(3) 교육수행에 불리한 영향을 미치는 정신분열증적 장애, 정동장애, 불안장애, 기타 품행장애나 적응장애아동이나 청소년을 포함한다.

3) 장애인 등에 대한 특수교육법 정의

장기간에 걸쳐 다음 중 어느 하나에 해당하며, 특별한 교육적 조치가 필요한 사람

첫째, 지적, 감각적, 건강상의 이유로 설명할 수 없는 학습상의 어려움을

지닌 사람

둘째, 또래나 교사와의 대인관계에 어려움이 있어 학습에 어려움을 겪는 사람

셋째, 일반적인 상황에서 부적절한 행동이나 감정을 나타내어 학습에 어려움이 있는 사람

넷째, 전반적인 불행감이나 우울증을 나타내어 학습에 어려움이 있는 사람

다섯째, 학교나 개인 문제에 관련된 신체적인 통증이나 공포를 나타내어 학습에 어려움이 있는 사람

2. 원인 및 출현율

1) 원인

정서·행동장애의 원인을 밝히기는 무척 힘들고 어려운 일임에는 틀림이 없다. 19세기와 20세기 초에는 의사들이 질병으로 규정하고 치료하려고 하였다. 반면 행동주의 심리학자는 환경과 관련이 있고 학습된 것으로 보았다. 이러한 연구가 있음에도 불구하고 정서·행동장애와 어떤 특정원인 간의 관계가 명확히 밝혀지고 있지 못한 실정이다.

여기에서는 생물학적 요인, 환경적 요인, 문화적 요인으로 살펴보고자 한다(이소현, 2012).

(1) 생물학적 요인

신체와 행동 간에는 관계가 있기 때문에 정서·행동장애의 생물학적 설명은 설득력이 있다. 그러나 모든 장애의 원인을 단순히 생물학적인 요인으로 볼 수는 없다. 그 이유를 살펴보면 다음과 같다.

첫째, 미소뇌기능장애아가 과잉행동을 보인다고 하여 그러한 행동을 기초로 미소뇌기능장애로 진단하는 등 아직 추론적 증거에 의존하고 있는 형편이다.

둘째, 생물학적 요인은 환경요인과 상호작용하는 과정에서만 행동에 영향을 미친다.

셋째, 생물학적 원인이 확인되었다 하더라도 원인에 대한 지식이 처방과는 별 관계가 없다.

유전

장애의 원인을 유전에서 찾으려는 연구는 정신분열증 영역에서 이루어졌다. 정신분열증의 유전 여부는 명확히 밝혀지지 않았다. 정신분열증이 있는 친인척 사이에서 정신분열증이나 그러한 정신분열 행동이 나타날 확률이 높은 것으로 확인되고 있다.

정신분열증이 있는 환자와 친인척 관계가 가까운 아동일수록 정신분열증 걸릴 확률은 높지만 모두 장애가 되는 것은 아니다. 출생 초기에 까다로운 기질을 타고난 아이가 정서행동장애를 일으킬 성향이 높다는 지적도 있다.

뇌손상 및 뇌기능장애

대뇌손상이 장애의 원인이 될 수 있다. 가장 잘 알려진 뇌손상의 원인은 산소결핍이다.

산소결핍은 흔히 출생 중에 나타나지만 사고, 질병, 혹은 호흡기장애 등으로 일어날 수 도 있다. 대뇌는 사고나 출생 시의 충격에 의하여 손상을 입을 수도 있고, 장기간 고열을 앓거나 감염성 질병에 걸리거나, 화학물질의 중독으로 손상을 입을 수도 있다.

(2) 환경적인 요인

① 가족요인

복합적인 상호작용을 하면서 정서행동을 예언, 즉 부모의 반사적 행동, 지역사회의 폭력, 까다로운 기질의 아동에게 장애가 나타날 가능성은 2배이다.

반사회적 아동들은 부모가 비일관적인 훈육을 하고 행동문제를 다루기 위해 지나친 벌을 사용하며 자녀들과 친사회적 활동을 하는 데 전혀 시간을 보내지 않고 자녀의 활동 및 장소를 감시하지 않으며 올바른 행동에 사랑과 애정을 보이지 않는 가정에서 나오는 경향이 있다.

② 학교요인

교사와 학교는 학생의 행동에 심각한 영향을 미칠 수 있다. 정서행동장애학생 중에는 학령기가 되기 이전에 이미 문제를 보이기 시작하는 학생도 있지만 대부분의 경우 학교에 입학한 후에 장애가 발견된다.

학교생활이 정서행동문제를 일으키는 데 기여하는 몇 가지 특성 요인을 살펴보면 다음과 같다.

- 학생의 개별성에 대한 교사의 무감각
- 학생의 성취나 품행에 대한 교사 및 부모의 너무 높거나 낮은 기대
- 학업실패를 초래하는 비효율적인 교수
- 적절한 행동에 대한 분명하지 않은 규칙이나 기대
- 일관성 없는 체벌적인 학교 훈육방법
- 잘못된 행동은 관심을 받고 바람직한 행동은 무시되는 학교환경
- 교사나 또래의 잘못된 행동을 모방할 수 있는 기회

학교의 정서행동문제의 예방 및 효율적인 분위기를 조성하기 위한 요소

- 학교 전반에 걸친 규칙, 기대, 결과의 일관성
- 긍정적인 학교 분위기
- 갈등을 해결하고 소외된 학생을 다루기 위한 학교차원의 전략
- 학교의 모든 상황에서의 강도 높은 감독
- 문화적인 민감성
- 학생이 학교에 대한 강한 정체감, 소속감, 친밀감을 느낄 수 있는 분위기
- 높은 수준의 부모 및 지역사회 참여
- 적절한 공간 활용 및 과밀학급 해소

(3) 문화적 요인

국가, 민족, 종교, 이웃, 대중매체, 동료집단, 사회적 지위, 복지 등을 들 수 있다. 즉, 아이들과 가족, 학교교사의 가치관이나 기대가 다른 문화적 표준과 갈등을 일으킨다면 정서·행동발달에 악영향을 주거나 해결하기 어려운 문제가 발생할 것이다. 또래 집단은 정서·행동장애에 영향을 미친다.

불량집단 참여, 약물과 알코올중독, 이탈된 성행동은 지역사회에서 반사회적 생활양식을 나타내고 유지하는 기여요인이다.

2) 출현율

정서·행동장애아동의 추정치는 상당히 다양하다. 이처럼 추정치가 다양한 것은 아동의 정서·행동장애의 여부를 결정하는 데 다른 기준을 사용하고 자료수집 방법이 각자 다르기 때문이다. 현재 취학 전 아동을 대상으로 한 연구들은 거의 이루어지지 않고 있는 실정이나 영유아 중 약 10% 정도는 정서행동문제를 지니고 있으며, 학령기 행동장애아동들에 대한 조사에 따르면 남아 대 여아의 비율이 약 4:1이라고 한다.

정서행동장애로 확인된 남아들은 주로 외현화장애를 지니고 반사회적 공격성을 보인다. 반면 여아들은 불안과 사회적 위축 같은 내면화장애를 더 많이 보인다.

3. 분류 및 특성

1) 분류

(1) ICD-10의 정서·행동장애

정신 내면의 주관성에 따른 임상관찰에 의존하는 경우로 세계보건기구가 공인하는 국제 질병 및 건강문제 분류에서는 '지적장애', '심리적 발달장애', '정서·행동장애'로 분류하고 있다.

표 7-1 ICD-10의 장애 분류

<table>
<tr><th colspan="2">장애</th><th>유형</th></tr>
<tr><td colspan="2">지적장애</td><td>경도지적장애, 중등도지적장애, 중도지적장애, 최중도지적장애</td></tr>
<tr><td rowspan="7">심리적 발달장애</td><td>특정 말 언어 발달장애</td><td>특정조음장애, 표현성 언어장애, 수용성 언어장애, 린다우
-클레프너증후군(간질수반형) 기타 말 언어발달장애</td></tr>
<tr><td>특정 학업기술 발달장애</td><td>특정읽기장애, 특정철자장애, 특정산술장애, 혼합형학업기술장애, 기타 학업기술발달장애</td></tr>
<tr><td>특정 운동기능 발달장애</td><td>특정 운동기능 발달장애</td></tr>
<tr><td>혼합형 특정 발달장애</td><td>혼합형 특정 발달장애</td></tr>
<tr><td>전반적 발달장애</td><td>아동기 자폐증, 비전형 자폐증, 레트증후군 기타 아동기 붕괴성 장애, 과다활동장애(지적장애/상동운동수반형), 아스퍼거증후군, 기타 전반적 발달장애</td></tr>
<tr><td>기타 심리적 발달장애</td><td>발달성 심인성</td></tr>
<tr><td>불특정 심리적 발달장애</td><td>불특정 심리적 발달장애</td></tr>
<tr><td rowspan="7">정서 행동 장애</td><td>과잉운동장애</td><td>활동 및 주의력 자애, 과잉운동적 품행장애</td></tr>
<tr><td>품행장애</td><td>가정형 품행장애, 비시회화형 품행장애, 사회화형 품행장애, 반항성장애</td></tr>
<tr><td>혼합형 품행 정서장애</td><td>우울성 품행장애, 기타 혼합형 품행 정서장애</td></tr>
<tr><td>아동기 발병형 정서장애</td><td>아동기 분리불안장애, 아동기 공포성 불안장애, 아동기 사회성 불안장애, 형제간 적대장애, 기타 아동기 정서장애</td></tr>
<tr><td>아동기 청소년기 발병형 사회성 기능장애</td><td>선택적 함묵증, 아동기 반응성 애착장애, 아동기 탈억제성 애착장애, 기타 아동기 사회성 기능장애</td></tr>
<tr><td>틱장애</td><td>일과성 틱장애, 만성운동, 음성 틱장애, 뚜렛증후군, 기타 틱장애</td></tr>
<tr><td>기타 정서·행동장애</td><td>비기질성 유노증, 비기질성 유분증, 섭식장애, 이식증, 상동형 운동장애, 말더듬, 언어혼란증, 기타 정서·행동장애</td></tr>
</table>

출처: 윤치연(2003).

(2) Quay의 양적 분류

흔히 Quay의 차원분류는 대표적인 양적 분류이다. 아동들에게 안정적으로 보이면서 전반적으로 적용 가능한 몇 가지의 행동패턴으로 분류한다(김미숙, 2016).

① 품행장애

싸우고, 때리고, 소리지르고, 기물을 파괴하고, 거만하고, 복종하지 않고, 약자를 괴롭히고 위협하는 등의 행동이 또래들에 비해 그 정도가 매우 심한 공격적 행동을 표출한다.

품행장애아동들은 또래들을 죄책감 없이 고의적으로 괴롭히고 쉽게 화를 내고, 나쁜 언어를 사용하는 등의 사회화되지 않은 공격적 행동이 언어적 혹은 신체적 공격성으로 나타난다. 이 장애는 어린 나이에도 나타나며, 사회화된 공격성보다 더 흔하다.

② 사회화된 공격행동

또래들보다 심한 공격적 행동 및 분열적 행동을 나타낸다. 사회화된 공격행동은 집단을 이루거나 사회적으로 형성된 무리로 행동하는 특성이다.

③ 주의력결함 미숙행동

학습장애 범주에 속하는 아동들이 경험하는 문제와 비슷한 문제를 가진다. 주로 인지적 혹은 통합문제로 충동통제와 좌절, 사고과정에서 문제가 발생되고 있다.

④ 불안 위축행동

전형적으로 활동행동에 대한 두려움이나 활동을 피하는 행동이다. 사회적으로 고립되며 우울과 공포를 느끼고 정상 활동에 잘 참여하지 못하며 신체적 고통을 호소한다.

⑤ 정신증적 행동

자신과 현실에 대한 태도가 전반적으로 손상되어 있다. 정상적인 사고나 행동패턴을 왜곡시키는 행동을 말한다. 환상과 망상, 자기학대 행동, 주제와 무관한 말하기 등이다.

⑥ 과잉행동

예측할 수 없을 정도로 주의가 산만하고 충동적이며 성급하고 파괴적인 행동을 보인다. 끊임없이 움직이거나 말을 하고 글씨를 썼다가 지우는 행동을 계속 반복하며 과잉행동을 할 수 있다. 과잉행동은 품행장애로 진전될 수 있는 주요 요인으로 간주되기도 한다.

2) 특성

정서·행동장애아동들은 그들 정서의 양과 질 및 양식에 있어서 또래들에 비해 심하게 일탈된다. 정서·행동장애아동은 특정한 한 가지 유형을 보일 수도 있고, 전반적으로 적응에 어려움을 나타낼 수도 있다. 아울러 장애의 정도도 매우 다양하다.

(1) 지능과 학업성취

지능과 성취 면에서 장애아동은 일반아동에 비해 낮으며, 아주 심한 경우를 제외하고 이들의 평균 지능지수는 90~95 정도이며, 실제적인 학업수행 능력은 지능검사 결과에서 예상할 수 있는 기대치와 훨씬 미치지 못하는 것으로 지적되고 있다. 이런 학생들은 학교에서 표준화검사를 실시할 경우 부진아로 평가된다(Kauffman 1997).

정서·행동장애학생들은 읽기를 잘 못하고, 수학문제를 푸는 데 있어서 어려움을 나타낼 뿐만 아니라, 기타 과목의 학습에서도 어려움을 나타낸다.

(2) 적응행동

가정 및 학교에서 적응하는 데 어려움이 있고, 또래나 부모, 교사 등과 사회적 관계를 잘 유지하지 못한다. 특히 남의 말을 듣거나, 교사의 지시를 따르거나, 자료를 교실로 가져오거나, 주의집중에 방해되는 요소를 배제하는 등의 행동을 하지 못하기 때문에 학교생활에 적응하기 어렵다. 이 외에도 자신을 소개하거나 대화를 끝맺거나, 연령에 적합한 게임을 하거나 잘못을 했을 때 사과를 하는 등의 행동을 잘하지 못하기 때문에 학교생활에 적응하는 것이 어렵다. 이러한 품행장애와 학교생활 실패는 매우 상관이 높게 나타내고 있다(Colvin et al., 1993).

(3) 행동적 특성

정서·행동장애아동들의 가장 많은 행동적 특성은 과잉행동, 산만함, 충동성이다. 각각의 행동적 특성에 대한 구체적인 내용을 보면 다음과 같다(김미숙 외, 2011).

① **과잉행동**: 활동의 양이 지나치게 과도하게 나타나는 경우이다. 쉼 없이 움직이거나 연령 및 주어진 과제에 대해서 움직임의 양이 부적절한 경우이다.

② **산만함**: 과제에 대해 주의집중의 정도와 관련된 의미이다. 즉, 학교 활동에서 쉽게 방해받거나 특정 과제에 주의를 기울일 수 없는 경우이다. 산만함으로 평가하기 위해서는 아동이나 환경과 관련된 변인들을 반드시 고려한다.

③ **충동성**: 주의 깊은 생각이나 목적 없이 발생하는 행동이다. 특히 수업시간에 부정확한 반응을 보인다.

4. 판별

1) 선별검사

장애아동에게서 일어나는 심각한 반사회적 행동의 위험이 있는 아동들을 가능하면 빨리 체계적으로 선별하고 확인하여야 한다.

선별(screening)은 비장애아동과 행동장애증후가 나타나는 아동들 혹은 행동문제를 나타낼 위험이 있다고 여겨지는 아동들을 구별하는 과정이다. 이 선별과정을 통해 확인된 아동들은 특수교육에 대한 적격성과 그들의 특별한 교육적 욕구를 결정하기 위해 구제적인 평가를 해야 한다. 선별검사에서 널리 사용되고 있는 정서·행동장애아동의 세 가지 유형을 살펴보면 다음과 같다(전현선 외, 2012).

(1) 아동행동 체크리스트 검목표(CBCL)

교사, 부모 및 아동의 보고형태로 이루어지고 4세~17세까지의 아동들에게 사용할 수 있다. 국내에서도 표준화되어 사용되고 있는데, 사회능력척도와 문제행동증후군 척도로 구성되어 있다. 사회능력척도는 친구나 또래와 어울리는 정도, 부모와의 관계 등의 사회성을 평가하는 사회성 척도와 교과목 수행 정도, 학업수행상의 문제 여부 등을 평가하는 학업수행척도의 두 개 척도와 총 사회능력 점수 등 모두 세 개로 이루어져 있다.

(2) 행동평정 프로파일(BRP-2)

개별적으로 또는 몇 개만 선택하여 사용할 수 있는 여섯 가지 하위검사들로 구성되어 있으며, 교사평정척도는 교사들이 "학생을 매우 좋아함"에서 "전혀 좋아 하지 않음"까지 4점 척도로 평가하는 30문항과 부모평정척도 30문항으로 이루어져 있다.

(3) 행동장애 종합선별검사(SSBD)

현재 정서·행동장애아동들을 선별하는 데 사용될 수 있는 가장 체계적이고 완전하게 개발된 도구이다. 행동장애종합선별검사는 심각한 행동문제들을 가진다고 아동들의 수를 점진적으로 좁혀 나가는 3단계 선별과정을 이용한다.

1단계에서 학급 교사들은 외현화 문제와 내면화 문제와 같은 두 가지 차원의 행동 프로파일에 따라 그들의 교실에서 모든 학생들의 순위를 매긴다. 그 다음 각 교사의 목록에서 상위 세 명의 학생들은 주요 사건지표인 2단계에 들어간다. 주요사건지표에서 규범적 준거를 넘어서는 학생들은 쉬는 시간에 교실에서 의자에 앉아 있거나 운동장에 있을 때 직접적이고 반복적인 관찰을 하는 행동장애 종합선별검사의 3단계로 들어간다. 한쪽이나 양쪽의 관찰측정치가 절단점 준거를 초과하는 아동들은 평가를 위해 아동연구팀에 의뢰된다.

2) 투사적 검사

투사적 검사는 애매한 자극(예 잉크 얼룩 등)이나 미완성 문장(예 이문장을 완성하세요. 나는 ~을 좋아한다)으로 구성 되어있으며, 대표적 투사적 검사: 로르샤흐 잉크반점검사 등이다(이 검사는 10장의 카드로 구성되어 있는데, 카드에는 좌우대칭인 잉크반점이 그려져 있다. 피검자에게 카드그림을 보여주고 무늬가 무엇으로 보이는지 등을 물어서 대답하는 내용으로 미루어 피검자의 내면세계를 추론한다). 또한 정서·행동장애를 선별하기 위해 사용되는 또 하나의 투사적 검사 인물화검사이다. 예를 들면, 찌푸린 얼굴, 비틀어진 신체부위 등을 더 많이 그린다는 것이다. 이러한 투사적 검사결과는 치료를 하는 데는 별 도움이 되지 못하는 것으로 알려져 있다. 그 이유는 아동은 교실과 가정에서 하는 방식으로 검사에 반응하지 않기 때문이다. 또한 아동의 간접적이고 극히 제한된 행동만을 평가하기 때문에 일정한 기간 동안 나타나는 행동을 평가할 수 없다(강갑원 외, 2018)

3) 직접적인 행동관찰 및 측정

교사들은 직접적인 관찰기법으로 행동분석기법을 이용할 수 있다. 즉, 잘 훈련된 교사들은 다양한 문제행동을 계수하여 정확히 기록할 수 있으며, 교사는 직접적인 관찰기법을 사용하여 그 학생의 행동을 측정한 후에 그 학급에서 다소 문제를 보이는 다른 3명의 학생을 관찰하여 측정한 것과 최소 5일에 걸쳐서 문제 행동을 보이는 학생과 다른 3명의 학생이 보인 신체적 공격횟수를 한 표에 기록한다.

어떤 프로그램이 아동의 행동을 개선하는 데 효과가 나타나기 시작하면 교사는 학생의 현재 상태와 그의 기초선을 비교함으로써 그의 진보상태를 신속하게 측정할 수 있다.

4) 기능평가

기능평가란 문제행동을 일으키고 유지시키는 선행사건과 결과사건을 확인하는 것이다. 실시방법은 보고식 평가(간접평가)와 기술식 평가(직접관찰평가) 등 두 가지가 있다.

기능평가는 공격, 파괴행동, 자해행동, 상동행동 등을 포함한 여러 가지 문제행동을 일으키는 기능, 예를 들어 관심 끌기, 회피, 선호물건 등을 파악할 수 있다(전헌선 외, 2012).

5. 교육적 접근

정서행동장애아동들이 보이는 행동특성은 그 원인이나 증후가 다양하기 때문에 다양한 개념적 지도모형을 반영하여 중재하는 것이 필요하다. 장애아동에게 적용하기 위해서는 어느 한 모형만 적용하기보다 장애아동의 증후에 대하여 절충적인 방안을 모색하여 중재하는 것이 바람직하다(강대옥 외, 2012).

1) 정신역동적 모형

정서·행동장애를 과거의 여러 경험이 인간의 마음속의 정신역동적 요소인 원초아, 초자아의 정신병리적 불균형을 초래하여 일어나는 현상으로 본다. 따라서 불안과 정서적 위기는 개인성장과 자기발달에 중요한 요소가 되며, 생애 초기 경험과 정신 내적 요소를 중시한다.

교사의 입장에서는 아동의 표현적 행동이나 학업기술을 가르치는 데 역점을 두기보다 내재하는 정신적 갈등을 학생이 극복할 수 있도록 자아를 강화하는 것이 필요하다. 또한 수용적이고 허용적인 가정환경을 조성하도록 가정지원을 통해서 행복하고 잘 적응하는 개인으로 성장하도록 도와주어야 한다.

2) 신경생리학적 모형

신경생리학적 모형에서는 학생들의 부적절한 행동이 유전적, 신경생리학적 요인, 학생의 기질적 요인의 영향에서 비롯된다고 본다.

유전적 요인으로는 인간행동에서의 유전자와 변인들의 영향과 관련하여 가족의 발달사 등에 관심을 가지며 유전공학적인 접근을 적용하게 된다.

신경생리학적 요인으로는 인간의 뇌구조나 기능상의 장애, 신경전달물질의 이상, 신진대사 과정 등에 관심을 가져 수술이나 정신 관련 약물치료 등을 하게 된다.

기질적 요인으로는 아동의 생리적 성향인 기질과 환경의 상호작용이 행동에 영향을 주는 것에 관심을 가진다. 따라서 중재방안으로는 식이요법, 바이오피드백 등을 적용하게 된다.

교사들은 정신분열증이나 우울증, 과잉행동을 가진 아동들에게 우선 의학적 중재가 도움이 된다는 것을 이해할 수 있다. 또한 약물로 치료받고 있는 아동들에 대해서는 관찰을 통해 부모 및 교사들에게 피드백이 필요하다.

3) 심리교육적 모형

아동에 대한 가정과 학교, 사회에서의 기대의 불일치나 압력 등이 포함되어 생기는 갈등의 결과로 정신병적 장애와 학습부진이 초래된다고 본다. 따라서 아동의 행동원인에 대한 탐색을 통한 심리치료뿐만 아니라 학업과 일상생활 기술 습득을 지원하는 데에도 목표를 두어야 한다.

4) 생태학적 모형

정서·행동장애란 학생을 둘러싼 환경적 맥락 속에 여러 요인이 복합적으로 작용하여 문제가 일어나는 것이라고 본다. 따라서 아동만이 문제를 가지고 있는 것이 아니라 아동이 속해 있는 전 생태계에 문제가 있으며, 모두의 변화를 통해 아동의 문제를 해결하는 것이 필요하다고 보는 것이다.

교사들은 아동을 둘러싼 환경체제에 대한 분석을 토대로 아동에게 필요한 기술을 습득하게 하는 것뿐만 아니라 부모상담을 통해 바람직한 양육방법 및 적절한 가족의 역할 정립에 대해 지원해야 한다. 또한 학교나 또래 등의 역할을 강화함으로써 아동이 가정이나 학교, 이웃 및 지역사회에서 제대로 기능하는 방법을 습득하도록 상호 간의 중재가 필요하다.

5) 인본주의적 모형

모든 인간의 삶의 목적은 자아실현에 있다고 전제하며, 아동의 부적절한 행동이 개인의 경험과 자아구조 사이의 불균형에 의해 일어난다고 본다. 이 모형에서는 성인과 아동 사이의 관계를 중시하며 아동들이 정서적으로 지지받고 자유롭게 선택하고 결정할 수 있는 환경에서 충분히 기능적인 인간으로 자라게 하는 데에 역점을 둔다.

6) 행동주의적 모형

아동의 모든 행동은 환경에 의해 학습된 것으로 본다. 행동주의 기본 관점은 행동이 강화를 받았을 때는 그 행동이 증가하거나 지속되고, 소거기법이 적용되면 행동이 감소하거나 사라진다는 것이다.

아동이 부적절한 행동을 한다는 것은 어떤 측면으로든 강화를 받은 결과임을 강조한다. 따라서 중재를 통해서 아동의 바람직한 행동은 강화를 하고 부적절한 행동은 소거하며, 적절한 대처행동을 가르쳐야 한다는 입장을 취한다.

일선 교사들은 모든 행동은 경험과 환경 등에 의해 학습됨을 전제로 문제행동 이전과 이후의 환경적 사건을 조작함으로써 변화가 가능함을 알아야 한다. 이런 변화를 위해서는 문제행동에 대한 관찰 가능하고 구체적으로 측정 가능한 조작적 정의가 필요하며, 객관적이고 과학적인 방법의 적용이 필요하다. 이에는 직접교수나 촉진이나 강화 등의 행동적 기법 등을 사용하여야 한다. 그리하여 교사들은 이런 기법의 사용에 숙련되어야 한다.

7) 인지 학습적 모형

아동의 비합리적인 자기신념이나 인지적 미숙이나 왜곡 등에 의해 장애 행동이나 정서적 불안이 유발된다고 본다. 그러나 아동의 인식과 반응을 변화시킴으로써 정서와 행동은 변화할 수 있으므로, 아동들의 인지내용을 정확히 파악하고 그것을 토대로 새로운 인지전략 및 기술을 학습시킬 필요가 있다. 또한 합리적 인지치료기법인 논박을 통하여 인지적 왜곡에서 탈피하거나 자기강화나 자기조절을 통해 합리적인 사고를 가질 수 있도록 유도하는 등 자신의 인지를 의식적으로 조정함으로써 건강한 정서를 가지도록 한다.

Chapter

08

학습장애

1. 정의

학습장애(learning disability)라는 용어는 킬크(1963)에 의해 처음으로 세상에 알려졌다.

학습장애는 지적 기능의 전반적인 발달지체는 아니지만 읽기, 쓰기 등의 능력습득과 사용에 곤란이 있는 상태를 나타내는 교육적 용어이다.

학습장애 분야는 전문가들 사이에 논쟁과 의견충돌이 가장 많았고 현재까지도 개념에 있어 그 정의가 통일되어 있지 않은 장애 영역이다. 학습장애에 대한 정의가 40개 이상 제기되고 있지만 보편적으로 수용되는 것은 없다.

1) 미국 장애인 교육법(Individuals with Disabilities Education Act) 정의

① **일반**: 특정학습장애라는 용어는 언어, 즉 구어와 문어의 이해와 사용에 포함된 기본적인 심리과정 중 한 가지 또는 그 이상의 장애를 의미하며 듣기, 생각하기, 말하기, 읽기, 쓰기, 철자 쓰기 혹은 수학계산에서 불완전한 능력으로 나타날 수 있다.

② **포함장애**: 특정학습장애라는 용어는 지적장애, 뇌 손상, 미세뇌기능장애, 난독증, 발달적 실어증 등의 조건이 포함된다.

③ **비 포함장애**: 특정학습장애는 시각장애, 청각장애 또는 운동장애, 정신지체, 정서장애 또는 환경적, 문화적 및 경제적 실조에 의해 일차적으로 일어나는 학습문제를 가진 아동에게는 포함시키지 않는다.

미국 장애인교육법에서 특정학습장애란 언어(말이나 글)를 이해하거나 사용하는 데 관련된 기본적인 심리적 과정에서 하나 혹은 그 이상에 장애가 있는 것을 말한다. 이는 듣고, 생각하고, 말하고, 읽고, 문장과 철자를 쓰고, 수학계산을 하는 데 불완전한 능력으로 나타날 수 있다.

2) 국립학습장애연합회(National Joint Committee for Learning Disabilities)의 정의

학습장애는 듣기, 말하기, 쓰기, 추론하기, 수학적 능력의 습득과 이용에 심한 곤란을 나타내는 이질적인 장애를 말하는 일반적인 용어이다.

이들 장애는 개인의 내적인 것으로서 중추신경계 기능장애에 의한 것으로 추정되며 일생에 걸쳐 일어날 수 있다. 자기 조절 행동, 사회적 지각 및 사회적 상호작용에서의 문제들은 이러한 문제들만으로 학습장애를 구성하지는 않는다.

학습장애가 다른 장애 조건들이나(감각 손상, 지적장애, 심한 정서 행동장애) 외적인 영향과(문화적 차이, 불충분하거나 부적절한 교육) 함께 일어날 수 있다고 하더라도 이러한 조건과 영향의 직접적인 결과는 아니다.

3) 장애인 등에 대한 특수교육법의 정의

우리나라의 장애인 등에 대한 특수교육법 시행령(2012)에서는 학습장애를 다음과 같이 정의하고 있다. 학습장애를 지닌 특수교육대상자 개인의 내적 요인으로 인하여 듣기, 말하기, 주의집중, 지각, 기억 문제해결 등의 학습기능이나 읽기, 쓰기, 수학 등 학업성취 영역에서 현저하게 어려움이 있는 사람을 의미한다.

4) 한국특수교육학회의 정의

개인 내적 원인으로 인하여 일생 동안 발달적 학습(듣기, 말하기, 주의집중, 지각, 기억, 문제해결 등)이나 학업적 학습(읽기, 쓰기, 수학 등) 영역들 중 하나 이상에서 심각한 어려움을 겪는 것을 말한다. 이 장애는 다른 장애조건(감각장애, 지적장애, 정서행동장애 등)이나 환경실조(문화적 요인, 경제적 요인, 교수적 요인 등)와 함께 나타날 수 있으나, 이러한 조건이 직접적인 원인이 되어 나타난 것은 아니다.

2. 원인 및 출현율

1) 원인

학습장애의 원인에 대한 연구가 오랜 역사를 지니고 오늘날까지 지속적으로 이루어지고 있음에도 불구하고 여전히 명확하고 통일되고 합의된 결론을 제시하지 못하고 있다.

이는 학습장애를 가진 아동이 모두 같은 종류의 결함을 갖는 것이 아니고 여러 가지 복합적 원인을 가질 수 있음을 의미한다.

학습장애 분야는 신경학적 요소들이 학습장애의 기초를 이룬다는 의학적, 임상적 입장으로부터 성장하였다. 그러나 학습장애와 관련해 신경학적 기능장애에서 믿을 만한 하나의 원인적 요소를 수용하는 데 소극적이었던 이유는 신경학적 측정의 정확성에 대한 의문과 행동주의, 환경주의 때문이었다.

최근에 와서는 전문가들은 학습장애의 신경학적 설명에 대해 더욱 호의적인 견해를 취하고 있다. 많은 연구자들은 학습장애의 원인으로 다음과 같이 이야기하고 있다.

(1) 뇌 손상 및 뇌기능장애

출생 전, 후 및 출생 시에 얻게 된 뇌 손상이나 미세뇌기능장애로 추정하는 입장이다. 모든 학습은 대뇌에서 일어나기 때문에 학습장애가 특수한 뇌 기능과 관련이 있으며 중추신경계의 손상 혹은 기능장애에 의해 발생할 것이라고 추측하기 때문이다.

① 출생 이전 뇌 손상 요인

RH요인, 모체 내 풍진과 같은 질병 감염, 알코올이나 약물남용으로 인한 태아의 신경계발달 지체, 태아의 신경계 발달 지체, 산모의 영양 결핍, 정서적 불안정 및 충격 등이다.

② 출생 시

산소결핍상태, 조산아와 미숙아 출산, 난산, 출산 시 의료 기구에 의한 부상 등이다.

③ 출생 후

심한 신생아 황달, 뇌진탕, 뇌염, 뇌막염, 고열, 탈수증, 영양실조 등이다.

최근에는 자기공명영상, 기능적 자기공명영상, 뇌 전기 활동도, 양 전자방사 단층촬영법 등의 뇌 영상술의 발달에 힘입어 뇌 연구가 이루어지고 있다. 이를 통해 학습장애를 가진 사람의 뇌는 정상인의 것과 차이가 있음을 밝히는 많은 연구들이 행해졌다. 예를 들면, 난독증을 가진 사람들은 학습에 있어서 읽기에 문제를 가지지 않은 사람들과 뇌의 구조와 기능에서 차이가 있다는 것이다.

이와 같이 신경 진단 기법은 학습장애를 진단하는 데 전망이 상당히 밝은 것으로 보인다.

(2) 유전

학습장애의 유전 가능성에 대한 연구는 주로 학습장애를 가진 사람의 유전자 연구와 가계 연구, 쌍둥이 연구를 통해 이루어졌다. 예를 들면, 아동에게 읽기장애를 일으키는 염색체는 6번과 15번 염색체로 보고되고 있다. 읽기에 학습장애가 있는 사람의 가족구성원 내에서의 읽기장애 출현율은 모집단에서의 출현율 추정치보다 상당히 높은 편이다.

가계연구에서는 부모의 양육 방식이나 환경적인 요소를 배제할 수 없기 때문에 흔히 같은 유전적 특성을 가지는 일란성 쌍둥이, 이란성 쌍둥이를 통한 연구를 수행하게 된다.

스미스(2004)는 일란성 쌍둥이 집단에서 읽기와 구어/언어장애를 보이는 확률이 54~75%로 이란성의 경우 32%보다 높은 것으로 보고되었다. 정상적인 구어 읽기 측정에서도 더 높은 일치율을 보고 함으로써 학습 장애가 유전과 어느 정도 상관이 있음을 밝혔다.

(3) 생화학적 불균형

뇌 손상이나 유전적 요인 등에 대한 뚜렷한 증거가 없으면서 학습장애를 나타내는 아동들 중에는 생화학적 불균형이 그 원인인 경우가 있다. 생화학적 물질은 신경세포들 사이에서 전기 충격을 조절하고 이완하면서 뇌 활동에 중요한 역할을 하는데, 이러한 생화학적 물질이 과소하거나 과다할 때 뇌의 전기적 활동에 이상이 일어날 수 있다는 것이다. 예를 들면, 내분비 호르몬과 과잉행동 및 학습장애 간에는 어느 정도 관련성이 있는 것으로 알려지고 있다.

갑상선호르몬의 수준이 낮을 경우 기억, 아이큐 및 에너지의 저하를 가져올 수 있으며, 과다한 경우에는 과잉행동, 신경과민 및 주의산만 등을 가져올 수 있다. 또한 혈당 수준이 낮을 경우에는 단어 찾기에 어려움을 겪으며 철자오류도 증가하는 것으로 나타났다.

음식 섭취가 부족하거나 심한 영양결핍도 감각능력에 손상을 주고 발달을 지연시킴으로써 아동의 학습능력을 감소시킬 수 있다. 페인골드(1975)는 학습장애를 포함하는 과잉행동이 음식첨가물로 인하여 올 수 있음을 제안하였다. 또한 설탕과 같은 특정한 음식이 행동변화를 일으킬 수 있음을 시사하였다.

과다 비타민 요법은 사람의 피가 적당량의 비타민을 합성시킬 수 있는 능력이 결여될 때 학습장애를 유발할 수 있다는 것이다. 학습장애를 치료하기 위해서는 의심되는 비타민 결여를 중화하기 위해 다량의 비타민이 권장되었는데, 이러한 치료 효과를 구체화하지는 못하였다.

생화학적 불균형에 대한 연구는 학습장애의 원인을 밝히는 문제에 있어서 아직까지 결정적인 연구 성과를 이루지는 못하고 있다.

(4) 환경적 요인

학습장애의 정의에서는 환경적 영향으로 인한 경우를 배제 조건으로 명시하고 있다. 그러나 학습장애와 낮은 사회경제적 지위 간에는 강한 관련성이 존재한다.

심한 빈곤이나 열악한 환경은 아동의 성장에 부정적인 영향을 줄 수 있으며 불우한 환경에 처한 아동들이 학습에 문제를 보일 수 있다. 생후 초기의 심한 영양실조와 심리학적 자극의 결핍은 환경적 요인의 대표적 요소로 볼 수 있다. 영양실조와 학습장애 간의 일정한 상관을 밝히기는 어렵지만 생후 초기의 심한 영양실조는 중추신경계통에 영향을 주어 아동의 발달과 학습에 영향을 미칠 수 있다.

환경실조에 해당하는 심리학적 자극의 결핍 또한 학습장애의 원인으로 꼽히,는데 취학 전에 형성되어야 할 학습과 관련된 여러 가지 기능들의 발달에 필요한 자극이 충분하지 않았거나 취학 후 학습상황에서 직접적이고 체계적인 교수를 받지 못하여 학습문제가 발생할 수 있다.

이상으로 볼 때 학습장애의 원인은 다양하며 명확하게 제시되지 않고 있다. 더군다나 학습장애아동이 가지고 있는 원인을 안다고 하더라도 교육자의 관점에서는 어떻게 가르쳐야 할지 아무런 정보를 찾지 못한다. 그러므로 다양한 전문가들과 함께 협력하여 아동들이 갖는 곤란을 파악하여 효과적으로 대처하고 극복할 수 있는 방법을 찾는 데 주력하는 것이 보다 중요할 것이다.

2) 출현율

우리나라의 학습장애 출현율에 관한 연구에서는 0.83%에서 14%의 다양한 범위를 보이고 있다(김동일 외, 2003).

국립특수교육원의 (2008) 조사에 의하면 학습장애 학생은 6,745명인 것으로 밝혀졌다. 이것은 우리나라 전체 아동 중 특수교육대상자인 장애 영역 중 네 번째로 가장 높은 비율을 차지하는 장애 영역이다. 학습장애 출현율은 연구자에 따라 표본선정, 구체적 정의, 검사도구 등에 차이가 있기 때문에 다양하게 보고되고 있으며, 아직까지 우리나라에서는 대표성 있는 표본을 가지고 학습장애 출현율을 조사한 연구가 부족한 실정이다. 또한 현실적으로 경도의 정신지체아동 및 정서·행동장애아동은 물론이고 특히 학습 부진아와 학습장애아동을 명확하게 구분하기가 쉽지 않은 점은 정확한 출현율을 조정하는 데 어려움을 더해준다.

학습장애의 출현율이 상당히 높은 것으로 추정되고 있는 데 반하여 학교현장에서 전체 특수교육 요구 아동 중 학습장애로 특수교육 서비스를 받고 있는 학생의 수는 총 71,484명 중 6,754명에 불과하다(교육과학기술부, 2009). 이러한 사실은 국내 학습장애 분야의 짧은 역사와 함께 우리나라 학교현장에서 학습장애와 같은 경도장애에 대한 이해가 많이 부족하다는 점을 보여준다.

미국의 경우는 최근 국회연차보고서에서 특수교육을 받는 아동의 절반 이상이 학습장애를 가진 것으로 보고됨으로써 학습장애가 특수교육에서 가장 큰 비중을 차지함을 알 수 있다. 이것은 미국공립학교에 등록된 전체 학령기 아동의 약 5%에 해당한다. 학습장애로 판별된 학생의 수가 약 80만 명에서 거의 300만 명으로 증가했는데, 그 이유는 다음과 같다.

첫째, 평가 및 판별기준이 지나치게 주관적이고 신뢰도가 떨어져서 학습 부진아동이 잘못 판별되는 경우가 있다.

둘째, 특별한 대안적 프로그램이 거의 없으며 학습장애의 진단이 다른 분류에 비해서 보다 사회적으로 수용 가능하기 때문이다.

셋째, 학습장애에 대한 일반인들의 인식 확대로 인하여 더욱 적절한 의뢰와 진단을 할 수 있기 때문이다

넷째, 학습장애로 판별된 학생의 수는 사회적, 문화적 위기의 증가와 관련이 있다. 즉, 생물학적, 심리사회적 스트레스 요인들로 인하여 학습장애를 가질 위험이 더 클 수 있다는 것이다.

3. 분류 및 특성

1) 분류

흔히 현장에서는 학습장애에 대한 이해의 부족으로 인하여 학습부진아, 학습지진아 등과 학습장애아동을 혼용해서 사용하는 경우가 있다.

학습부진아
정서지능을 가지고 있으며 신경계에 이상은 없으나 정서문제나 사회 환경적인 원인들 때문에 학업성취도가 떨어지는 아동이다. 내적 · 외적 요인이 제거되거나 치료적 개입을 통해 교정되면 정상학습능력과 학업성취도를 보일 수 있다.

학습지진아
선천적 지적 능력의 결핍으로 인해 학습 진보가 떨어지는 아동이다. 일반아동 집단의 하위 15~20%에 해당되며, 경도지체아동과 비슷한 학습상 문제를 가지나 그 정도가 가볍다.

학습장애아동
정상 또는 정상이상의 지능을 가지고 있으며 정서 및 사회 환경적인 문제 등 내적 외적 원인이 없음에도 불구하고 학업성취도가 떨어지는 아동이다. 최근 학습장애의 분류는 .DSM-IV의 구분을 제시하고 있다.

(1) 읽기장애

처음 나온 글자와 잘 사용하지 않은 글자를 읽을 때 틀리기 쉽다. 문장

의 어구, 행을 빠트리거나 반복해서 읽는다. 문장의 요점을 바르게 읽기 어려우며 글을 읽을 때 단어의 한 부분을 생략하고 읽는다. 못 읽는 글자가 나오면 그 앞의 단어를 다시 반복해서 읽는다. 'ㅏ'를 'ㅓ'로 읽는 것과 같이 비슷한 형태의 다른 철자로 읽는다. 글자를 발음하는 속도가 느리고, 책을 읽고도 무슨 내용을 읽었는지 잘 모른다. 글의 핵심을 잘 파악하지 못하고, 대명사가 지시하는 것이 무엇인지 잘 알지 못한다. 글을 읽는 속도가 느리다. 국어 과목의 성취도가 현저히 떨어지고, 학년이 올라가면 다른 과목들의 학업성취도도 점차 떨어진다.

(2) 쓰기장애

독자적인 필순으로 쓰며, 구두점을 빠트리거나 바르게 찍지 못한다. 한정된 양의 작문과 한정된 문장 밖에 쓰지 않고, 글씨를 쓸 때 맞춤법이 많이 틀린다. 글을 쓰는 속도가 매우 느리고 알아볼 수 없을 정도로 글씨를 쓴다. 글을 쓸 때 나이에 비해 단순한 문장만을 사용하며 글을 쓸 때 사용하는 어휘가 제한되어 있다. 받아쓰기를 못한다.

(3) 수학장애

간단한 계산도 암산을 어려워하고 계산하는 데 시간이 많이 걸린다. 사칙연산의 순서를 무시한다. 길이의 비교에서 15cm와 150mm의 비교, 도형모사 사물의 인과관계, 블록 맞추기나 조립 같은 공간운동 과제의 수행능력이 부족하다. 숫자나 부호를 지각하는 능력이 부족하여 잘 빠트린다. 주의 집중력 부족으로 숫자나 도형을 잘못 파악하거나 덧셈에서 더해 가는 숫자를 잘 기억하지 못한다. 수식으로 된 문제는 잘 풀 수 있으나 글로 쓰여진 문제는 스스로 수식으로 바꾸어 풀지 못한다. 시간과 방향에 대한 감각이 부족하다. 수학과목의 학업성취도가 현저히 떨어진다.

2) 특성

학습장애 학생들은 인지, 학습, 행동 및 사회성 영역에서 다양한 특성을 보이는데, 이러한 특성들은 공통적인 패턴을 보이기도 하지만 한 가지 이상의 복합적 특성을 보이는 경우가 많다. 학습장애 학생들의 이러한 현상은 정해져 있는 체계에 따라 이루어지는 것이 아니라 유형과 정도가 개인에 따라 다양하다. 따라서 부모나 교사들은 학습장애 학생을 교육할 때 학생이 지니는 공통적 특성 혹은 다양한 특성을 이해해야 한다.

공통적인 학습장애 학생의 특성을 이해하기 위해서 인지적 특성, 학습특성, 정서행동적 특성과 사회적 특성에 대하여 살펴보면 다음과 같다(전헌선 외, 2012).

(1) 인지적 특성

학습장애 학생은 기억, 주의, 지각 및 개념형성 등 기초적인 인지처리 과정에서 결함을 보이는 경우가 많다. 이러한 인지적 특성을 밝히는 것은 학생을 이해하여 교육하는 데 매우 중요하다.

학습장애 학생은 나이가 어리거나 미숙한 아동의 기억과 유사한 형태를 나타낸다고 한다. 기억은 읽기, 쓰기, 수학, 언어, 학습, 조직 기술, 과학, 사회 등 여러 교과목에서 중요한 역할을 하는데, 기억에서의 결함은 학습 영역과 밀접하게 관련되어 있어 학업에서의 성취율이 낮을 수밖에 없다.

학습장애 학생은 정보를 받아들이는 데 있어서 정보의 부호화와 자동화에 문제가 있고 주의집중의 부족으로 문제를 해결하는 데 또래보다 불안이 크다고 한다. 일반학생들은 자동적으로 진행되는 정보처리가 학습장애 학생의 경우에는 의식적으로 주의를 집중하여야 하기 때문에 과제수행에 더 많은 장애를 보이게 된다. 또한 이들은 시청지각에 대한 학습과제에서도 결함이 보고되고 있다. 지각에서의 결핍으로 교통신호, 위험신호, 방향표시, 단어, 그림 등을 인지, 변별하고 해석하는 데 어려움이 있을 수 있으며 시지각과 청지각에 대한 학습과제에서 반응속도가 느리다.

(2) 학습특성

학습장애 학생은 이들이 가지는 인지적인 문제점들로 인하여 학습에서도 여러 가지 어려움을 겪는다. 학습장애 학생들이 학습에서의 어려움을 보이는 대표적인 영역은 읽기, 쓰기, 셈하기 등이다. 이들 영역 중 한두 영역에서 문제를 보이기도 하지만 종종 여러 영역에서 함께 결함을 보이는 학생도 있다.

① **읽기**: 읽기장애는 학습장애의 하위 영역 중에서 가장 높은 비율을 차지하는 장애로서 학습장애 학생들의 약 80%가 읽기장애로 분류된다고 한다.

② **쓰기**: 쓰기에서는 필기구를 잡는 방법과 각도 및 자세가 어색하고 철자 쓰는 획순이 틀리는 경우가 많다. 또한 전반적으로 글자의 크기와 칸이 일정하지 않으며 글자모양이 왜곡되어 있는 경우가 많다.

③ **셈하기**: 학습장애 학생은 수학적 사고에 흔히 많은 문제를 가진다. 수학장애 학생의 43%가 읽기문제를 가지고 있기 때문에 수학교과 학습에 있어서 단순 수학적 계산에 어려움을 갖는 경우와 단어인지에 어려움을 갖는 학생이 있음을 인식해야 한다.

(3) 정서 행동적 특성

학습장애 학생은 습득된 지식의 부족으로 학년이 올라갈수록 점점 더 장애가 심화 되며 누적된 학습실패로 인한 절망감 및 자신감 결여, 사기저하와 같은 낮은 학습자아 개념을 보인다. 이러한 낮은 학습자아 개념은 학습에서의 저성취는 물론 학습동기에서 흥미와 의욕상실, 자신감 상실로 다음 학습에서 더 큰 실패를 가져오게 되어 이로 인한 심한 좌절감과 의욕 및 흥미상실 등을 가져오는 악순환을 이루게 된다.

학습장애 학생은 인내심이 약하고 쉽게 좌절하는 경향이 많으며, 다른 사람의 감정을 이해하고 민첩하게 반응하지 못하는 경향으로 인하여 또래 집단 속에서 상호작용의 어려움을 보이는 경우가 많으며, 학습장애 학생의 사회적 기술 부족은 상대방으로부터 받는 거부와 부정적인 반응에 충동적으로 반응하기도 하며 공격적인 행동을 보이는 경우도 있다. 또한 정서적으로 우울하거나 사회적으로 위축되어 있다.

(4) 사회적 특성

학습장애 학생은 사회적 능력에서도 어려움을 가지고 있다. 학습장애 학생의 75%가 사회적 기술결함을 가지고 사회적으로 고립되어 있으며, 또래에게 인기가 없다. 또한 상대방의 감정을 이해하는 기술이 부족하기 때문에 대인관계가 원만하지 못할 뿐만 아니라 상황에 맞지 않는 행위를 하거나 자신의 행위결과를 인식하지 못한다. 또한 또래들의 사회적 또는 비구어적 단어를 잘못 해석하는 경우가 많아서 또래들로부터 무시를 당하기도 한다.

학습장애 학생은 사회적 예절에 민감하지 못하며 정서가 우울하거나 사회적으로 위축되는 경향이 강하고 모든 면에서 의존적이다.

4. 판별

장애아동의 판별은 해당 장애에 대한 정의를 바탕으로 이루어져야 한다. 그러나 학습장애 학생의 판별은 타당한 정의의 부재로 인해 합의된 절차와 방법이 결정되지 못한 것이 현실이며, 따라서 논쟁의 중심이 되어 왔다.

학습장애의 판별준거는 능력-성취 불일치형과 중재반응모형이다(강대옥 외, 2012).

1) 능력-성취 불일치형

능력-성취 불일치형은 학생의 잠재적 능력과 성취수준의 차이를 비교하고, 그 차이의 정도를 학습장애 판별준거에 적용하는 것이다. 즉, IQ로 대변되는 지능이 정상범주에 포함된다면 학생의 학업성취도 역시 또래학생들의 평균 범주에 포함되어야 한다는 것이다.

학년점수, 표준점수 그리고 회귀분석을 통해 학습장애를 판별한다.

① 학년점수에 의한 판별

또래들로부터의 지체 정도를 학년수준으로 나타내는 것이다. 즉, 초등학교 저학년은 1년, 고학년은 1.5학년, 중학교 이상은 2학년 정도 실제 학년보다 뒤처질 경우 학습장애로 판별한다.

② 표준점수에 의한 판별

보통 표준편차가 -1 ~ -2 이하이면 학습장애로 간주한다.

③ 회귀분석을 통한 판별

지능지수 점수에 대해 회귀방정식을 사용하여 기대되는 성취도를 계산한 후 실제 성취도와의 차이를 비교 한다.

능력-성취 불일치형은 그 타당성 면에서 오랫동안 논쟁거리가 되어 왔는데 구체적으로 제시되고 있는 문제점은 다음과 같다.

① 지능은 학생의 잠재능력의 척도가 아니다. 즉, 현존하는 지능검사를 통해 얻어진 학생의 IQ를 진정한 학생의 잠재력이라고 할 수 있는가 하는 것이다.

② 불일치 점수의 신뢰성 문제와 불일치 공식 및 판단기준에 따라 학습장애 적격성 여부가 다르게 나타난다.

③ 불일치 공식은 단지 일관성을 얻기 위해 고안된 통계적인 방법이며, 학생들의 요구를 이해하거나 결정할 수 있는 가치를 지니지는 못한다. 왜냐하면 심각한 불일치를 결정하기 위하여 표준화된 지능검사와 인지측정을 이용하는 것은 일반적으로 학생의 교육과정과 교수-학습을 개선하는 것과는 상관이 없기 때문이다.

④ IQ가 낮은 학생은 학업성취 수준이 매우 떨어짐에도 불구하고 낮은 IQ로 인해 불일치를 증명하지 못하는 경우가 있다. 반면에 IQ가 높은 학생은 그 반대의 경우가 나타난다.

이외에도 학생 간 발달의 개인차, 지능검사와 학업성취도 간 상관관계, 마태효과로 인한 지능검사의 점수 차이 등이 문제점으로 제시되고 있다.

2) 중재반응모형

학습장애 진단 패러다임은 2004년 미국 장애인교육진흥법에서 중재반응모형을 특정 학습장애 판별조항으로 제안하면서 큰 변화를 겪고 있다. 이러한 판별조항의 변화기저에는 학습장애로 진단된 학생은 학교에서 기대되는 능력만큼 성취하지 못한다는 능력-불일치모형이 지닌 문제점들을 보완하기 위한 노력이 반영되었다고 할 수 있다(김용욱 외, 2011)

중재반응모형은 교육과정중심 평가를 통해 조기에 읽기문제를 진단하고 그것을 사전에 예방할 수 있도록 효과적인 읽기 교수 프로그램을 제공할 수 있는 모형이다. 구체적인 목적은 다음과 같다.

① **선별과 예방**: 위기에 처한 학생을 판별하고 조기중재를 하도록 하는 것이다.

② **조기중재**: 모든 학생을 위한 일반교육 교육과정이 가능하도록 하고 효과적인 중재를 제공함으로서 조기중재가 가능하도록 하는 것이다.

③ **장애의 결정**: 표과적인 중재에 대한 학생의 반응을 통해 학습장애를

결정하는 것이다.

3) 우리나라의 학습장애 학생 판별 조건 및 절차

2010년 교육과학기술부가 제시한 학습장애 학생 판별 조건 및 절차에 의하면 학습장애로 판별하기 위해서는 다음의 네 가지 조건을 고려하여야 한다.

(1) 1조건(선별 및 중재)

학습장애 선별검사 등을 이용한 선별검사 결과 학습에 문제가 있는 것으로 의심되는 학생을 대상으로 최소 3개월 이상의 집중적이고 효과적인 소규모의 보충학습이나 방과 후 학습 등 체계적인 서비스를 제공받은 후에도 학업성취도 평가 결과 동학년의 하위 15~20%에 해당되는 학생이어야 한다. 중재-반응 실시기간 동안은 최소 3회 이상의 평가를 실시하고 부모의 동의하에 학습장애 선정 의뢰 시 평가결과를 특수교육지원센터에 제출하여야 한다.

(2) 2조건(지능)

최소 두 가지 이상의 지능검사로 측정한 지능의 평균이 75 이상(±5)에 해당해야 한다.

(3) 3조건(학력)

기초학습기능검사나 KISE 기초학력검사, 읽기검사, 기초학습기능 수행평가 등을 통한 검사결과 동학년 수준의 평균으로부터 최소 -2 표준편차 이하의 학력수준을 보여야 한다.

(4) 4조건(배제요인)

지적장애, 정서·행동장애, 감각장애 등의 다른 장애나 가정불화, 폭력, 학교생활 부적응, 탈북 혹은 국내 이주 등으로 인한 문화적 기회 결핍 등 개인의 내적 원인이 아닌 외적 요인으로 인해 학업에 집중하지 못한 만큼의 뚜렷한 이유가 있을 경우는 학습장애로 선정되지 않는다.

이와 같은 조건을 반영한 학습장애 학생의 구체적인 판별절차는 다음과 같다.

표 8-1 학습장애 학생 판별절차

단계	관련기관	내용
1단계 선별 및 판별의뢰	학교	• 학교에서 특수교육지원센터로 제출해야 하는 자료 – 학습장애 선별검사 결과 – 중재-반응 평가결과(3회 이상) – 중재-반응 참여 증빙자료 – 선택사항: 의료기관에서의 난독증 진단자료 등
2단계 검사실시 및 학습장애 판별	특수교육 지원센터	• 지능검사 실시(2종 이상) • 학력진단검사 실시(기초학습기능검사, KISE 기초학력검사, 표준화 검사) • 배제요인 검토
3단계 특수교육 대상학생 판별	특수교육 운영위원회	검사결과 및 제출자료를 검토하여 특수교육운영위원회에서 학습장애 특수교육 대상 학생으로 최종 판별

출처: 윤선오 외(2013).

5. 교육적 접근

학습장애의 교육적 접근을 살펴보면 다음과 같다.

1) 인지훈련

인지훈련은 학생의 사고과정에 영향을 미침으로써 수행으로 나타나는 관찰 가능한 행동에 영향을 미치고자 하는 다양한 교수방법을 총칭하는 용어이다. 학습장애 학생들이 경험하는 여러 가지 형태의 학업성취상의 어려움을 극복하도록 도와주는 데 효과적이다. 인지훈련방법에는 자기교수, 자기모니터링, 비계 교수법, 상호교육 등이 있다.

인지훈련 방식의 주요 특성으로는 다음과 같다.

① 한 번에 약간의 전략만을 가르친다.
② 자기점검기법을 가르친다.
③ 언제, 어디서 그 전략을 사용할 것인가를 가르친다.
④ 학생의 동기를 유지하도록 한다.
⑤ 맥락 안에서 가르친다.
⑥ 비전략적 지식기반을 무시하지 않는다.
⑦ 직접교수를 사용한다.
⑧ 인지훈련을 장기적인 것으로 여긴다.

2) 직접교수

학습장애 학생의 진전 상황에 대해 비율적 자료를 활용하여 도표화하는 정확교수법을 사용하고 싶지 않은 교사들은 직접교수를 사용할 수 있다.

직접교수법은 교사 주도적인 교수법이며 행동주의적 접근을 따른다. 이 방법은 교사가 미리 준비한 교안에 따라 진행되는 교사 주도의 연습과 훈련을 중요시한다(김동일 외, 2009).

직접교수법은 다음과 같은 과정을 통해 학습장애 학생의 학습을 지원할 수 있다(Lerner& Kline).

① 과제들을 작은 단계들로 나누기
② 조사 실시하기
③ 피드백을 제공하기
④ 이해를 향상시키기 위해서 도표들과 그림들을 제공하기
⑤ 충분한 독자적 연습을 제공하기

3) 또래교수

일반학급에서 한 학생은 교사로서의 역할을 담당하고 다른 학생은 학생의 역할을 하면서 학습과제를 함께 해 나가는 1:1 교수전략에 해당한다. 또래교사는 학급교사가 계획한 학업기능을 또래학생이 학습하고 연습하고 재고할 수 있도록 도움을 주는데, 같은 연령의 또래교수와 몇 살 위의 또래교수가 하는 교차연령의 또래교수가 있다. 또한 학급 전체를 대상으로 하는 또래교수도 있다.

또래교수는 학습장애 학생을 지원하는 실제적인 방법으로서 성공적이고 타당한 전략으로 인정받고 있다. 즉, 또래교수는 또래교사나 또래학습자에게 모두 도움이 된다는 것이다.

또래교사는 가르치면서 그 내용을 보다 확실하게 파악하게 되고, 또래학습자는 사고과정이 성인보다는 더욱 비슷한 또래로부터 더욱 효과적으로 배울 수 있다. 또래교사는 적절한 학업행동 및 비학업행동의 모델이 될 수 있으며, 학급 내에서 사회적 관계를 수립하는 기회를 제공하는 등의 장점이 있다.

4) 학습 영역별 교수지도법

① **다감각교수법**: 특정한 한두 개의 감각보다는 시각, 청각, 촉각, 근운동감각의 경로와의 연결에 의해 정보를 수용하고 습득하려는 지도방

법이다. 이 방법은 풍부한 훈련과 연습, 반복을 포함하고 있고, 세심히 계획된 연속적 과제가 연결되어 있어 읽기와 철자법 지도에 좋은 교수법이다.

다감각교수법을 활용한 읽기와 쓰기의 지도절차를 보면 다음과 같다.

표 8-2 다감각교수법을 활용한 읽기와 쓰기의 지도절차

절차	내용
1	학생이 교재를 읽는 동안 오류가 나타나면 교사는 읽기를 중지시킴
2	교사가 학생이 오류를 범한 단어를 종이 위에 쓰기
3	학생은 교사가 쓴 단어를 손가락으로 따라 쓰면서 단어의 음과 글자를 대응시키며 천천히 읽기
4	절차 3의 활동 여러 번 반복하기
5	학생이 오류를 보인 단어를 쓴 종이를 없애고 새로운 종이에 그 단어를 쓰기
6	학생이 그 단어를 정확히 쓰면 읽혀 보기
7	절차 5와 절차 6이 성공할 때까지 반복하기
8	학생이 소리 내지 않고 오류단어를 바르게 쓰기
9	절차 8이 성공하면 오류가 발생한 부분부터 책을 읽히기

출처: 김미숙 외(2016).

② 셈하기

산수문제는 학습장애 학생들에게 읽기문제보다는 크게 문제가 되고 있지는 않으나, 산수학습장애는 지각, 추상적 사고, 기억, 읽기 등과 관계가 된다.

산수를 가르칠 때 학생에게 실용적인 물건으로 구체적인 경험을 시키게 되면 훨씬 효과가 커진다. 예를 들어, 소수를 가르칠 때 돈이나 온도계 등 학생이 일상생활에서 쉽게 접할 수 있는 물건을 갖고 가르치게 되면 학습 능률이 보다 더 커지게 된다.

③ 교사의 역할과 자세

학습장애 학생들을 실제로 가르치는 일은 간단하지가 않기 때문에 학습장애 학생들을 실제로 가르치는 교사들에게는 다음과 같은 자세가 요구되어진다.

- 교사는 학습장애아에 관한 모든 것을 알고 있어야 하며, 교사 자신이 아동에게 관심을 가지고 있다는 것을 아동이 알게 한다.
- 따뜻하고 우호적인 교실 분위기를 만든다.
- 무질서하고 혼란한 교실 분위기나 갑작스레 계획을 변경하는 것 등은 아동에게 과잉행동반응을 일으키므로 교실 분위기는 일관성 있고 질서가 있어야 한다.
- 아동에게 거는 기대나 활동 등은 구체성, 일관성, 체계성이 있어야 한다.
- 교사는 정직해야 하지만 칭찬에는 인색하지 말아야 한다.
- 아동을 앞쪽으로 앉히거나, 앞쪽에 특별좌석을 마련하여 앉게 함으로써 주위가 산만해지지 않게 한다.
- 교사는 모든 교과목에 있는 교과내용의 위계를 잘 설명해 주어야 한다.
- 교사의 질문에 답은 간단히 하게 한다.
- 학습/이해를 돕고, 아동의 학습속도에 맞추기 위해서 교재를 소리 내어 읽게 한다.
- 수업 시작 시 제목, 주요 내용 등에 관해 미리 말해 준다.
- 수업 도중 '이 대목은 참 중요해요. 주의해서 들어 보세요'라고 주요한 내용은 수시로 환기시켜 준다.
- 교사는 목소리의 높낮이나 음색 등을 바꿔가며 중요한 내용을 지적해 준다.
- 중요한 내용을 가르친 후 교사는 아동이 배운 내용을 기억하고 있는지 점검해 보고, 선생님이 뭐라고 말했지? 라고 물어 보아 이해하고 있는지 검사해 본다.

- 교사의 지시 후, 그 내용을 큰 소리로 따라 읽게 한다.
- 시청각매체를 많이 활용한다.
- 한 번에 한 과목씩 공부할 수 있도록 구체적인 기준을 세우게 한다.
- 시험은 여러 가지 방법으로 자주 실시한다.
- 숙제를 내줄 때는 아동에게 지나치게 내주어서는 안 된다.

Chapter 09

자폐성장애

1. 정의

자폐증이란 용어는 미국의 존스 홉킨스 의과대학의 소아정신과 의사였던 Leo Kanner가 사용한 용어이다. 이 용어는 자폐인의 공통적인 특성인 사회성 결여로 인해 나타나는 자기만의 삶에 취하는 태도를 보고 사용하게 된 단어이다.

최근에 미국정신의학협회에서 편찬한 DSM-4에서는 자폐증이라는 명사적 용어 대신 자폐성장애로 수정하여 사용하기 시작했다. 이는 자폐증을 자폐성장애로 대처하면서 새로운 뉘앙스를 함축하려는 의지로 나타나는 것이다. 1990년대 이후 학계에서는 '자폐 스펙트럼장애'라는 용어를 도입하여 많이 사용하고 있다. 여기서 스펙트럼이란 용어는 빛과 관련된 말로 햇빛이 프리즘을 통과할 때 여러 가지 색의 빛으로 나뉘는 것을 의미하는데 이를 통해서 빛이 하나의 빛이 아니고 여러 가지로 모인 학생들에게 평가하는 프리즘을 통하게 되면 빛의 스펙트럼과 같이 여러 가지로 분류될 수 있다는 의미에서 '자폐 스펙트럼장애'라는 용어가 생기게 된 것이다.

1) Kanner의 자폐증 묘사

Kanner(1943)가 자폐증을 가장 처음 정의한 사람이다. 그는 한 세미나의 발표에서 다른 아동과 달리 독특한 증상을 나타내고 공통적 특징을 공유하는 청소년 집단에 대해 자폐증이라는 말을 처음 썼다.

Kanner는 자폐증에 대하여 다음과 같이 묘사하였다.

① 사람과 상황에 대해 평범한 방식으로 관계를 맺지 못한다.

② 기계적 암기력이 뛰어나다.

③ 아이들이 의사소통에 사용하지 않는 언어를 사용한다.

④ 동일성에 집착한다.

캐너가 밝힌 자폐증의 이러한 특징에 있어서는 이후에 그 아동을 판별하는 중요한 요소로 사용되고 현재까지 중요한 기준에 영향을 미치고 있다. 캐너는 자신이 관찰하던 아동 개개인이 각자의 개성이 있음에도 불구하고 어떤 특정 증상을 나타내기에 충분한 공통의 특징이 존재한다는 사실을 인지하였다.

2) 미국자폐학회의 정의

미국자폐학회는 자폐증은 만 3세 이전에 전형적으로 발생하며 일생동안 지속되는 아주 심한 중증발달장애라고 하였다. 뇌기능에 영향을 주는 신경학적 장애의 결과로 발생하는 자폐증 및 행동증상은 1만 명당 약 15명이 발생한다. 자폐증은 여자보다는 남자에게서 4배 더 많다. 이 자폐증은 세계의 전 지역, 모든 인종 및 사회적 배경에서 발견되고 있다.

자폐증의 주요 행동증상을 살펴보면 다음과 같다.

① 신체적, 사회적 언어기술의 발달이 곤란하다.

② 감각에 대해 비정상적으로 반응한다. 감각이나 반응들이 동시에 혹은 어느 하나가 영향받는다.

③ 언어발달이 지체되고 있으나 특별한 사고능력이 있다.

④ 사람, 대상 및 사건들을 관련시키는 방법이 비정상적이다.

3) 미국정신의학회의 정의

미국정신의학회(2000)의 DSM-IV-TR에서는 자폐장애를 유아기나 아동기에 발생하는 전반적 발달장애의 한 형태로 구분하고 있다.

여기서 전반적 발달장애란 여러 발달 영역–사회적 상호작용 기술, 의사소통 기술– 및 상동행동, 흥미, 활동에서의 아주 심한 전반적 손상으로 특성 지어지며, 이러한 상태를 나타내는 질적 손상이 개인의 발달수준이나 정신연령에 두드러지게 이탈되어 있는 장애로 정의하고 있다.

4) 한국 자폐증의 정의

한 국가에서 장애에 대한 정의는 그 나라의 장애에 대한 인식을 잘 보여주고 있다. 그 장애를 어떻게 하느냐에 따라 그 장애로 판별 받는 사람이 달라질 수 있고 장애에 대한 서비스나 지원정책이 달라질 수 있다.

우리나라의 경우 장애인복지법과 장애인 등에 대한 특수교육법에서 자폐증을 정의하고 있는데, 우리나라의 정의는 자폐증을 가진 사람들이 현실적으로 겪는 어려움이나 제한을 중심으로 정의하고 있다. 구체적인 내용을 살펴보면 다음과 같다.

(1) 장애인복지법 시행령 제2조 별표 1

소아기 자폐증, 비전형적 자폐증에 따른 언어, 신체표현, 자기조절, 사회적응 기능 및 능력의 장애로 인하여 일상생활이나 사회생활에 상당한 제약을 받아 다른 사람의 도움이 필요한 사람

(2) 장애인 등에 대한 특수교육법 시행령 제10조 별표 1

사회적 상호작용과 의사소통에 결함이 있고 제한적이고 반복적인 관심과 활동을 보임으로써 교육적 성취 및 일상생활 적응에 도움이 필요한 사람

2. 원인 및 출현율

자폐성장애의 원인은 아직 정확하게 알려져 있지 않다. 초기에는 부모의 장애아동에 대한 냉담과 거부, 분노, 무관심이 자폐성장애를 일으킨다고

하였으나 최근에는 기질적 손상으로 보는 경향이 두드러진다.

1) 원인

(1) 정신역동적 원인

냉담하고 부정적이며 자녀를 배척하는 어머니와 애착관계를 형성하지 못한 결과로 자폐성장애가 된다는 것이다.

1940년~50년대 정신역동적 연구자들은 환경적 요인설을 지지하며 발달의 반응일탈 형태로 자폐성장애 행동을 설명했다. 이러한 정신역동적 원인론에 따르면 장애아동을 대하는 부모의 양육태도가 바뀐다면 자폐성장애가 치료되어야 하지만 그렇지는 못하였다. 많은 연구에서 정상적인 발달을 보이는 장애아동의 부모와 자폐성장애아동의 부모 간의 양육방식에는 유의미한 차이가 없음을 밝히고 있다. 따라서 오늘날에는 자폐성장애가 부모의 부적절한 양육태도가 기인한다는 정신역동적 원인론은 설득력이 없는 것으로 받아들여지고 있다.

(2) 유전적 요인

1960~1970년대의 연구는 자폐의 원인으로 유전학적 요인을 중요하게 고려하지 않았지만 현재 유전자는 자폐의 원인을 밝히는 데 중요한 역할을 한다고 할 수 있다.

(3) 생화학적 요인

신경전달물질의 이상이 자폐성장애와 관련이 있다고 설명하는 입장이다. 신경전달물질은 근육수축과 신경활동에 영향을 미치는 화학매개체로서 기분, 정서, 사고과정에 영향을 미친다. 따라서 신경전달물질의 생성이나 전달과정에 이상이 생기면 이상행동을 일으킬 수 있다. 자폐성장애와 관련 있는 주요 신경전달물질은 엔도르핀, 세로토닌, 페닐알라닌, 도파민, 에피네프린 등이 있다.

(4) 신경생리학적 요인

태아기, 출산 시, 영아기 동안의 많은 문제들은 아동에게 신경생리학적인 손상을 끼칠 수 있다. 즉, 많은 자폐성장애아동들은 뇌에 이상을 가지고 있는 것으로 보고 있다.

대뇌의 전두엽에 이상이 있다는 보고가 많은데 자폐성장애학생의 부검소견상 전두엽의 피질이 두꺼우며 층이 불규칙하고 이러한 정도가 심할수록 자폐성장애도 심한 것으로 밝혀지고 있다. 또한 전두엽의 용량이 증가하는 것과 소뇌의 충부가 적어지는 것은 자폐성장애와 상관관계가 있다는 것으로 보고되고 있다. 자폐성장애학생은 전두엽의 발달에도 손상을 가지고 있으며, 소노의 크기 및 충부의 용적도 감소되어 있음이 발견되었다.

2) 출현율

2004년 미국 교육부의 제26차 연례보고에 의하면 6~21세 학생 140,473명이 자폐성장애가 있는 것으로 드러났다. 지난 30~40년간 자폐성장애 전체적인 수가 상당히 증가하였다.

우리나라 국립특수교육원(2001)에서는 자폐성 발달장애 출현율을 0.15%, 특수교육요구아동 추정수를 6,234명으로 보고하였다. 한국보건사회연구원(2005)에서는 장애인 출현율을 조사한 결과 발달장애(자폐증)의 출현율이 0.01%, 추정 수는 3,212명으로 보고하였다.

이렇게 자폐성장애아동의 출현율이 상이한 이유는 조사방법, 조사도구, 자폐성장애 진단준거 등이 상이하기 때문이며, 좀 더 정밀한 출현율 조사가 요구된다고 할 수 있다.

3. 분류 및 특성

1) 분류

자폐성장애는 의학적으로 '전반적 발달장애'에 포함되어 있는 다섯 가지 아동기 발달 장애의 하나이다.

(1) 레트장애

레트장애는 출생 후 정상적인 발달을 보이다가 5~30개월 사이에 발병하는 신경학적 장애이다. 운동조절능력, 특히 손의 사용기능을 잃게 되고 상동적인 손 움직임을 나타낸다. 보행과 몸 움직임이 통제되지 않고 의사소통과 사회적 상호작용의 측면이 현저히 어렵게 된다.

주로 여아에게서 발생하며, 사회적 상호작용에서 어려움을 보이지만 자폐성장애아동이 나타내는 형태를 모두 나타내지는 않는다.

(2) 아스퍼거장애

자폐성장애와 같이 사회적 상호작용의 결핍, 활동이나 흥미에서의 이상을 나타낸다. 이는 Asperger의 이름을 사용하여 명명한 것이다.

인지적 지체나 언어적 지체는 없으며 오히려 평균 또는 그 이상의 지적 능력을 나타내며 언어능력도 잘 발달되어 있다.

(3) 소아기 붕괴성장애

헬러증후군, 유아형 치매 혹은 붕괴성 정신증으로 불리며, 주로 2세 이후에 발병하며 간혹 10세까지 발병하지 않다가 그 이후에 발병하기도 한다. 발병하면 그 이전에 습득하였던 기술을 두 가지 이상 상실하게 되는 특징이 있다.

발병 특징으로는 의사소통 결함으로 대화를 시작하지 못하거나 같은 말을 반복하는 경향, 사회적 기술 혹은 적응행동상의 결함, 대변 또는 방광 조절 기능의 퇴행, 가상놀이 능력의 결여와 자폐성장애와 유사하게 상동행동을 보인다.

(4) 비전형 전반적 발달장애

자폐성장애 증상을 양적 및 질적인 측면에서 전부 나타내지 않고 일부만 나타내며 그 증상을 3세 이후에 주로 나타난다. 그리고 그 증상이 자폐성장애보다는 심하지 않은 편이다.

2) 특성

(1) 사회 정서적 특성

자폐성장애아동들은 타인과의 관계를 형성하고 정서반응을 보이는 데 어려움이 있다.

보통 아동발달 과정에서 타인을 인식하는 첫 번째 증거 중의 하나는 웃음이다. 출생 후 1~2개월이 되면 타인의 얼굴이나 목소리에 웃음으로 반응하지만 자폐증장애아동은 반응을 보이지 않는다. 자폐성장애아동도 행복감과 만족감을 나타내기는 하지만 이는 사회적인 웃음이 아니라 빛, 소리나 기타 자극에 대한 반응일 뿐이다.

자폐성장애아동의 사회성 특성으로는 관심을 공유하는 행동을 못하고, 주위에 무관심한 태도를 보이고, 여럿이 모이는 자리에 참여하지 못하고 또래와 협동놀이를 잘하지 못하고 상징놀이를 거의 못하고 자신의 요구를 스스로 찾지 못하고 주로 혼자서 시간을 보낸다.

정서적 특성에서는 고도의 불안, 낮은 수준의 욕구불만 내성, 과도한 공포, 제한적인 사회적 상호작용 특성을 나타낸다.

(2) 상동행동

자폐성장애아동의 치료교육 현장에서 다루기 어려운 문제행동의 하나로 상동행동을 들고 있다. 많은 치료교육자들은 상동행동으로 인한 치료교육의 어려움을 호소하고 있으며, 상동의 주요행동은 회전하며 손뼉 치기, 빨리 달리기, 물건을 이용하여 두드리기, 냄새 맡기, 돌리기, 흔들기 등의 행동을 반복하여 나타내는 자기 자극행동이라고 말할 수 있다.

(3) 자해행동

중증 지적장애와 자폐증 등 비교적 심한 발달장애를 나타내는 학생에게 자주 관찰되는 문제행동의 하나로 자해행동을 들 수 있다.

자해행동이란 벽이나 마루, 기타 책상 등에 자신의 머리를 박거나 팔로 친다든지 혹은 자신의 주먹으로 머리나 얼굴을 때린다든지, 자신의 신체를 물거나 꼬집는 행동 등 신체에 상처나 변형을 줄 정도로 자기 자신에 대한 공격행동을 말한다.

(4) 의사소통의 특성

자폐성장애아동의 언어 및 의사소통에 있어서의 문제는 매우 다양하다. 말을 전혀 습득하지 못하는 학생은 말할 때 그 의미를 이해하지 못하는 상황에서 산출되는 반향어의 형태로 제한되는 경우가 많다.

반향어란 일반적으로 다른 사람이 말한 단어나 문장을 의미 없이 반복하는 것으로 과거에는 반향어가 비기능적일 뿐만 아니라 언어를 이해하지 못하기 때문에 나타나는 것으로 여겨졌으나 현재는 반향어가 지닌 다양한 형태의 기능들이 보고되고 있다(이소현 외, 2012)

(5) 인지적 특성

자폐성장애학생은 학습과 교육에서 뛰어난 잠재력과 함께 평균 또는 그 이상의 지능을 가진 경우도 있으나 자폐성장애학생의 75%가 지능지수가 35~50 정도의 수준을 보이는 경우가 있다. 예를 들면, 전철역의 순서나 부모가 대화하는 내용에서 나온 날짜나 시간, 전화번호 등을 쉽게 외우는 것이다.

(6) 감각적 특성

자폐성장애학생은 후각자극을 제외한 감각자극에 대해 비정상적인 지각반응을 한다.

4. 판별

1) DSM-IV-TR의 전반적 발달장애 진단기준

DSM-IV-TR(APA, 2000)에서는 전반적 발달장애를 자폐성장애, 아스퍼거장애, 레트장애, 소아기 붕괴성장애, 비전형 전반적 발달장애의 다섯 가지 하위 유형으로 나누어 진단기준을 제시하고 있다.

(1) 자폐성장애

자폐성장애는 사회적 상호작용과 의사소통이 현저히 비정상적이거나 발달에 장애가 있고 활동과 관심의 종류가 현저하게 제한된 양상을 보인다. 인지적 수준이 고르지 않으나 자폐성장애학생 대부분은 지능지수가 35~50 수준의 지적장애를 동반하고 있다.

표 9-1 DSM-IV-TR의 자폐성장애 진단기준

사회적 상호작용, 의사소통, 상상놀이의 손상이 만 3세 이전에 나타나며 상동적인 행동, 관심, 활동을 보인다. 자폐성장애는 다음의 A, B, C 영역에서 진단 · 평가된다.

A. 다음 (1), (2), (3)에서 총 6개(또는 그 이상) 항목과 관련이 있어야 하고, 적어도 (1)에서 2개 항목, (2)와 (3)에서 각각 1개 항목이 충족되어야 한다.

(1) 사회적 상호작용에서의 질적인 장애가 다음 항목들 가운데 최소한 2개 항목에 해당된다.

a. 사회적 상호작용을 위한 눈맞춤, 얼굴표정, 신체자세, 몸짓과 같은 다양한 비언어적 행동을 사용함에 있어 현저한 장애가 있음
b. 발달수준에 적합한 또래관계 발달의 실패
c. 자발적으로 다른 사람들과 기쁨이나 관심, 성공을 나누지 못함(관심의 대상을 보여주거나 가져오거나 지각하지 못함)
d. 사회적, 감정적으로 서로 반응을 주고받는 상호교류 활동의 결여

(2) 질적인 의사소통의 장애로 다음 항목들 가운데 1개 항목에 해당된다.

a. 구어발달의 지연 또는 완전한 발달 결여(몸짓이나 흉내 내기와 같은 대체의사소통 방법에 의한 보완 시도가 수반되지 않음)
b. 적절하게 말을 하는 경우에도 다른 사람과 대화를 시작하거나 유지하는 능력에 현저한 장애
c. 상동적이고 반복적이며 일탈적인 언어 사용
d. 발달수준에 적합한 자발적이고 다양한 가상놀이나 사회적 모방놀이 기능 결함

(3) 제한적이고 반복적이며 상동적인 행동이나 관심, 활동이 다음 항목들 가운데 최소한 1개 항목에 해당된다.

a. 강도나 초점에 있어 비정상적이며, 상동증적이고 제한적인 관심에 집착
b. 특이하고 비효율적인, 틀에 박힌 일이나 의식에 고집스럽게 매달림
c. 상동증적이고 반복적인 동작성 매너리즘(손이나 손가락으로 딱딱 때리거나 비틀기, 몸 전체의 복잡한 움직임)
d. 사물이나 사물의 특정 부분에 대해 지속적인 집착을 보임

B. 3세 이전에 다음 영역 가운데 최소한 한 가지 영역에서 기능이 지연되거나 비정상적인 특징을 보인다.

(1) 사회적 상호작용

(2) 사회적인 의사소통에서 사용되는 언어

(3) 상징적 또는 상상놀이

C. 장애가 레트장애 또는 소아기 붕괴성장애로 잘 설명되지 않는다.

출처: APA(2000).

(2) 아스퍼거장애

아스퍼거장애는 사회적 상호작용 결핍이 심하고 제한적이고 반복적인 행동이나 관심, 활동 등을 나타낸다. 그러나 언어발달에 있어 심각한 지연을 보이지 않는 특징이 있다. 운동발달 과제가 지연되고 서툰 동작이 흔히 관찰되며, 자폐성장애보다 다소 늦게 발병하여 늦게 발견된다. 문자의 뜻을 그대로 생각하는 경향이 있으나 어떤 문자에 대해서는 강박적인 경우도 있다. 기억력이 좋은 편이나 이기적인 경향이 있다.

표 9-2 DSM-IV-TR의 아스퍼거장애 진단기준

사회적 상호작용의 손상, 제한된 관심과 활동의 특성을 보이고, 언어에 있어서는 임상적으로 심각한 일반적 지연이 없으며, 평균 또는 그 이상의 지능을 나타낸다. 아스퍼거장애는 다음의 A, B, C, D, E, F의 영역에서 진단 · 평가된다.

A. **사회적 상호작용에서의 질적인 장애가 다음 가운데 최소한 2개 항목에 해당된다.**

(1) 사회적 상호작용을 조절하는 데 필요한 눈맞춤, 얼굴 표정, 자세 같은 비언어적 행동을 함에 있어서 현저한 장애를 보임

(2) 아동의 발달수준에 적합한 친구관계 발달 곤란

(3) 다른 사람과 함께 기쁨과 관심, 성취를 나누고자 하는 자발적인 욕구 결여(다른 사람에게 아동이 관심 있는 사물을 보여주기, 가져오기, 지적하기 결여)

(4) 사회적 또는 감정적 상호관계 결여

B. **제한적이고 반복적이며 상동증적인 행동이나 관심, 활동이 다음 네 가지 활동 가운데 최소한 1개 항목에서 나타난다.**

(1) 강도나 초점에 있어서 비정상적인 한 가지 이상의 상동증적이고 제한적인 관심에 집착

(2) 비기능적이고 특정하게 틀에 박힌 일이나 의식에 고집스럽게 매달림

(3) 상동증적이고 반복적인 운동성 매너리즘(손 또는 손가락을 퍼덕거리거나 비꼬기, 복잡한 전신움직임)을 보임

(4) 전체 물건의 한쪽 부분에 지속적으로 집착

C. **장애가 사회적, 직업적 또는 다른 중요한 기능 영역에서 임상적으로 심한 장애를 일**

으킨다.
D. 임상적으로 심각한 전반적인 언어발달의 지연은 없다(단음절 단어를 2세에 사용하고, 의사소통을 위한 구어를 3세에 사용).
E. 소아기에 인지발달이나 나이에 맞는 자기보호 기술 및 사회적 상호작용 이외의 적응행동 발달, 주변 환경에 대한 호기심발달에 있어서 임상적으로 지연은 없다.
F. 다른 특정 광범위성 발달장애나 정신분열증의 진단기준에는 맞지 않는다.

(3) 레트장애

레트장애는 생후 5개월까지는 정상발달하다가 보통 4세 이전인 1세나 2세 때 발병하며 여아에게서 훨씬 많이 나타난다. 두뇌성장이 감소하며 과거에 습득했던 의미 있는 손기술이 상실되고 이후 손을 쥐어틀거나 손을 씻는 것과 같은 상동적 행동이 나타난다.

보행이나 몸 움직임에 조정이 잘 안되며, 수용성 언어와 표현성 언어에서 심한 장애를 보인다.

표 9-3 DSM-IV-TR의 레트장애 진단기준

A. 다음 사항에 모두 해당한다.
(1) 명백하게 정상적인 출산 전과 출산기에 발달
(2) 출생 이후 첫 5개월 동안 명백하게 정상적인 심리운동적 발달
(3) 출생 시 정상적인 머리둘레
B. 정상적 발달기간이 지난 후 다음의 모든 사항이 시작된다.
(1) 5개월과 48개월 사이에 머리성장의 성숙
(2) 5개월과 30개월 사이에 과거에 습득한 의미 있는 손기술의 상실과 뒤따르는 상동증적인 손 움직임의 발달(손을 쥐어틀기와 문지르기)
(3) 발견 초기 사회적 참여의 상실(사회적 상호작용은 흔히 늦게 발달하지만)
(4) 심한 심리운동적 지체와 함께 수용언어와 표현언어발달의 심한 장애

(4) 소아기 붕괴성장애

소아기 붕괴성장애는 적어도 2년 동안 정상적인 발달이 이루어진 후 여러 영역의 기능에서 퇴행이 일어난다.

일반적으로 사회적 기술이나 의사소통 기술의 결함을 나타내며, 제한적이고 반복적이며 상동적인 행동 또한 나타난다. 심한 지적장애를 수반하며, 다양한 신경학적 증상과 증후를 나타낼 수 있다.

표 9-4 DSM-IV-TR의 소아기 붕괴성장애 진단기준

A. 출생 후 적어도 2년 동안 분명한 정상발달이 이루어지는데, 이는 나이에 적절한 비언어적, 사회적 관계, 놀이, 적응행동으로 나타난다.

B. 다음 영역 가운데 적어도 2개 영역에서 과거(10세 이전)에 습득했던 기술이 임상적으로 심각한 수준에서 상실된다.

(1) 표현언어 또는 수용언어

(2) 사회적 기술 또는 적응행동

(3) 대변 또는 방광 조절

C. 다음 영역 가운데 적어도 2개 영역에서 기능장애가 나타난다.

(1) 사회적 상호작용에서 질적인 장애(비언어적 행동장애, 친구관계의 발달 실패, 사회적 또는 감정적 상호교류의 결여)

(2) 의사소통에서의 질적인 장애(구어의 지연 또는 결여, 대화를 시작하거나 유지하지 못함, 상동적이고 반복적)

(3) 운동성 상동증과 매너리즘을 포함하는 제한적이고 반복적이고 상동증적인 행동, 관심, 활동

D. 장애가 다른 특정 전반적 발달장애나 정신분열증으로 설명이 잘 되지 않는다.

(5) 비전형 전반적 발달장애

비전형적인 자폐증으로 취약X증후군이나 란다우-클레프너증후군, 윌리엄스증후군, 안젤만증후군, 프래더-윌리증후군 등이 이에 속한다.

표 9-5 DSM-IV-TR의 비전형 전반적 진단기준

보통 비전형적 자폐(atypical autism)라고 분류되는 영역이다. 특정한 장애 영역으로 진단할 수는 없지만 다음 항목에서 제시된 바와 같이 특정 행동으로 발생되는 정도가 심하고 전반적인 손상을 나타내는 경우 비전형 전반적 발달장애(PDD-NOS)로 진단된다.

A. 사회적 상호작용의 질적인 장애

(1) 눈 마주치기, 얼굴표정, 몸짓이나 제스처와 같은 비언어적 행동의 이상이 있다.

(2) 친구관계를 형성하지 못한다.

(3) 다른 사람의 관심을 끌거나 즐거움을 나누려 하지 않는다.

(4) 사회적 또는 정서적 상호교류가 부족하다.

B. 의사소통의 질적인 장애

(1) 언어발달이 지연되거나 전적으로 부족하다(몸짓으로도 표현하려고 하지 않는다).

(2) 사람과 대화를 시작하거나 유지하는 데 지장이 있다.

(3) 같은 말을 반복하거나 특이한 언어를 사용한다.

(4) 역할놀이와 상상놀이가 부족하다.

C. 제한적이고 반복적으로 되풀이되는 특정 관심이나 행동

(1) 특정 대상(자동차, 신용카드) 등에 지나치게 몰두하며, 그 관심의 강도가 비정상적으로 과도하다.

(2) 불필요한 일상의 일이나 관습에 집착한다(같은 길로만 다니려 한다거나 자신이 정한 순서대로만 하려는 경우).

(3) 반복적인 특이행동이 나타난다(까치발이나 손 흔들기).

(4) 물건의 특정 부분에 지속적으로 집착한다(자동차 바퀴 등).

D. 3세 이전에 발병

전체 항목 중 최소한 6개 이상 해당되거나, A에서 2개 이상 해당되고, B와 C에서 각각 1개 이상이 해당되는 경우 자폐증이 의심된다.

2) 자폐성장애의 진단도구

(1) 자폐영아 검목표

CHAT는 Baron-Cohen, Allen 및 Gillberg(1992)가 개발한 자폐영아 선별 검목표이다. 이것은 영아의 18개월 정기검진 시에 소아과 의사가 간단히 영아들을 검사하여 발달상 문제가 있는 것으로 의심되는 영아를 전문가에게 의뢰하기 위해 개발되었다. CHAT의 A는 부모 질문용으로 사회적 흥미, 운동발달, 사회적 놀이, 상상놀이, 도구적 손짓, 의사소통적 손짓, 기능적 놀이, 관심공유 등의 영역에 대한 질문으로 구성되어 있으며, B는 의사용으로, 의사가 직접 영아의 행동을 관찰하여 답하는 것이다(김종현 외, 2011).

(2) 자폐행동 체크리스트

자폐행동 체크리스트(Autism Behavior Checklist; ABC)는 Krug, Arick와 Almond 등이 18개월에서 35세 이하의 자폐성장애인을 대상으로 1978년 표준화한 도구로서 미국자폐증아동교육협회를 중심으로 현재까지 가장 많이 사용되는 도구 중의 하나이다. 감각, 대인관계, 신체 및 사물 사용, 사회성 및 신변자립기능의 5개 영역 등 총 57개 문항으로 구성되어 있다. 전체 득점 158점 중 68점 이상인 경우 자폐성장애일 가능성이 매우 높은 수준이고 53~67점 사이는 자폐성장애의 의심수준이다(이효신, 2007).

(3) 아동기 자폐평정척도

아동기 자폐평정척도(Childhood Autism Rating Scale; CARS)는 자폐성장애아동 진단을 위한 행동평정척도로서 미국의 노스캐롤라이나대학 정신의학연구소에서 1988년에 제작한 것을 김태련과 박랑규가 번역하였다. 인지, 개념, 의사소통, 사회관계, 모방, 감각 및 정서적 반응 등이 포함되어 전체 60항목으로 구성되어 있다. 이는 부모의 보고와 전문가의 직접관찰에 의해 얻어진 정보를 종합하여 전체 점수가 30점 이상이면 자폐로 간주된다(강대옥 외, 2012).

(4) 이화자폐아동 행동발달 평가도구

이화자폐아동 행동발달 평가도구(EWHA Check List for Autistic Children; E-CLAC)는 면접용 자폐아동 행동발달 평가도구로써 초기 면접 시 저항, 주의산만 등으로 검사실시가 불가능한 자폐성아동의 부모나 양육자를 통해 아동의 발달을 객관적으로 평가한다. 평가내용은 식사습관, 배설습관, 옷입기, 놀이, 대인관계, 언어, 표현 활동, 행동의 자율에 대한 문항과 수면, 몸치장, 놀이, 감정표현의 내용으로 구성되어 있다(김종현 외, 2011).

(5) 한국 자폐증 진단검사

한국 자폐증 진단검사(Korean Autistic Diagnostic Scale; K-ADS)는 자폐증이라고 진단된 아동 및 청소년을 대상으로 국내 최초로 전국 규모의 표준화된 진단도구이다(강위영 외, 2004). 자폐증의 세 가지 중요 증상(사회적 상호작용문제, 의사소통문제, 상동 행동)을 평가하도록 되어 있는 K-ADS는 자폐증을 진단하기 위한 표준화된 규준참조검사로서 자폐증이 의심되는 아동 및 청소년의 그 증상 및 심도를 평가할 수 있다.

즉, 자폐아동 및 청소년들과 비교해서 자폐의 심도가 어느 정도인지를 파악하기 위하여 원점수를 기초로 하여 유도되는 백분위점수, 표준점수 및 자폐지수를 알아볼 수 있다.

이 검사는 인터넷상에서도 평가의 효율성 및 사용자의 편의성을 증대시키고 정확한 정보를 제공하기 위하여 표준화된 검사내용 및 자료들을 데이터베이스화하여 웹 기반 코스웨어(web-based course ware)로 제작된 평가시스템을 이용할 수 있다(심리검사 전문 사이트: http://www.tespia.kr). 본 평가시스템을 통해 부모, 교사 및 임상가 등 누구든지 어디서든 쉽고 편리하게 온라

인상에서 자폐증 평가는 물론 교육 및 치료정보를 제공받을 수 있다.

5. 교육적 접근

1) 사회적 기술지도

사회적 발달은 자폐성장애아동이 직면하는 가장 큰 어려움의 하나이다. 사회적 기술의 지도내용은 타인에 대한 응시, 행동, 미소 짓기, 물건 나누어 쓰기, 도움 청하기, 도와주기, 교사의 지시 따르기, 순서 지키기, 규칙이나 지시에 따르는 행동, 처음 보는 사람에게 자신을 소개하기, 진행 중인 활동에 스스로 참여하고 친구에게 권유하기, 갈등이나 괴롭힘에 대해 적절하게 반응하기, 친구의 제안 받아들이기, 갈등을 해결하고 분노를 통제하는 기술 등이 있다(정대영 외, 2007).

사회적 기술을 증진시키기 위한 방법은 다음과 같다(곽승철, 2006).

① **목표와 우선순위 수립**: 사회적 기술을 가르치기 위한 계획을 수립할 때는 학생의 여러 사회적 기술문제 가운데 우선순위를 정하는 것이 중요하다. 지도하기 전에 기대되는 결과나 목표를 명확하게 규정해 두어야 한다. 목표가 무엇인가를 결정할 때는 장기적인 함의나 삶의 질이나 정서적인 상태에 미칠 영향도 고려해 보아야 한다.

② **사회적 기술 지도행동을 결정할 때 고려할 사항**

③ **사회적 기술 지도방법**

- 친사회적 행동 레퍼토리를 증가시킨다.
- 사회적 기술을 지도할 때 직접교수법을 사용한다.
- 적절한 기술을 모델링해 줌과 동시에 중요한 부분을 지적해 준다.
- 상황에 맞게 기술을 짝짓는다.

- 필요할 때마다 지침과 피드백을 제공하면서 의미 있고 기능적인 실제상황에서 기술을 연습하도록 한다.
- 필요할 때마다 지침과 피드백을 제공하면서 친사회적 기술을 연습할 수 있도록 상황을 설정해 줌으로써 연습기회를 증가시킨다.
- 기술을 적절하게 실행하는 장면을 비디오로 녹화한다.
- 사회적 상황을 기술한 이야기 책을 개발한다.
- 개인의 독립적인 기능발달을 최대화시키는 단서 제시법을 통합해서 사용한다.
- 적절한 요구와 계획된 일정을 토대로 사회적 상호작용을 사용한다.
- 또래를 통한 지도방안을 마련한다.

2) 행동문제 지도

자폐성장애아동과 함께 생활하는 경우 가장 혼란스럽고 스트레스를 받는 문제는 아마도 장애아동이 나타내는 독특한 행동문제들일 것이다.

장애아동의 행동문제 지도에는 직접적인 바람직한 행동을 개선하고 바람직하지 못한 행동문제를 제거하기 위한 방법을 살펴보면 다음과 같다(이효신, 2007).

(1) 바람직한 행동을 증가시키기 위한 지도방법

① **강화**: 장애아동이 바람직한 행동을 하였을 경우, 그 행동이 더 많이 발생할 수 있도록 하기 위해 좋아하거나 원하는 것을 해주는 것이다. 정적 강화와 부적 강화가 있다.

② **촉구**: 장애아동이 바람직한 행동을 학습하는 과정에서 스스로 성공적으로 수행하지 못할 때 도움을 주어 행동을 성공적으로 수행할 수 있게 하는 방법이다. 신체적 촉구와 언어적 촉구, 시각적 촉구가 있다.

③ **행동형성**: 바람직한 종착행동이 형성될 때까지 계속 접근할 행동을

강화하는 방법이다.

④ **토큰 강화**: 화폐 대신에 토큰을 사용하여 약속된 물건을 구할 수 있도록 만든 제도로서 강화제 대신에 중간에 토큰이란 매개체를 사용하는 방법이다.

(2) 바람직하지 못한 행동을 감소시키기 위한 지도방법

① **차별 강화**: 바람직한 행동이 일어날 때 강화제를 주고 바람직하지 않은 행동이 일어날 때는 강화제를 주지 않는 것이다.

② **반응 대가**: 바람직하지 못한 행동을 하였을 경우 그 행동의 대가로 자신이 가지고 있는 정적강화의 상징물이나 권리를 박탈당하는 것이다.

③ **벌**: 바람직하지 못한 행동을 하였을 경우 바로 불쾌하고 혐오스러운 자극을 주어 그 행동을 통제하거나 발생률을 감소시키는 방법이다

④ **소거**: 이전에 강화되었던 행동에 대하여 교사가 의도적으로 강화제를 철회하거나 제공하지 않는 방법이다.

⑤ **타임아웃**: 장애아동이 행동문제를 했을 때 그 환경에서 장애아동이 정적 강화를 받지 못하도록 일정 시간 동안 그 상황으로부터 분리시키는 방법이다.

⑥ **과잉교정**: 장애아동이 문제행동을 하였을 경우, 문제행동을 바르게 지도하기 위해 장애아동에게 요구하는 활동을 더 강하게, 더 많이 하게 하는 방법이다.

Chapter 10

의사소통장애

1. 정의

우리나라는 현재까지 말과 언어에 대한 엄격한 용어 구별이 되지 않고 있다. 의사소통이란 말과 언어의 연쇄적인 과정이 전달된 상태이다. 즉, 어느 한 작은 부분에 특정한 원인으로 문제가 발생하면 순조롭게 실행되었던 과정이 단절되어 의사소통장애가 발생한다.

1) 의사소통

의사소통이란 송신자와 수신자 사이에 메시지가 전달되는 과정(process), 또는 구조(frame)를 의미한다. 사람은 출생과 더불어 환경과 부단히 상호작용을 하면서 사회화가 이루어진다. 이 과정에서 의사소통은 개인과 환경과의 상호작용이 잘 이루어지도록 하는 연결고리와 같은 역할을 하기 때문에 인간의 사회화에 없어서는 안 될 요소이다.

의사소통은 언어나 말처럼 하나의 실체로 존재하는 것은 아니다. 의사소통의 기본단위는 한 사람의 화자와 한 명 또는 두 명 이상의 청자로 이루어진다. 그 양식에는 언어적인 것과 비언어적인 것이 있다. 언어의 형식에는 문어와 구어(글과 말), 비문어적인 점자와 비구어인 수화가 있고, 비언어적인 형식에는 제스처(body language), 화학적 형식(불빛, 연기, 냄새), 전기자기적 형식(전신) 등이 있다.

이처럼 의사소통은 말과 언어는 물론 그 외에도 여러 가지 표현양식들을 모두 포함하는 매우 포괄적인 개념이다.

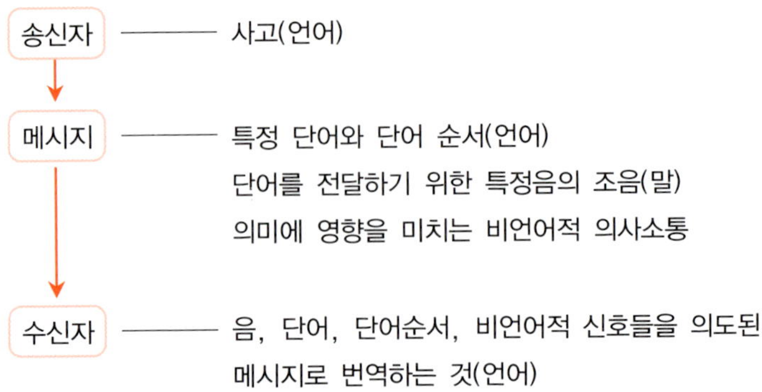

그림 10-1 의사소통 과정

출처: 김정권 외(2002) 재구성.

2) 언어

언어(language)란 생각을 표현하는 부호 및 신호를 이해하고 사용하는 방법을 포함하는 규칙을 지닌 의사소통 방법이다. 즉, 의사소통을 원활히 하기 위해 의미를 부여해 주는 특정 규칙에 따라 사용되는 체계적이고 추상적인 상징체계를 나타내는 기호 조직으로, 이러한 상징체계를 통해서 서로의 생각을 교환하는 것이다.

표현양식에는 말, 글, 수화, 점자 등이 있다. 즉, 언어를 구성하는 소리, 의미, 단어, 문장, 사용하는 방법 등과 관련되는 복잡한 규칙을 아는 것이 언어를 아는 것을 의미한다.

말과 언어 연쇄에서 화자나 청자의 언어적 단계에 문제가 생겨 의사소통이 단절되면 언어장애라 한다.

3) 말

말은 언어의 구어 산출을 의미하며, 말이 언어를 표현하는 유일한 수단은 아니지만 가장 신속하면서도 효율적인 의사소통 수단임은 분명하다.

Hulit와 Howard(2002)는 인간이 노력하는 것 중에서 가장 복잡하면서도 어려운 것 중의 하나가 말 산출이라고 하였다. 말은 호흡, 발성, 공명, 조음의 분리된 네 과정으로 이루어진다(Hulit & Howard, 2002).

① **호흡**: 폐에서 숨을 쉬고 내뱉는 과정으로 말 생성의 원동력이 된다.

② **발성**: 성대가 수축될 때 공기가 진동하는 과정에서 소리를 만들어 낸다.

③ **공명**: 공기가 목, 입 그리고 비강을 통과하면서 소리의 성질을 만들어 낸다.

④ **조음**: 혀, 입술, 치아와 같은 조음기관들에 의해 구어음이 특정 음으로 만들어진다.

말장애는 화자의 생리적 단계에 문제가 있어 계획된 발화가 말소리로 산출되지 못하거나 산출된 말운동의 정확도 혹은 음성 등에 문제가 있어 상대방이 말을 이해하지 못하는 것이다.

2. 원인 및 출현율

1) 원인

의사소통장애는 수많은 요인들에 의해 영향을 받기 때문에 아직까지 명확한 원인을 밝히기는 어렵다. 의사소통장애 원인을 생물학적, 환경적인 요인으로 나누어 살펴보면 다음과 같다.

(1) 생물학적 요인

생물학적 요인이란 신경조직 및 기관구조의 이상으로 나타나는 것이며 두뇌 및 신경손상, 혀, 치아, 입술, 구개파열 등의 구강기관이상과 신경장애, 청각장애 등이 포함된다.

뇌손상 및 신경에 손상이 있을 경우에는 말소리를 내는 데 어려움을 느끼게 된다. 실어증 같은 언어장애는 뇌의 손상으로 나타나며, 만성적인 중이염도 결정적인 언어발달 시기에 청각손상을 일으키면서 언어발달에 심각한 영향을 미치기도 한다. 많은 경우에 있어서 유전적인 요인이 언어장애를 일으키기도 한다(Love & Webb, 1986; Shames, Wing, & Second, 1994).

구개파열과 같이 구강구조에 이상이 있을 경우에도 말소리를 알아듣기 곤란하고, 정상적인 음성을 사용하지 않는다. 이러한 구개파열의 정확한 원인은 밝혀지지 않았지만 유전, 유전인자의 돌연변이, 염색체 이상, 모체 영양 상태, 약물중독, 방사선 노출, 태아의 산소결핍 등에 기인한다고 볼 수 있다.

따라서 말, 언어장애를 일으키는 신체적인 요인은 중추신경계나 입, 후두 등에 손상을 가져오는 질병이나 사고에 의한 것으로 출생 전, 출생 시, 출생 후 또는 아동기나 성인기 등 모든 시기에 걸쳐서 발생할 수 있다(Lahey, 1988).

(2) 환경적인 요인

아동의 발달 초기에 제공되는 언어의 질과 양은 아동의 어휘 및 언어발달에 분명한 영향을 미치고 있다(Harwood, Warren & Yoder, 2002). 언어발달이 제대로 되지 않고 지연되는 원인으로 환경적인 요인을 들 수 있다.

부모가 영아기 때 옹알이를 받아주지 않았다거나, 언어의 자극 없이 방치되거나, 너무 많은 말을 듣거나, 의사소통 시작 시 벌을 받았거나 무시되었거나, 아이가 큰소리를 지르거나 울 때만 반응을 보일 경우 언어능력의 발달에 지체를 가져올 수 있다.

이렇게 환경적 요소들은 아동기 전반에 걸쳐 말과 언어기술을 통한 언어능력의 발달을 촉진하기도 하고 저해하기도 한다.

Bernstein와 Tiegerman(1985)은 아동이 새로운 소리를 습득하여 산출하기 시작할 때 성인의 미소나 모방 등에 의해서 강화되지 않으면 그 새로운 소리는 사라질 수 있다고 밝히고 있다.

말더듬의 증상을 보이는 아동들 역시 환경적 영향을 받고 있다. 예컨대, 가족이나 이웃 중에서 말더듬이가 있으면 아동이 이를 모방하는 경우가 있다. 또한 Johnson(1961)은 아동이 정상적인 발달과정에서 말을 더듬는 것을 부모가 자녀를 말더듬이로 진단하였기 때문에 고질적 말더듬이가 된다고 보고하였다. 즉, 부모가 말더듬이로 인정하고 지나치게 관심을 갖거나 비판하면 아동은 말을 하는 데 불안감을 갖게 되며, 더욱 심하게 더듬는다는 것이다.

또한 말을 더듬는 아동은 처음에 별문제를 느끼지 않다가 대화가 단절되면 극도의 두려움과 좌절감을 느끼고 점차 어떤 상황, 어휘, 소리에 대해 말을 더 더듬고, 많이 더듬을수록 두려운 상태가 된다고 본다(Van Riper, 1973).

2) 출현율

의사소통장애의 출현율은 다른 장애 영역에 비해 매우 높은 편으로 나타나고 있다.

미국교육국(1996)의 발표에 의하면 청소년의 약 5%가 특수교육서비스를 받아야 할 정도로 말 또는 언어 장애가 있다고 하였으며, 학령기 아동 가운데 3%는 조음장애, 4%는 유창성장애, 6.5%는 그들의 학업성취에 부정적 영향을 끼칠 만큼 심각한 장애로 의사소통장애치료를 받을 적격대상이다. 특수교육을 받는 전체 학생 가운데 21%는 의사소통장애 서비스의 대상이다. 각국의 언어장애 비율은 미국 1.46%, 독일 0.3%, 스위스 0.12%, 한국 0.5%, 일본 0.04%, 네덜란드 0.10%로 나타나고 있다.

우리나라 국립특수교육원(2001)의 특수교육 요구아동 출현율 조사에서

6~11세 초등 학령기 아동 가운데 특수교육 요구 아동 출현율은 2.71%이며, 이 가운데 언어장애는 0.05%이다.

언어치료학에서는 의사소통의 불편으로 언어치료 서비스를 필요로 하는 비율은 어느 국가에서나 대략 약 10% 정도라고 보고 있다. 여기에는 노인이나 성인도 포함되어 있으므로 상대적으로 비율이 높다.

지적장애, 청각장애 혹은 뇌성마비 아동은 거의 대부분 의사소통장애를 있으나, 출현율 조사에서는 주된 장애가 되는 지적장애, 청각장애로 분류될 것이므로 의사소통 출현율은 제시된 수치보다 더욱 높아질 것이다.

3. 분류 및 특성

1) 분류

한국특수교육학회(2008)는 의사소통장애를 ① 아동 언어장애, ② 조음·음운장애, ③ 음성장애, ④ 유창성장애, ⑤ 신경말장애, ⑥ 신경언어장애로 구분하고 있다. 그리고 정신의학 분야(DSM-IV-TR)에서는 의사소통장애를 ① 표현언어장애, ② 혼재성 수용 표현 언어장애, ③ 음운장애, ④ 말더듬증으로 구분하고 있다.

의사소통장애의 유형은 크게 말(구어)장애(조음장애, 유창성장애, 음성장애)와 언어장애로 구분할 수 있다. 구체적인 내용을 살펴보면 다음과 같다(강대옥 외, 2012).

(1) 말(구어)장애

① 조음장애(articulation disorder)

유아기 및 학령기아동의 약 10%로 가장 보편적인 유형의 말장애이다. 즉, 혀, 치아, 입천장 등과 같은 조음기관의 구조적 및 기능적 문제로 인하여 말소리를 정확하게 조음하지 못하는 것이다(국립특수교육원 2009).

음운산출에 있어서의 어려움은 말을 산출하는 데 필요한 근육이나 신경근육상의 해부학적이거나 생리적인 문제에 의해 나타나기도 하고, 뇌성마비나 청각장애와 같은 기타 요인에 의하여 나타나기도 한다. 뿐만 아니라 구개파열과 같이 조음기관이 기질적인 문제로 발음오류가 나타나는 경우도 있고, 단순히 조음기관의 기능적인 문제로 발음오류가 나타나는 경우 등 그 원인은 다양하다.

- 생략(omissions): 음소를 빠뜨리고 발음하지 않는 오류형태('색종이'를 '쌔쪼니'로 발음)
- 대치(substitutions): 다른 음소로 바꾸어 발음하는 오류형태('색종이'를 '택똥이'로 발음)
- 첨가(additions): 음소나 단어에 필요 없는 음소를 첨가하는 오류형태('색종이'를 '색종기'로 발음)
- 왜곡(distortions): 음소에 소음이 첨가되거나 조음기관을 잘못 사용하는 것으로 우리 말로는 표현할 수 없는 잘 알아들을 수 없는 발음을 하는 오류형태('색종이'를 '해뚜리'로 발음)

조음장애 평가는 오류빈도, 유형, 일관성, 연령, 발달특성, 언어이해능력 등을 고려하여 이루어진다(Bernthal, Bankson, & Flipsen, 2008). 모든 의사소통장애처럼 조음장애의 정도(degree of severity) 역시 상당히 다양하다. 아동의 말을 이해할 수는 있지만 발음이 틀리거나 어린아이의 말처럼 발음되는 경우는 경도 혹은 중도의 조음장애에 해당한다고 볼 수 있으며, 여러 음의 오류로 알아듣기 힘든 경우는 고도의 조음장애가 된다. 한편 조음의 정확도만으로 구분되지 않는 경우도 있다. 예를 들어, 명료도가 떨어지는 조음장애의 경우는 심한 고도의 조음장애로 효과적인 진단 및 치료가 쉽지 않은 경우도 있다(Haynes & Pindzola, 2004).

이전에는 조음장애아동이 보이는 발음오류는 말소리를 내는 데 필요한 근육과 기관들의 움직임과 관련한 문제로만 보고 비교적 치료가 쉽다고 생각하였다(McReynolds, 1990). 그러나 발음오류는 단순히 조음기관들의 잘못된 작동에 의한 것만이 아니라, 말소리의 구성요소들을 인식하고 처리하는 것(음운론)과도 관련이 있다고 하였다(Hall, Oyer, & Haas, 2001; Sunderland, 2004). 대표적으로 음운장애가 이에 해당한다.

음운장애(phonology disorder)란 말기관의 뚜렷한 기관적, 기능적 이상 없이 음운을 생략, 대치, 첨가, 왜곡하는 음운변동을 사용하는 것이다. 또래에 비해 자음 정확도가 낮거나 음운변동을 너무 자주 또는 다르게 사용하는 경우가 이에 해당된다(국립특수교육원, 2009a).

일반적으로 조음장애와 음운장애는 '조음·음운장애'라고 지칭될 만큼 포괄적인 의미로 사용되기도 하나(김수진 외, 2017), 조음장애는 음을 정확하게 소리 내지 못하는 반면, 음운장애는 소리에 대한 음운표상이 부족하여 나타나는 것으로 이해된다(Owens, Mets, & Farinella, 2010). 조음장애와 음운장애는 교육이나 치료전략이 달라질 수 있으므로 전문가의 정확한 진단이 선행되어야 한다(Bernthal, Bankson, & Flipsen, 2008). 음운인식에 문제가 있는 아동은 말소리 산출과 함께 학업상의 어려움을 경험하게 될 가능성이 높아 학령기에 읽기장애와 같은 학습장애와의 연관성도 높으므로 각별한 주의가 요구된다(Dodd et al., 2005; Larrivee & Catts, 1999).

② 유창성장애(fluency disorder)

아동이 말을 머뭇거리거나 반복, 연장하기도 하며 말의 흐름이나 속도에 있어서 문제를 가지고 비정상적인 방해를 나타내는 증상이다.

- 반복: "나는 나는 가갔다.", "나는 가가가가갔다.", "나는 ㄱㄱㄱ갔다."
- 연장: "나는 가—았다.", "나——는 가——았다."
- 투쟁: 말을 못하고 얼굴을 찡그리거나 혀를 내미는 행동

ASLHA(American Speech-Language-Hearing Association)에서는 "음절, 단어, 구의

비정상적인 리듬과 반복으로 말의 흐름에 방해를 받는 것이며 과도한 긴장, 투쟁적 행동, 부수적 매너리즘 등이 동반될 수 있다"고 정의하고 있다. 말의 속도가 너무 빠른 '속화(速話)'나 말의 흐름이 매끄럽지 못하며, 단어를 반복하거나 말이 중단, 지연되는 '말더듬'의 형태도 여기에 속한다. 이 중에서도 말더듬이장애가 가장 보편적으로 알려져 있다. 특히 2세에서 4세 사이의 유아들 중 80%가 말더듬현상을 보이는데, 이러한 현상은 대부분의 경우 회복된다(송준만 외, 1990).

③ 음성장애(voice disorder)

음성이 화자의 나이나 성별에 비해 부적절하며, 성대 호흡기관 및 말소리의 구조적 기능적 이상으로 인하여 소리의 높낮이 크기, 공명 지속시간이 비정상적으로 산출되는 경우이다.

음성장애의 기본적인 유형은 발성장애(phonation disorders), 공명장애(resonance disorders)로 나누기도 하며, 발성장애는 음도(pitch), 강도(intensity), 음질(quality) 이상을 포함하고, 공명장애는 과대비성, 무비성, 동화비성을 포함한다.

음성의 질 변화를 초래하는 말장애의 한 유형의 장애를 지닌 아동은 인구의 6~9% 정도가 쉰목소리(hoarseness)를 갖고 조절하는 데 어려움을 겪어서 다음과 같은 장애가 발생한다. 또 직업상 성대를 많이 사용하는 성악가, 교사, 변호사, 외판원 등에서는 음성장애 비율이 훨씬 더 높게 나타날 수 있다.

첫째, 목소리의 고저장애: 음의 높낮이에 따라 목소리가 너무 높거나 너무 낮은 경우 또는 억양이 변하지 않고 한 가지 음으로만 말하는 것을 의미한다.

둘째, 목소리의 성질장애: 목 쉰 소리(hoarseness), 콧소리, 숨소리가 섞인 소리 등이 있다.

셋째, 목소리의 크기장애: 목소리를 너무 크게 내거나, 너무 약하게 내어 알아듣기 힘든 경우를 의미한다.

(2) 언어장애

언어장애(language disorder)란 구어를 구사하는 대뇌생리 과정의 결함으로 인해 의미를 해석하거나 이해하는 데 어려움을 나타내는 것으로 신경언어장애의 대표적인 실어증과 언어발달장애 등이 있다.

① 신경언어장애

뇌의 손상 또는 저하로 인하여 생기는 장애를 신경언어장애(neurogenic language disorder)라고 한다. 중추신경인 뇌에 이상이 있어 언어의 구조, 의미 등의 구성이 여의치 않은 경우이다.

신경언어장애의 대표적인 것이 실어증(aphasia)이다. 최근 병원의 신경외과, 재활의학과, 정신과 등의 환자 중에서 실어증 환자가 많이 나타나고 있으며, 이들 의학 분야의 의사들 사이에서도 실어증에 대한 관심이 높아지고 있다. 뇌수술 환자의 70% 이상이 후유증으로 실어증을 보이고 있으며, 이들 가운데 많은 사람이 상당기간 또는 영구히 실어증 환자로 남게 된다.

사람의 뇌는 좌·우반구로 이루어지고 각 반구는 전두엽, 측두엽, 두정엽 그리고 후두엽으로 나뉜다. 오른손잡이의 사람은 대부분 왼쪽 반구에 언어의 중추신경이 있다. 왼쪽 반구 중에서 발음·조음을 담당하는 부위는 전두엽의 뒷부분이며, 언어를 이해하고 구성하는 부위는 측두엽의 뒷부분이다. 이들 뇌손상의 부위에 따라 브로카 실어증과 베르니케 실어증으로 구분된다.

첫째, 브로카 실어증(Broca's aphasia): 대뇌피질의 하위 전두엽 뒷부분이 손상된 경우이다. 말이 유창하지 못하고 발음을 어려워한다. 또한 조사나 활용어미가 삭제된 이른바 '전보식 문장(telegraphic speech)'을 사용한다. 그러나 다른 사람의 말은 비교적 잘 이해하는 언어행동을 보인다.

둘째, 베르니케 실어증(Wernicke's aphasia): 대뇌피질의 상위 측두엽 뒷부분이 손상된 경우이다. 발음과 억양이 비교적 유창하고 정상적이지만, 종잡을 수 없는 이상한 말을 하거나 다른 사람이 이해하기 어려운 신조어 등을 많이 사용한다. 상대방의 말을 알아들었다는 표정을 짓지만 실제로는 알아듣지 못하고 있는 경우가 많다(이은주 외, 2011).

② 언어발달장애(language development disorder)

정상적인 아동에 비해 언어발달이 지체되어 언어를 이해하고 표현하는 데 어려움을 갖거나 전혀 언어를 획득하지 못하거나 문법구조에 오류를 범하는 경우이다.

예를 들면, 영유아가 3, 4세가 되어도 언어사용이 안 되거나 한두 마디를 겨우 하는 경우나 언어의 조직이나 구성을 이해하지 못하여 "나는 간다, 집에"와 같은 구조의 말을 자주 사용할 때 언어발달이 지체되었다고 할 수 있다.

2) 특성

(1) 심리적 특성

언어장애아동들은 인지능력 가운데 많은 부분이 언어 의존적이며 사고는 더 엄격하고 문자적인 경향과 사회적 상호작용을 할 때 융통성이 부족하다(Rogow, 1987).

의사소통장애아동들에게서 나타나는 문제는 미성숙, 주의집중 곤란, 흥분성, 성냄, 독자적 행동 등이 있다. 그리고 조음장애아동과 언어장애아동은 행동장애를 수반할 가능성이 더 높고(Cantwell, 1977), 말더듬 기간이 길수록 정서장애가 나타날 가능성이 높다(Shames & Florance, 1982). 그 외에도 죄의식, 좌절감, 무력감 및 위축된 반응을 보인다.

(2) **학업성취**

언어장애아동들은 언어에 의존하는 학습 영역의 성취도가 낮고, 어휘 수가 적고 피상적이며 기초적인 개념의 발달이 늦다. 사물이나 사상을 부분적이 아닌 전체적으로 다루는 경향과 읽기학습이 어려우며 추상적이고 상징적인 내용이 새롭게 많이 도입될 경우 어려움이 따른다(Wiig, 1982).

4. 판별

1) 선별기준

한국특수교육학회(2008)는 학회 차원에서 의사소통장애의 유형을 여섯 가지로 구분하였다. 각 장애유형에 따른 선별기준을 살펴보면 다음과 같다.

(1) **아동 언어장애**

- 다른 사람의 의사소통 의도를 이해하거나 자신의 의도를 표현하는 데 문제가 있는가?
- 어휘(낱말)를 이해하거나 표현하는 데 어려움을 보이는가?
- 문장의 구문구조를 이해하거나 표현하는 데 어려움을 보이는가?
- 문법형태소를 이해하거나 표현하는 데 어려움을 보이는가?
- 대화 시 의사소통 규칙이나 기능을 이해하거나 사용하는 데 문제를 보이는가?
- 덩이 글이나 말을 이해하거나 표현하는 데 어려움을 보이는가?

(2) **조음 · 음운장애**

또래와 비교할 때

- 비정상적으로 발음에 오류를 보이거나 특이한 발음을 보이는가?
- 발음이 불명확하여 무슨 말을 하는지 알아듣기 어려운가?\

(3) 음성장애

또래와 비교할 때

- 목소리의 크기, 높낮이, 음질에 문제가 있는가?
- 때와 장소에 따라 음성을 적절히 변화시키는 데 문제가 있는가?

(4) 유창성장애

- 의사소통에 방해가 될 정도로 말을 반복하거나 연장하거나 또는 힘들어 하는가?

(5) 신경말장애

- 뇌성마비가 있거나 기타 신경계 손상으로 인하여 알아듣기 어렵게 말하는가?
- 침을 많이 흘리거나 음식을 삼키는 데 문제가 있는가?

(6) 신경언어장애

- 뇌손상이 있거나 있다고 보이는 상황에서 말이나 글을 이해하거나 표현하는 데 어려움을 보이는가?

2) 진단

의사소통을 평가하기 위해서는 선별기준을 위의 내용을 바탕으로 인지능력과 의사소통에 결함이 있는지 선별검사를 실시하고 또한 그 결함의 성격을 밝히는 진단검사를 실시하여야 한다. 평가내용은 음운론적, 구문론적, 의미론적, 화용론적 영역을 포함하며, 표준화된 도구를 사용한 공식적인 검사뿐만 아니라 관찰이나 면담과 같은 비공식적인 검사를 실시하여 정확한 언어능력을 평가하도록 하여야 한다.

언어의 수용과 표현능력의 검사는 언어의 구성요소인 음운론적, 구문론적, 의미론적, 화용론적 영역에 대한 수용언어능력과 표현언어능력을 검사한다. 또한 동작성 지능검사를 실시하여 인지능력에 따른 언어발달의 정도를 파악한다.

조음능력은 말소리의 정확한 산출과 산출규칙의 습득 정도를 평가하며, 유창성은 말의 흐름이나 리듬이 자연스러운가를 검사하게 된다. 마지막으로 음성장애는 목소리의 음도, 강도, 음질, 유동성이 화자의 성, 연령, 체구 등에 적합한지에 대해 검사하게 된다(국립특수교육원, 2009b).

5. 교육적 접근

의사소통에 장애를 가진 아동은 언어치료사의 전문적인 도움을 받는 경우가 많다. 이런 경우 언어치료사와의 공동협력은 교사의 가장 중요한 과제이다. 이 외에도 교사가 언어장애아동을 위하여 할 수 있는 지원으로는 다음과 같은 것들이 있다(이대식 외, 2006).

1) 교사와의 의사소통

의사소통장애아동과의 원활한 의사소통을 위해서 교사는 먼저 꾸준한 대화로 아동의 말을 잘 알아듣도록 훈련이 필요하며, 아동의 말에 주의를 기울려야 한다. 교사의 명심해야 할 것은 아동의 말을 듣기 힘들다고 중간에 자르면 안 된다.

아동의 말에 익숙한 친구를 중간에 두고 이야기하는 것은 아동의 언어

학습에 매우 좋지 않을뿐더러 아동의 자아개념을 손상시킬 수도 있다. 자리배치 등도 신경 써서 아동의 말을 잘 알아들을 수 있는 자리에 앉게 하는 것이 좋다.

2) 정서적 지원

아동의 의사소통장애로 인하여 다른 아이들에게서 놀림의 대상이 되는 경우가 종종 있다. 아동이 말을 하는 데 자신감을 상실하여 매우 소극적인 성격을 가지거나 학습 활동에 있어서 참여를 꺼리게 되는 경우도 있다. 교사가 아동의 문제를 충분히 이해한다는 태도를 보이는 것이 중요하며, 다른 아동들에게도 의사소통장애에 관해 알도록 하여 사전에 문제를 예방하는 것이 중요하다.

표 10-1 의사소통 상호작용 점검표

점검내용	전혀	가끔	자주	매우 자주	해당 없음
1. 부드럽게 쓰다듬기, 가볍게 두드리기, 어르기, 껴안기, 흔들어 주기 등과 같은 적절한 촉각적·운동적·신경적 자극을 제공한다.					
2. 학생과 상호작용하는 동안 즐거워한다.					
3. 학생의 칭얼거림이나 짜증에 대한 반응 • 말을 바꾸어 한다. • 학생의 위치를 바꾸고 주의를 다른 곳으로 돌리게 한다. • 쓰다듬거나 흔들어 주는 등의 긍정적인 물리적 자극을 제공한다. • 부정적인 신체적·언어적 반응을 피한다.					
4. 얼굴을 마주하거나 학생과의 눈맞춤이 가능한 위치인가(30~40cm)? • 눈맞춤을 하려고 한다.					

점검내용	전혀	가끔	자주	매우 자주	해당 없음
• 학생의 소리에 웃으며 반응한다.					
5. 경우에 따라 학생에게 계속 웃어 준다. • 지속적으로 학생의 미소에 답한다. • 학생의 목소리에 반응하며 웃어 준다.					
6. 다양한 억양적 특징 • 음높이를 높게 한다. • 천천히 이야기한다. • 억양을 과장해서 한다.					
7. 대화를 고무시킨다. • 의문문에서는 억양을 올린다. • 학생에게 이야기를 하고, 조금 기다리고 학생에게 말할 기회를 주고 얼굴을 바라본다. • 학생의 목소리나 단어를 흉내 낸다. • "여기 병이 있네, 병" 처럼 자신의 소리, 단어나 구를 반복한다. • "어, 그래", "맞나?" 등과 같이 학생의 목소리에 답한다.					
8. 학생의 행동에 따라 반응한다. • 학생의 목소리에 2초 내에 만져 주거나 얼굴표정에 반응한다. • 학생이 팔과 머리 등을 움직이고 난 후 2초 내에 말을 한다. • 학생이 말을 하고 난 후 2초 내에 말한다. • 학생의 말소리나 동작의 변화가 있을 시 자신의 활동이나 말을 멈춘다. • 먼 거리에서 학생의 목소리에 반응한다.					
9. 학생의 부정적인 단서에 대한 반응으로 상호작용을 조절한다. • 활동을 바꾼다. • 상호작용의 강도를 줄인다. • 상호작용하려는 시도를 중단한다.					
10. 언어와 개념을 가르치기 위해 의사소통을 한다. • "너 배고프구나, 그렇지?"와 같이 학생의 행동					

점검내용	전혀	가끔	자주	매우 자주	해당 없음
을 적절하게 해석한다. • "불을 켤까? 불을 켠다, 불빛이 있네"와 같이 자신의 문장을 확장한다.					

출처: Klein & Briggs(1987).

Chapter 11

건강장애

1. 정의

2008년부터 장애인 등에 대한 특수교육법 시행령」 제10조(특수교육대상자의 선정기준)에서는 건강장애를 "만성질환(심장장애, 신장장애, 악성 빈혈, 혈우병, 백혈병, 폐질환, 소아당뇨, 만성간염 등)으로 인하여 3개월 이상의 장기입원 또는 통원치료 등 계속적인 의료적 지원이 필요하여 학교생활 및 학업수행에 어려움이 있는 사람"으로 규정하여 하위유형 항목을 규정하지 않음으로써 병명에 따른 선정이 아니라 특수교육운영위원회에서 개별 특수아동의 의료적 진단 및 교육적 진단을 고려하여 선정할 수 있도록 여지를 남겨둔 것이 특징적이다. 선정이 되었더라도 상급 학교 진학 시 재선정이 가능하도록 하였다. 또한 건강장애 선정 절차를 거쳐 병원학교 및 화상강의시스템을 이용할 수 있도록 하였으며, 필요시에는 병원 및 가정에서의 학습지원도 가능하도록 하여 교육적 요구를 최대한 수용하고자 하였다(박성우 외, 2010).

이와 같은 다차원적 지원에도 불구하고 건강상 어려움을 가지고 있는 아동의 경우 학교를 여러 날 결석하게 됨에 따라 유급되기도 하고, 학년이 올라가더라도 학업의 지체로 인해 학교생활에 어려움을 겪어 결국 검정고시를 택하는 경우도 많다고 한다.

2. 원인

건강장애에는 학습장애와 마찬가지로 복합적인 장애유형들을 통칭하는 용어로서 복합적인 원인으로 인해 야기된다고 할 수 있다. 따라서 특정 질환을 병인론적으로 파악하기보다는 3개월 이상의 장기적인 의료처치가 요구되는 장애아동들이 자신의 개인 내적 원인으로 인해 불이익을 받지 않도록 주의를 기울이는 것이 중요하다고 할 수 있겠다(전헌선 외, 2012).

3. 분류 및 특성

1) 분류

2005년 「특수교육진흥법」의 개정으로 건강장애가 특수교육대상자로 포함될 당시만 해도 심장장애·건강장애·백혈병·소아암과 같이 특정 하위유형을 제시하기도 하였으나, 최근에는 하위유형별 항목을 규정하지는 않았다. 하지만 특정 질환을 건강장애에 포함시키는 여부에 관해서는 아직 논쟁의 여지가 많이 있다. 소아암, 소아천식, 신장장애, 간질, 혈우병, 천식, 후천성 면역결핍증(AIDS)에 대해 살펴보고자 한다(전헌선 외, 2012).

(1) 소아암

① 소아암에 대한 기본개념

소아암의 가장 일반적인 형태는 백혈병이며 미성숙한 림프세포의 통제 불가능한 성장과 증식으로 인해 적혈구가 감소하고, 백혈구 수가 증가하는 혈색형성조직의 질병이다.

최근에는 의학·과학의 발달로 다양한 화학요법의 적용과 향상된 진단기법, 효과적인 중추신경계에 대한 예방치료로 인해 힘든 치료과정을 거쳐 완치될 수 있는 가능성이 높은 만성적 질병으로 인식되고 있다.

② 소아암아동의 특성

가. 소아암아동의 생존율이 높아지면 높아질수록 치료과정으로 인해 장기적으로나 단기적으로 인지와 사회·정서 및 행동에서의 문제가 발생하게 되었고, 이로 인해 그들의 전체적인 기능이 저하되는 현상이 나타나게 된다.

나. 3년간의 화학요법치료를 받은 아동의 경우, 최근에 진단받아 치료를 시작한 아동들에 비해 집중, 기억, 구성, 표현 및 수용언어 기술 등

을 포함한 상위 인지 기능에 대한 검사에서 더 낮은 점수를 받았다고 보고되고 있고, 또한 치료가 끝난 아동 중 60%가 수학에서 학습장애를 보이고 있으며 수량적 기술, 소근육 운동, 시각과 운동협응에 어려움을 겪는다고 본다.

다. 백혈병치료를 위하여 방사선치료, 화학요법을 받았던 아동들의 학교기록, 출석 및 성취도검사를 검토해 본 결과 읽기와 수학에서 또래보다 낮은 성취율을 보였으며, 이들은 주의집중 능력과 순서화 능력 그리고 기억과 이해능력을 요구하는 과제수행에서 어려움을 보였다고 보고되고 있다.

라. 백혈병아동들 중 1/3이 학교복귀 후 특수교육서비스를 필요로 한다.

③ 소아암아동에 대한 조치사항

백혈병과 같은 만성적인 질병을 경험한 아동들에게는 특히 수학과 같은 수량적 영역에서 특수 교육적 서비스가 필요하다.

(2) 소아천식

① 소아천식에 대한 기본개념

호흡 통로에 염증이 생기고 협착을 야기하는 다양한 물질에 대해 민감성이 증가되어 공기의 원활한 흐름을 방해하며 호흡에 어려움을 느끼게 된다.

② 소아천식 아동의 특성

가. 학습의 문제와 질병으로 인한 결석, 등교했을 때 기분이 불쾌하고 집중이 어려워 기술과 정보습득에 어려움이 있다.

나. 지속적인 스테로이드 복용으로 침체된 기분, 두려운 느낌, 단기기억장애 등이 있다.

다. 뇌상해, 학교결석, 집중을 방해하는 병의 증세, 귀의 감염, 수면부족 등 학교생활에서의 어려움을 경험할 수 있다.

라. 학업성취 수준과 질병 간의 상관관계는 보이지 않으나, 주의집중장애와 천식이 관련 있다는 가설도 논쟁의 여지가 있다.

(3) 신장장애

① 신장장애에 대한 기본개념

신체 내의 노폐물을 제거하여 적절한 수분과 전해질을 보유할 수 있도록 조절하는 기관인 신장의 기능이상으로 인해 일상생활 활동에 어려움을 가져오며, 장기간 신장 기능을 대신하는 치료가 필수적인 병이다.

만성신부전증은 신장기능이 정상의 20~30% 이하로 저하된 경우로 소아에 있어서 사구체신염, 만성신우신염, 방광요관역류, 선천성 신장기형 등의 주된 원인이 되어 나타나고 신장기능이 정상의 10% 이하로 현저히 저하되는 중증의 신부전 상태인 말기의 경우는 구토, 식욕부진과 같은 소화기증상, 두통, 불안, 집중력장애와 같은 정신증상, 사지저림, 근력저하와 같은 말초신경장애, 면역기능 저하로 인한 감염위험 증가, 빈혈 등을 보이게 된다.

② 신장장애아동의 특성

가. 유아의 경우 식욕부진과 식이제한 등에 의한 열량공급 부족, 만성빈혈, 각종 내분비장애 등으로 인한 신체적 신장장애를 보이며 지능발달 지연 등 심각한 부작용을 초래한다.

나. 나이가 많은 아동은 호르몬 조절에 이상이 생겨 사춘기의 지연, 성적 성숙의 지연 등 신체적 미성숙이 아동에게 커다란 정신적 부담을 주어 정신과적 문제를 야기한다.

③ 신장장애아동에 대한 치료방법

오랜 치료과정으로 인한 정서적 심리적 스트레스를 경험하게 되어 우울 및 자살기도, 불안, 공포, 강박적 사고와 신체개념 왜곡 등의 정서적 반응이 나타나므로 이를 고려한 지도가 필요하다.

④ 신장장애아동에 대한 조치사항

오랜 치료과정으로 인한 정서적·심리적 스트레스 경험과 인공적인 방법에 의해 생명을 연장시키고 있다는 점으로 인해 우울 및 자살기도, 불안, 공포, 강박적 사고와 신체개념 왜곡 등의 정서적 반응이 나타나므로 이를 고려한 지도가 필요하다.

(4) 간질

① 간질에 대한 기본 개념

뇌의 비정상적인 전기방전으로 일시적 의식상실과 이상행동에서 전신강직과 간대발작을 일으키기까지 다양한 증세를 보이는 만성 신경계장애의 일종으로 전세계 인구의 약 1%는 이 증상을 나태내고 있다. 아동기에 발생하는 간질의 80%는 약물로서 조절이 가능하다. 이 중 30~40%는 완치가 가능하나 40~50%는 약물복용을 중단하면 재발하는 것으로 파악되고 있다.

간질의 경우 꾸준한 자기관리를 통해 정상적인 생활이 가능한 것으로 보고되고 있으나, 예측할 수 없는 발작증세로 인해 부정적인 대우를 받는 경우가 많다(신영희, 2004).

② 간질의 증상

전신 긴장성-간대성 발작은 대발작이라고 하며 가장 눈에 띄고 심각한 발작이다. 특히 근육이 경직되며 의식을 읽고 바닥에 쓰러진 후 근육이 수축과 이완을 반목하며 몸 전체가 심하게 흔들리고 입에서 침이 나오고, 팔과 다리는 비틀리고 방광과 내장이 비워진다. 대부분 수축은 2~3분에 안에 끝난다.

부재발작은 전신긴장성보다는 훨씬 덜 심각하다. 순간적으로 의식을 잃고 몇초에서 1분 30초 정도 발작이 지속된다. 멍하게 바라보고 눈꺼풀을 떨거나 깜빡거리고 얼굴이 창백해지거나 잡고 있는 것을 떨어뜨리기도 한다.

복합부분발작은 짧은 기간 동안 부적절하거나 목적 없이 활동하는 형태로 나타나며, 보통 2~5분간 지속되며, 발작 후 아동은 발작 중의 일들에 대해 대부분 기억을 못하지만 일부 아동들은 발작 중에 질문에 대답하기도 한다.

단순부분발작은 의식 있는 상태에서 일어나는 돌발적인 행동이 특징이며, 매주 또는 매달 나타나거나 1년에 1~2번 나타날 수도 있다.

③ 간질아동의 특성

가. 과도한 약물 복용의 부작용으로 인해 졸음, 매스꺼움, 체중 증가, 잇몸의 경화 등이 나타날 수 있고, 여러 가지 정서적 불안을 겪을 수 있다.

나. 최근 여러 가지 방법 등으로 인해 긍정적인 예후를 나타내고 있으나 예측하지 못한 상황에서 발작할 수 있다는 심리적 부담으로 행동이 위축될 수 있다.

(5) 혈우병

① 혈우병

혈액응고장애가 있는 희귀질환이다. 2000년부터 혈우병은 우선 지원대상 희귀난치성 질환으로 분류되어 있다. 혈우병의 대표적인 신체증상은 출혈 이외에도 통증, 근력약화, 관절가동범위 감소 등을 동반하고 있다.

혈우병의 경우 증상 발생 시 신속하게 응고인자제제를 투여하여 증상을 완화시키는 것이 필요하나 조치가 원활하게 이루어지지 못해 후유증을 나타내기도 한다(강현숙 외, 2006). 이 증상을 나타내는 아동의 경우 정서적 문제, 사회심리적 문제, 대인관계 문제 등 다양한 문제를 보인다.

다음은 유전요인 체계를 도식화한 것이다(전헌선 외, 2012).

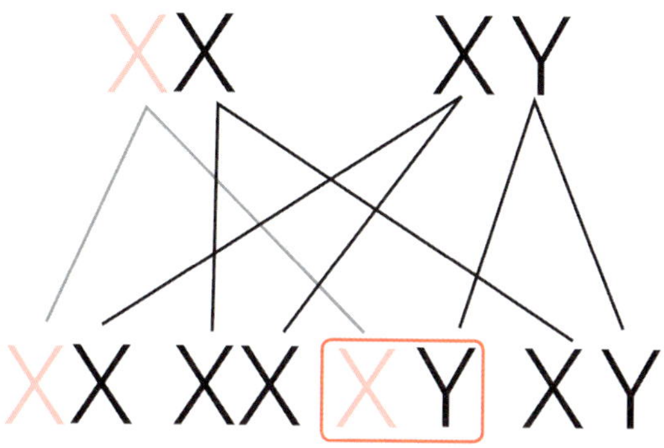

그림 11-1 혈우병의 유전

(6) 천식

천식은 일시적인 발작증세로 숨을 가쁘게 쉬거나 기침, 호흡곤란을 보이는 만성적인 폐질환이다.

천식의 발생은 대개 알레르기성 물질(꽃가루, 특정 음식, 애완동물 등), 자극물(담배연기, 스모그 등), 폐의 공기통로를 좁게 만드는 운동 또는 스트레스에 의해 야기된다. 이러한 반응은 호흡을 더 힘들게 만드는 폐의 내부와 외부에서의 공기흐름을 방해하게 된다.

천식의 정도는 매우 다양하다. 일시적으로 경미한 기침을 할 수도 있고 응급처치를 필요로 할 만큼 극도의 호흡관란을 보이기도 한다. 많은 천식아동들은 발작이 일어나지 않는 동안은 정상적인 폐기능을 수행한다. 천식은 학교 장기결석의 주요한 원인이 된다. 만성적인 장기결석은 천식아동이 학년수준에 적합한 수행을 하는 것을 어렵게 하므로 가정방문 교수서비스가 필요하다. 그러나 의료적, 심리적 지원을 받는 대부분의 천식아동들은 성공적으로 학교생활을 수행하고 있으며, 정상적인 삶을 보내고 있다.

(7) 후천성 면역결핍증(AIDS)

후천성 면역결핍증을 가진 사람은 면역체계가 붕괴되어 병균에 대해 저항하거나 싸울 수 없다.

1983년 AIDS를 유발하는 바이러스가 분리되었고, 그 이름을 인간면역결핍증 바이러스라고 명명하였다. AIDS의 진단을 받은 어린 아동들 중 소수만이 취학연령까지 살아남고 있지만, 이 병의 진전을 막아주거나 느리게 할 수 있는 치료약의 개발이 계속되고 있기 때문에 HIV에 감염되거나 AIDS를 가진 많은 수의 아동들이 교실에서 수업을 받을 수 있게 될 것이다. 뚜렷한 신경적인 합병증과 발달지체가 AIDS를 가진 아동에게 나타나고 있지만, 이러한 아동을 위해 어떤 종류의 특수교육이 필요한지에 대해서는 알지 못하고 있다.

AIDS를 가진 아동들에 대한 적용 및 권고사항들은 다음과 같다.

① 질병이나 감염이 경미할지라도 AIDS에 감염된 아동에게 있어서는 심각한 위협이 될 수 있기 때문에 만약 아동이 학교에서 전염병에 노출되었다면 그들 부모에게 즉각 알려야 한다(천연두, 홍역, 사이토메갈로(거대세포), 바이러스, 단순포진).

② HIV나 AIDS에 감염된 아동이 다른 아동에게 직접적인 건강의 위협(깨물기, 상처의 노출)이 되지 않는다면 법적으로 학교에서 제외될 수 없음에도 불구하고 HIV나 AIDS에 감염된 아동들과 부모들은 이러한 차별, 편견, 소외를 당하는 것이 일반적이다. 그러므로 교사와 학교직원들은 취학 및 급우들의 소용을 유도하고 AIDS에 감염된 아동들이 사회에 적응하도록 적극적으로 노력해야 할 필요가 있다.

③ 어느 누구도 특정 아동이 HIV를 가지고 있는지 알 수 없기 때문에 모든 학교교직원은 특정 아동으로부터의 혈액과 신체수액을 취급하는 것과 관련된 일반적인 예방교육을 받아야 한다(상처에 대한 응급처치나 아동의 코피를 지혈하는 것).

④ AIDS 예방의 일환으로 청소년기 이전 단계와 청소년기의 집단에게

감염되는 것을 예방하는 노력이 유치원에서부터 고등학교 교육과정에 포함되어야 한다.

2) 특성

건강장애아동은 건강상태가 만성적인지 혹은 일시적인지, 아동이 필요로 하는 의료적 상태는 어떠한지에 따라서 다양하게 나타나고 있다.

다음은 학업 및 사회, 정서적으로 살펴보고자 한다.

(1) 학업특성

학업특성을 보면 입원치료로 인한 장기결석과 혈액투석이나 병원 방문치료 등의 통원치료로 단기간의 학업결손 누적, 병의 악화와 재발 때문에 반복적으로 입원하게 되고, 이에 따른 결석으로 수업결손 등으로 능력에 비해 낮은 수준의 성취정도를 보이게 된다는 것이다.

당뇨나 소아암과 같은 만성적인 질병을 가지고 있는 것은 질병 자체에서 학업에 영향을 미치는 직접적인 원인이 되는 경우와 방사선 치료나 화학요법 등의 치료과정에서 원인이 되는 경우 그 기간 동안 경험하는 피곤함으로 인해 학업상 어려움을 겪는 경우가 많이 나타나고 있다(김은주, 2008).

건강장애아동의 전체 결석일수나 질병의 심각도와 학업수행과 뚜렷한 관련성을 찾기는 어렵지만 만성질환 치료로 인한 장기결석은 학교에서의 학업수행에 영향을 미칠 수 있다(강영심 외, 2010).

(2) 사회, 정서적 특성

건강장애아동은 만성질환으로 장기간 오랜 병원생활을 하거나 수술, 약물복용, 화학요법 등의 장기 단기적인 치료를 받는 동안 다양한 정서적인 변화와 갈등을 경험하게 되고, 부모로부터는 과잉보호를 받게 되며, 학급의 교사들에게는 특별한 대우를 받는 것으로 여겨져 또래 간의 긍정적인 관계를 맺는 데 어려움을 겪는다(한경근 외, 2004).

Brown과 Dupaul(1999)은 건강장애아동들의 학교생활 중 많은 활동에서의 참여제한으로 오는 고립감과 또래나 교사와의 폭넓고 장기적인 관계를 형성하지 못하는 심리, 사회적 불안감 등이 나타난다고 하였다. 이러한 심리적 특성들을 완화기 위해서는 또래와 주위의 교사들에게 충분한 이해교육을 하여 그 아동이 지나친 관심의 대상이 되지 않도록 배려하여야 한다. 또한 일상생활에서 도와주는 방법을 알려주고, 학교에 결석할 때 지속적으로 또래들과 상호작용할 수 있는 기회를 만들어 주어, 학교로 복귀할 때의 부담감을 최소화해 주어야 한다.

4. 판별

1) 판별

건강장애의 경우 다른 유형의 특수교육대상자처럼 따로 진단 구분이 제시되어 있지 못하다. 즉, 이는 통일된 진단기준이 없어 병원학교, 시·도 교육청마다 운영상 혼선을 가져올 가능성이 크다는 것을 의미한다(이국주, 2010). 건강장애아동의 수 및 이들을 지원하기 위한 교육기관이 점차 늘어나는 시점에서 한시라도 체계적인 진단·평가 방안이 모색될 필요성이 있겠다. 여기서는 「장애인 등에 대한 특수교육법」의 일반적인 특수교육대상자 선별검사 및 진단·평가영역, 특수교육대상자 선정 절차에 대해 제시하고자 한다.

구체적인 내용은 표와 같다.

표 11-1 특수교육대상자 선별검사 및 진단 판별 영역

구분		영역
장애 조기 발견을 위한 선별검사		• 사회성숙도검사 • 적응행동검사 • 영유아발달검사
진단 · 평가 영역	시각장애 · 청각장애 및 지체장애	• 기초학습기능검사 • 시력검사 • 시기능검사 및 촉기능검사(시각장애의 경우에 한함) • 청력검사(청각장애의 경우에 한함)
	지적장애	• 지능검사 • 사회성숙도검사 • 적응행동검사 • 기초학습검사 • 운동능력검사
	정서 · 행동장애 및 자폐성장애	• 적응행동검사 • 성격진단검사 • 행동발달평가 • 학습준비도검사
	의사소통 장애	• 구문검사 • 음운검사 • 언어발달검사
	학습장애	• 지능검사 • 기초학습기능검사 • 학습준비도검사 • 시지각발달검사 • 지각운동발달검사 • 시각운동통합발달검사

출처: 전헌선 외(2012).

5. 교육적 접근

1) 접근

건강장애아동의 질병의 유행, 진행·회복 정도, 정서·학업적 적응 정도에 따라 개인차가 매우 크므로, 획일적인 교육과정 접근이 어렵다(박은혜 외, 2005). 따라서 개별화된 학습지원과 교육기회 확보로 학습권을 보장해 주고, 심리·정서적으로 균형적인 지원으로 인해 학교생활에 잘 적응할 수 있도록 다양한 교육적 서비스를 지원하는 것이 필요하다. 교육적 서비스의 지원에 관한 구체적인 내용을 살펴보면 다음과 같다(교육과학기술부, 2009).

(1) 건강장애아동 선정 및 무상교육 제공

만성질환 치료를 위한 장기의료 처치가 요구되어 연간 수업일수 중 3개월 이상 결석 및 이로 인한 유급위기에 처해 있으면서 학교생활 및 학업수행에 어려움이 있어 특수교육 지원이 요구되는 자를 건강장애아동으로 선정하여 무상교육 혜택부여 및 순회교육·병원학교·화상강의 등 다양한 방법을 통해 출석일수를 확보하여 상급학교·학년으로 진학하도록 지원해야 할 것이다.

(2) 건강장애아동을 위한 개별화된 교육지원 및 심리·정서적 적응 지원

첫째, 개별화교육계획 수립: 개별화 건강관리계획은 물론 병원학교·화상강의 시스템 등을 이용한 수업일수 확보 계획을 포함하고, 아동연령과 학업수준에 따라 학업중심 교육과정과 심리·정서적 적응 지원의 균형을 유지하는 것이 필요하다.

둘째, 사이버 가정학습서비스, 화상강의 시스템 시범 운영 등을 이용하되, 담임교사, 특수교사, 학부모 도우미, 교사자원봉사단, 예비교사 등이 일대일 상담 및 지도 등을 통해 지속적으로 관리하여 학년별·과목별 진도에 따라 학습할 수 있도록 해야 한다.

셋째, 일반아동 봉사점수제 활용, 캠프, 기타 다양한 방법을 통한 심리·정서적 적응 지원으로 치료효과 증진 및 학교생활 적응을 도모하여야 한다.

(3) 병원학교 교육과정 운영

첫째, 배치된 특수교사 외 인근 학교교사 자원봉사단·예비교사 도우미 등의 방문교육, 사이버 가정학습서비스, 화상강의 시스템을 적극 활용하여야 한다.

둘째, 학사관리의 경우 병원학교의 수업참여를 출석으로 인정하도록 조치하여야 한다.

셋째, 최소 수업시간은 유치원생·초등학생 1일 1시간 이상, 중·고등학생 1일 2시간 이상 수업에 참여할 수 있도록 지원하여야 한다.

넷째, 병원학교 교육과정과 연구학교 결과를 적극적으로 활용하여야 한다.

(4) 통원치료 중인 아동에 대한 교육지원방안

첫째, 건강장애로 선정한 후 개별화교육계획을 수립하되 통신교육, 가정교육, 출석교육, 체험교육 등 교육방법의 다양화를 통해 연간 수업일수 확보를 개별화교육계획에 포함시켜야 한다.

둘째, 담임교사, 특수교사, 교사 자원봉사단, 예비교사 도우미제 등을 통해 가정을 방문하여 지도 혹은 화상강의 시스템을 적극 활용하여야 한다.

셋째, 인터넷을 통한 실시간 화상강의를 시범적으로 운영하여 개별학생의 학년 및 학력수준에 적합한 개별화된 학습을 지원하고 수업으로 인정하여야 한다.

넷째, 서울시교육청 교육연구정보원 담당지역은 서울, 대전, 경기, 강원, 충북, 충남이다.

이처럼 건강장애아동을 위한 교육적인 접근은 크게 병원학교, 화상강의 시스템, 순회교육(방문교육) 등 다양한 방법을 활용하고 있다. 즉, **그림 11-2**와 같이 가정-학교-병원학교 간에 정보를 공유하는 것이 가장 바람직하다고 할 수 있다.

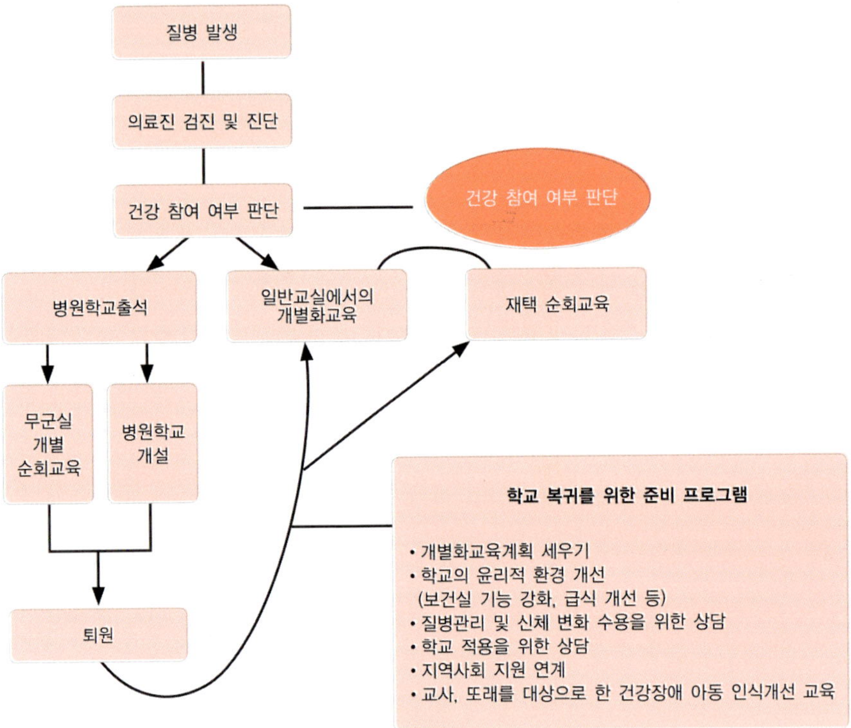

그림 11-2 건강장애아동을 위한 교육전달 체계

출처: 서울특별시교육연구정보원(2007).

① 병원학교를 통한 교육

건강장애 교육지원을 위한 운영 형태 중 가장 보편적인 유형이다. 인력 활용 및 재정 지원방식에 따라 병원에서 자체적으로 운영하는 병원학교와 교육청에 소속된 특수교사가 파견된 학급형태로 상주하는 병원학교가 기본적인 형태이다. 이에 더하여 위탁형태로 운영하는 대안교육 형태의 병원학교도 운영되고 있다.

건강장애학생의 학습권 보장으로 유·초등학생 1일 1시간 이상, 중 고등학생 1일 2시간 이상 참여할 경우 출석으로 인정하여 출석일수를 채우지 못해 불이익을 당하지 않도록 조치하고 있다.

시도교육청 내부 지침 개정을 통해 병원학교 운영계획, 교사확보 기준, 교육시설 등 건강장애학생 위탁교육기관 지정에 필요한 제반사항을 규정하여 병원학교 운영 내실화를 도모하고 있다. 또한 건강장애학생의 교육기회 확대 및 학습권 보장을 위한 국가의 책무성을 강화시켜 나가고 있는 상황이다(교육과학기술부, 2011).

② 화상강의를 이용한 원격교육

건강장애 교육지원을 위한 운영에서 인터넷을 통한 원격교육이 현재 운영되고 있다. 현재 꿀맛 무지개학교, 인천길병원학교 사이버 학급, 꿈 사랑 사이버학교가 실시되고 있다.

건강장애아동을 위한 병원학교, 화상강의를 이용한 원격교육의 출결관리 및 성적 관리 지침은 표 11-2와 같다.

표 11-2 건강장애아동의 출결관리 및 성적관리 지침

구분	병원학교	화상강의
출결관리	병원학교 수업참여는 출석으로 인정 학교장은 병원학교 출석확인서 확인을 통해 출석 인정	교육계획 기간 내에 화상강의 과정 이수자는 출석으로 인정 학교장은 화상강의 출석확인서 확인을 통해 출석으로 인정
성적관리	학업성취도 평가 시 가능하면 대상자가 평가 당일 학교출석 권장 건강상의 이유로 출석이 곤란한 경우에는 병원학교 담당교사와 소속학교의 담임교사 간 협의를 통해 가정이나 병원에서 평가(평가관리 철저)	
출석인정 근거 규정- 학교생활기록 작성 및 관리지침(교육인적자원부 훈련 제 719호), 별지 제 8호. 출결상황관리 기타 부득이 한 사유로 학교장의 허가를 받아 결석하는 경우		

출처: 교육인적자원부(2007).

③ 순회교육

건강장애학생들의 장기간의 학습결손을 지원해 줄 수 있는 교육 형태이다. 이는 소속학교의 일반교사와 특수교사 혹은 특수교육지원센터의 순회교육교사가 학생이 있는 각 가정에 직접 방문하여 매주 2~3회 지도해 주는 것이다.

순회교육은 건강장애학생들의 학습권 보장을 위해 장기결석의 경우에는 소속학교로부터의 방문교육을 요청할 수 있으며 부모가 동의하고 특수교육운영위원회에서 종합적으로 판단하여 순회교육 여부를 결정하여 지원하지만 교육 및 심리적 지원의 질적인 측면을 신중하게 고려하여 검토 후 제공되어야 한다.

④ 학교복귀지원 교육

건강장애학생들의 궁극적인 교육성과는 빠른 시일 내에 장기입원 혹은 장기통원 치료를 마친 후 다시 원래의 자리인 학교로 원상복귀하는 것이다. 이 원상복귀는 병원학교나 화상강의를 통해 교육적 지원을 받는다고 해도 학교 활동에 참여하지 못하면 또래학생들이 하루 종일 학교에서 접하게 되는 수많은 직, 간접 경험들을 동일한 수준으로 제공받는다고 할 수 없기 때문이다.

건강장애학생들이 의료적인 치료를 마치고 원활하게 가정 및 학교에 수용될 수 있게 하는 부모뿐만 아니라 교육청 및 학교차원의 지원 교육이다.

표 11-3 원적학급 복귀에 영향을 미치는 요인

구분	학생	학부모
신체적 변화	• 체중증가(감소) • 탈모, 통증, 수술흉터나 치료흔적, 운동기능장애, 청력 감퇴, 피로, 백혈구 수치 감소, 성장지연 • 변화된 외모(스트레스-자동폐쇄성-두려움) • 합병증으로 인한 오심, 구토, 통증 등 신체적 피곤	• 아픈 아이를 학교에 맡기는 것에 대한 죄의식 • 학교와 담임교사에게 접근성 및 면담 등의 고민 • 학교 부적응에 대한 노심초사(불안, 부정적 사고) • 친구관계(놀림, 왕따, 두려움) • 스트레스로 인한 재발 가능성에 대한 불안감
정서·행동 변화	• 한정된 공간 사용으로 우울 및 불안, 공격적 성향, 사회적 고립, 자아정체감 혼돈 • 학년이 올라갈수록 생각의 고착화 • 마음의 문을 닫음(자포자기) • 상급 학교로 갈수록 병에 대하여 감추려는 성향	
학업에 미치는 변화	• 인지능력의 변화, 집중력과 기억력 감퇴, 빨리 읽거나 정확히 읽기 어려움, 진도 따라가기, 조직적으로 계획하고 정리하기 어려움, 칠판에 있는 내용을 받아 적기 어려움 • 진료로 인해 수업은 빠진다거나 자주 결석하여 학습생활 참여율 저조 • 장애요인이 많아지면서 학업성취도가 낮아지기 쉽고 불안 및 자존감 상실에 직면	

출처: 부산광역시교육청(2010).

Chapter 12

발달장애

1. 정의

장애유아란 이미 형성된 장애를 지니고 있는 유아이다.

장애인 등에 대한 특수교육법의 장애판별기준에 의하여 장애를 지닌 것으로 진단된 유아들을 말한다.

그러나 유아들의 경우 범주별 장애분류에 의한 표찰은 적절하지 않은 것으로 인식되고 있다.

학령기 장애아의 경우는 지적장애나 학습장애 등의 공식적인 표찰을 통해서 적절한 교육서비스의 제공이 시작되지만, 유아의 경우 장애명에 의한 표찰은 여러 가지 문제점이 있는 것으로 지적되고 있다.

먼저 장애인 등에 대한 특수교육법의 범주별 장애명은 그 정의나 진단기준이 학령기 아동에게 적합하게 개발된 것으로 유아들에게 그대로 적용하기에는 여러 가지 문제가 발생할 수 있다.

감각장애나 지체장애, 뇌손상 등은 의학적으로 조기진단이 가능하지만 지적장애나 학습장애, 정서·행동장애와 같이 인지기능이나 행동문제 등을 통한 간접적인 장애진단은 그 진단기준 자체가 유아들을 판별하기에 적합하지 않을 뿐만 아니라 조기에 그러한 장애를 단정하는 것이 바람직하기 않다는 견해가 지배적이다.

또한 유아가 일단 특정 장애명으로 표찰되고 나면 개인적인 특성이나 성격 등에 의해서 인식되기보다는 주어진 표찰에 의해서 수용되며 장애명에 따라 잠재능력에 대한 편견을 가지게 하고 과소평가하게 된다.

위와 같은 배경으로 탄생한 발달지체는 1977년 미국 장애인교육법에서 특수아 조기교육 대상자의 적정성을 판정하기 위해서 기준으로 제시하고 있는 개념이다. 우리나라에서도 2007년 장애인 등에 대한 특수교육법에서 처음 특수교육대상자의 범주에 포함시켰다.

발달지체는 아동이 정상 연령대 이하의 수준으로 기능하는 발달상의 지연으로 장기적인 발달장애일 수도 있고 혹은 그렇지 않을 수도 있으며 조기중재 서비스의 혜택을 받을 수는 있으나 특별한 장애로 분류되지는 않는다.

발달지체의 일반적인 범주는 발달 영역 중 한 부분 혹은 그 이상에서 지체를 나타내는 경우를 말하는 것이다. 발달 영역에는 인지발달, 신체발달(시력, 청각, 미세한 대·소근육 기능 등을 포함), 의사소통발달, 심리, 사회성 및 정서발달, 적응력발달 또는 자조기술 등이 포함된다.

지체의 정도는 또래의 발달수준에 비하여 25%의 지체 표준편차 1 이상 또는 6개월 이상의 지체정도를 말한다.

장애인 등에 대한 특수교육법
신체, 인지, 의사소통, 사회 · 정서, 적응행동 중 하나 이상의 발달이 또래에 비하여 현저하게 지체되어 특별한 교육적 조치가 필요한 영아 및 9세 미만의 아동을 말한다.

단지 발달지체는 장애인 등에 대한 특수교육법의 장애범주로 진단을 받을 수도 있고 그렇지 않을 수도 있는데 특히 시각장애와 청각장애와 같은 감각장애나 지체장애는 장애 명으로 진단을 받는 경우가 대부분이다.

2. 발달장애의 원인

1) 원인

발달장애의 원인은 크게 선천적 원인, 생물학적 원인, 환경적 원인으로 나눌 수 있다. 또한 이 원인들은 각각 출생 전 원인, 출생 시, 출생 후에 나타날 수 있다.

(1) 출생 전 원인

의학적인 진단에 의해서 장애발생요인을 확인할 수 있는 것은 염색체 이상으로 가장 잘 알려져 있는 것은 다운증후군이다.

다운증후군은 세포의 감수분열과정에서 21번째 염색체가 세 개가 되는 경우에 발생하며, 정신지체와 근 긴장도 저하 및 신체적인 용모상의 특성을 보인다. 다운증후군에는 윌리엄증후군, 약체X증후군, 프래디-윌리증후군이 있다.

윌리엄증후군은 7번째 염색체 결함

약체X증후군은 23번째 염색체의 X염색체 끝부분 손상

프래디-윌리증후군은 아버지로부터 전해지는 15번 염색체 결함

임신 중 임산부가 특정 바이러스에 감염되는 경우

감염이 태아에게 영향을 미쳐 장애를 일으키는 원인이 될 수 있다.

임신 중 감염에는 풍진, 매독, 주형원충병, 에이즈가 있다.

임신 중 질병에는 당뇨병이 있다.

출생 전 환경적 요인은 자궁 내 환경에 영향을 미침으로써 태아의 물리적인 안전과 영양에 부정적인 영향을 미치는 위험요인을 말한다. 예를 들면, 산모의 연령, 면역반응, 약물복용, 독극물 중독, 방사선 노출, 흡연과 음주, 영양결핍, 정서적인 상태 등이 있다.

(2) 출생 시 원인

조산 및 저체중, 질식, 분만 중 손상 등이 있다.

조산이란 37주가 되기 전에 출산하는 경우를 의미하는 것이다.

전체 조산의 약 40% 정도는 원인 불명이다. 저체중이란 태아시기의 부적절한 성장발달로 인하여 분만 시 체중이 2.5kg 미만인 경우이다. 질식은 산소가 부족한 경우를 의미한다. 무산소증이라고도 한다.

출산 시 질식은 여러 가지 상황에서 나타날 수 있다.

질식의 원인으로는 산모의 혈압이 떨어지거나 태아가 태반으로부터 너무 일찍 분리되는 경우, 산모의 심장질환이나 분만을 위한 마취가 혈액순환을 방해하는 경우, 분만 중 태아의 머리에 지나친 압력이 가해져 혈관 파열로 인하여 응혈현상이 일어나는 경우, 출산과 함께 모체로부터 호흡이 중단되었는데도 오랫동안 신생아의 자가호흡이 시작되지 않을 때 등이 있다.

출생 시 태아의 머리나 몸이 산모의 골반 크기에 비해서 너무 크거나 태아의 위치가 부적절한 경우 태아에게 직접적인 신체적 손상을 가져올 수 있다.

(3) 출생 후 원인

질병 및 감염, 독극물 중독, 사고로 인한 손상, 영양결핍, 환경박탈 등이 있다.

영아기 및 유아기 동안에 오랜 시간 고열이 계속되는 질병은 여러 가지 유형의 손상을 가져올 수 있는데, 대표적인 질병으로는 홍역, 수두, 볼거리, 뇌막염, 뇌염 등이 있다.

출생 후 인체에 해로운 독극물이 체내에 축적되면 아동의 성장 발달에 치명적인 영향을 미칠 수 있다. 특히 납이나 수은 등과 같은 환경 내에서 쉽게 발견되어지는 특정 독소들은 신경계에 영향을 미침으로써 신체의 성장발달이 진행되고 있는 영유아들에게 매우 유해한 것으로 알려져 있다. 그 외에 각종 약물, 세제, 비누, 표백제, 살충제, 농약 등의 독극물을 우발적으로 섭취하게 되는 경우에는 성장 발달에 치명적인 영향을 미치게 된다. 영유아기에 발생할 수 있는 사고는 자동차 사고와 화재사고 그리고 아동학대 등이 있다.

뇌는 출생 후에도 지속적으로 성장하며, 뇌가 정상적으로 기능하기 위해서는 적절한 영양공급이 필요하다.

태내 영양결핍은 언어와 같은 통합된 감각 운동적 행동을 포함하는 고

기능사고 과정을 조절하는 대뇌피질의 발달에 영향을 미친다. 출생 후 영양결핍은 운동기능 협응과 자세를 조절하는 소뇌에 영향을 미치게 된다. 환경박탈이란 빈곤한 환경, 문화실조 등을 의미한다.

이러한 요소들이 직접적인 장애요소가 되는 것은 아니지만 다른 여러 가지 요소들과 복합적으로 작용하여 장애를 가져올 수 있다.

3. 발달장애의 특성

1) 놀이 특성

발달지체아의 놀이의 형태와 내용은 생활연령보다는 정신연령과 상관이 높고 같은 정신연령의 일반유아들과 비교해 볼 때 놀이의 복잡성이 떨어지고 장난감을 갖고 놀기보다는 주로 탐색하는 데 시간을 보내는 등 놀이 선택의 폭이 제한되어 있다.

발달지체아들은 주로 혼자 노는 등 사회적 놀이가 떨어지고 동료들과 놀기보다는 성인과 노는 시간이 더 많으며 놀기보다는 쳐다보거나 듣는 데 보내는 시간이 많은 것으로 나타났다.

일반유아와 발달지체아 간의 두드러진 특징은 놀잇감의 선호에 차이가 있다는 것이다. 일반유아는 블록, 찰흙, 그림 그리기 등 비구조적 재료를 더 좋아하는 반면 발달지체아는 퍼즐, 팩, 그림카드 등의 구조적 재료를 더 좋아하는 것으로 나타났다.

타일러(1981)는 일반유아, 자폐아, 다운증후군의 놀이를 비교한 결과 장애유아가 일반유아에 비해 다른 재료를 주어도 같은 놀이를 반복하는 것으로 나타났다. 일반유아는 같은 재료를 주어도 다른 놀이를 하는 것으로 나타났다.

그는 이 원인을 장애아라는 이유 때문에 부모로부터 놀이의 기회를 많이 제한받았기 때문일 수도 있고, 연구대상아동들이 교육경험이 있는 아동들이므로 많은 아동을 혼자서 교육해야 하는 교사가 그렇게 유도했던 것으로 볼 수 있다고 하였다.

2) 놀이지도

놀이는 유아교육기관에서 오래 전부터 유아를 있는 그대로 관찰할 수 있는 평가도구와 통합적인 학습을 할 수 있는 교육방법으로 널리 사용되어져 왔다.

발달지체아의 경우 일반유아교육에서와 같은 인식이나 방법으로 놀이가 활용되지 못하였다. 지금까지 유아특수교육기관에서의 주된 관심은 구조화된 환경 안에서 지체된 발달을 개선시키고자 하는 교수전략에 있었다. 교사의 직접적이고 지시적인 교수 활동만이 발달지체아의 학습을 용이하게 한다고 믿어왔기 때문이다. 부모, 교사, 전문가들은 발달지체아의 놀이와 중요성과 가치에 대하여 관심을 가지지 않았다.

하지만 최근 통합교육이 활발히 이루어지면서 발달지체아의 놀이에 관심을 가지게 되었다. 통합 환경에서 자유선택 활동 시간에 이루어지는 놀이가 발달지체아와 일반유아의 긍정적인 상호작용 및 친구관계를 형성하고 발전하는 데 매우 중요한 역할을 하며 놀이를 통한 상호작용이 통합교육을 촉진하는 데 효과적인 것으로 나타났다.

일반유아는 놀이가 자연스럽게 발달하지만 발달지체아에게 있어서 놀이는 배워야 하는 중요한 영역으로 인식되고 있다. 발달지체아의 놀이 지도 시 고려해야 할 사항은 다음과 같다.

첫째, 교사는 발달지체아는 아동중심적인 놀이보다는 교사중심의 주입식 교육이 더 효과적이라고 생각하기 쉽다. 그러나 놀이는 모든 유아에게 즐거움을 제공한다. 발달지체아도 예외가 아니며, 오히려 장난감이나 게임을 통한 놀이의 즐거움을 더 많이 필요로 한다. 교사는 놀이의 중요성을 인식하고 발달지체아의 놀이를 위한 시간을 마련해야 한다.

둘째, 놀이를 위한 물리적 환경을 제공한다. 발달지체아가 신체적으로 접근 가능한 물리적인 공간을 마련하며, 발달지체아가 자유선택 활동 영역에 있는 장난감들에 쉽게 접근할 수 있도록 장난감을 배치한다.

셋째, 일반아동을 위한 교육과정을 발달지체아에게 적합하도록 수정한다. 발달지체아의 수준에 따라 장난감을 수정하거나 놀이방식을 수정한다.

넷째, 유아가 관심과 흥미를 가지고 있는 놀잇감과 놀이방식을 인정하고 이를 활용한다. 발달지체아의 경우 특정한 물건에 집착하거나 특정한 놀이 방식을 고집하는 경우가 많다. 이를 저지할 경우 오히려 놀이에 방해가 되므로 유아가 관심 있고 흥미 있어 하는 놀잇감과 놀이방식으로 시작하여 이를 점차 변형하는 것이 바람직하다.

다섯째, 비구조적인 놀이를 통하여 발달지체아와 일반유아의 상호작용을 촉진한다. 물놀이, 모래놀이, 블록놀이, 공놀이와 같은 비구조적인 놀잇감은 퍼즐과 같은 구조적인 놀잇감보다 유아의 흥미를 더 오래 지속시키고 성취감을 제공할 뿐만 아니라 유아 간의 상호작용의 기회를 더 많이 제공한다.

여섯째, 혼자 할 수 있는 것과 할 수 없는 것, 도움을 줄 때와 그렇지 않은 때를 정확하게 파악하여 발달지체아가 스스로 할 수 있는 기회를 제공한다. 도움을 주더라도 도움 없이 놀이를 할 수 있도록 체계적으로 지도한다.

4. 발달장애의 영역

1) 영역

(1) 운동발달 영역

영유아기에 있어서 가장 중요하고 급속하게 이루어지는 발달 영역 중의 하나가 신체근육을 조절할 수 있는 운동발달 영역이다.

여러 가지 운동 기능은 유아들로 하여금 환경을 탐색하고 조절하게 하여 주변 환경에 대하여 학습할 수 있는 기회를 제공한다. 식사하기, 옷입기, 용변보기와 같은 자조기술과 정확한 입술운동을 동반하는 말하기, 놀이와 같은 사회적 기술 사물의 조절을 통해 인지적 행동이 발달한다. 유아의 운동발달은 영아기를 지나 유아기를 거치면서 더욱 뚜렷해지고 전 아동기를 통하여 더욱 강해지고 빨라지며, 그와 함께 민첩성, 유연성, 균형, 협응력 등이 향상된다.

유아들의 운동발달은 몇 가지 원리에 의하여 이루어지며 따라서 예측할 수 있는 발달 단계를 거친다. 그러나 발달지체아의 경우 이러한 원리가 다음과 같은 이유로 무시되거나 발달 단계의 예측이 어렵다.

첫째, 운동기능의 발달은 신경 및 근육의 성숙이 먼저 이루어져야 하는데 장애유아의 경우 중추신경계 또는 운동신경계의 결함 등으로 인하여 근육발달이 어려우며, 이러한 결함은 다시 운동기술의 발달에 어려움을 가져온다.

둘째, 운동기능은 머리에서 발, 중심에서 말초방향 그리고 대근육운동에서 소근육운동 등으로 발달하는 원칙을 가지고 있다. 그러나 장애유아, 특히 뇌성마비의 경우 이러한 방향으로의 발달이 어려우며 또 특정행동을 고집하는 자폐성장애아의 경우도 이러한 방향으로의 정상적인 발달이 어렵다.

셋째, 장애유아는 감각, 지각 또는 정서적 장애로 인하여 정상적 운동기능을 모방하거나 학습할 수 있는 경험을 하지 못하여 이상행동을 반복하거나 비정상적인 운동행동을 학습할 수 있다.

(2) 사회 · 정서발달 영역

초기 양육자와 신생아 간의 안정된 애착은 사회성 발달에 매우 중요한 영향을 미친다.

애착은 아기에 대한 따뜻한 보살핌과 애정을 표시하는 양육자와 미소짓기, 울기, 옹알이하기, 쳐다보기 등과 같은 행동으로 양육자에 대한 반응을 나타내는 아기 간의 상호작용에 의해서 형성된다.

이렇게 다른 사람들로부터 구분되어 특별히 일차적 양육자와 아기, 즉 두 개인에게만 형성되는 능동적, 애정적, 상호적인 관계는 타인에 대한 기본 개념을 갖게 되면서 사회적 환경에서의 적응을 잘 할 수 있게 해주는 매우 중요한 원동력이 된다.

장애를 가지고 있는 유아들은 다른 사람들을 향한 반응이 부족하고 긍정적이지 못한 감정표현이 지체되거나 비규칙적인 미소 짓기, 변덕스러운 감정표현, 상호작용 시작의 결함, 비일관적인 반응, 사회적 신호에 대한 식별의 부족 등으로 인하여 양육자와 적절한 애착관계를 형성하지 못한다. 애착형성의 결함은 곧 대인관계 및 사회적 적응 기술 등의 결함으로 이어진다.

유아들은 다른 사람의 관심을 얻고 상호작용을 하기 위하여 발성하기, 건드리기, 적절한 신체적 접촉하기, 장난감이나 물건을 주고받기 등의 행동을 한다. 그러나 장애유아는 또래들에게 관심이 없거나, 상호작용을 하더라도 또래 유아가 수용하기 어려운 부정적인 상호작용을 시도한다.

(3) 언어발달 영역

발달장애는 감각의 결함, 지적인 능력의 지체, 경험의 박탈, 정서적 문제 그리고 신경학적인 문제 등으로 인하여 정상적인 말이나 언어의 발달이 매우 어렵다.

발달장애들은 목소리를 내거나 우는 빈도가 낮고 지나치게 조용하기도 한다.

대부분의 아동들이 생후 1년 정도가 지나면서 한 두 단어의 말을 시작하게 되는데 18개월이 지나도록 한 단어도 말하지 않거나 30개월이 지났는데도 두 단어 어절을 말하지 않는 경우도 있다.

(4) 인지발달 영역

발달장애는 인지적 기술에 결함이 있을 뿐만 아니라 인지기술과 관련하여 여러 가지 행동에 문제를 가지고 있다.

먼저 이들은 자신이 처한 문제의 해결에 도움을 주는 유용한 단서들에 예민하게 반응하지 못하고 과제수행을 하는 데 필요한 자극에 대한 집중력이 매우 약할 뿐만 아니라 과제수행을 위해 필요한 전략을 사용하는 데도 결함을 가지고 있다. 또한 실패의 경험이 많기 때문에 동기 유발이 잘 안되며, 이로 인하여 주의력 결핍과 학습에 어려움을 가지고 있다.

5. 발달장애 교육 및 지도

발달장애는 학령기에 가면 정신지체나 학습장애, 정서·행동장애와 같이 인지기능이나 행동문제 등 다양한 영역에서 장애를 가져올 수 있으므로 이에 대한 교육 및 지도가 필요하다.

유아들에게 가장 유일한 학습수단이라고 할 수 있는 놀이에 대하여 살펴보기로 하겠다.

1) 놀이의 특징

놀이의 특징은 지금까지 많은 학자들에 의해 제시되었다.

첫째, 놀이는 강요에 의한 것이 아닌 자발적 행동이다. 놀이는 강제적인 것이 아니라 놀이자에 의해 자유롭게 선택되며 스스로 원하기 때문에 능동적으로 참여하는 것이다.

둘째, 행동의 결과보다 행동 자체가 목적이다. 놀이는 활동의 결과로 생기는 보상, 즉 외적 동기 때문에 하는 것이 아니라 활동 자체에서 얻어지는 만족감 때문에 몰입하는 내적 동기를 갖는다.

셋째, 놀이는 즐거움을 표현한다. 기쁘고 즐겁게 하는 활동이다.

넷째 놀이는 지능, 언어, 사회, 정서, 운동발달과 밀접한 관계가 있다. 놀이는 창의성, 문제해결능력, 언어학습, 사회적 역할발달 및 다른 인지학습 등과 관련이 있다.

2) 놀이의 유형과 발달

놀이의 유형과 발달은 보는 관점과 접근방법에 따라 다르다.

현재 널리 인용되고 있는 인지발달적 측면, 사회적 발달 측면이 있다.

(1) 인지발달적 측면

인지발달적 측면은 피아제에 의해 제시되었다. 놀이발달 단계를 자신이 제시한 인지발달 단계와 같은 맥락에서 보고 운동놀이, 상징놀이, 규칙 있는 게임 등으로 나누었다.

운동놀이는 0세에서 2세까지 주를 이루지만 일생동안 하는 것으로 감각 대소근육운동을 통하여 주변세계를 적극적으로 탐색하는 활동이다. 이때 유아는 신체를 통하여 외부의 세계를 탐색한다.

상징놀이는 2세에서 7세까지 주를 이루는 놀이로 역할의 가작화와 사물의 가작화 요소를 포함한다.

역할의 가작화는 실제 자신이 아닌 다른 역할에 동일시하는 것으로 놀이를 할 때 유아 자신이 엄마나 의사와 같은 역할을 하는 것을 말한다.

사물의 가작화는 고정된 사물의 개념에서 탈피하여 한 가지 사물이 다른 사물로 대처되는 것으로 놀이를 하면서 모래를 밥이라고 하는 것과 같은 경우를 말한다.

규칙 있는 게임은 7세에서 11세까지 주를 이루는 놀이로 미리 정해진 혹은 새롭게 정해진 규칙을 인식하고 수용하면서 진행하는 놀이 활동이다.

피아제와 달리 스밀란스키는(1968)는 운동놀이, 구성놀이, 상징놀이, 규칙 있는 게임 등으로 발달 단계를 제시하였는데, 구성놀이는 다양한 놀잇감을 활용하여 무엇인가를 창조하는 놀이로 블록이나 여러 가지 끼워 맞추는 놀잇감, 목공놀이 도구나 미술재료를 가지고 자동차 만들기, 성 쌓기, 터널 만들기 등을 말한다.

(2) 사회적 측면

팔턴(1932)은 유아들이 유아원에서 노는 모습을 관찰, 분석하여 사회성발달과 관련지어 방관자적 행동, 지켜보는 행동, 혼자놀이, 평행놀이, 연합놀이, 협동놀이로 분류하였다.

방관자적 행동은 놀이는 참여하지 않고 다른 아이들이 노는 것을 쳐다보는 행동으로 나이가 어리거나 새롭고 낯선 환경에 익숙하지 못할 때 나타난다.

지켜보는 행동은 다른 아이들이 노는 것을 곁에 서서 지켜보는 행동으로 때때로 말도 걸고, 질문도 하고, 간섭도 하며 열심히 보기는 하나 함께 놀지는 않는다.

혼자놀이는 다른 유아와 가까이 있으면서도 다른 사람이 무엇을 하든지 상관없이 서로 다른 놀이를 하는 것을 말한다.

평행놀이는 같은 장소에서 또래들과 비슷한 놀이 재료를 가지고 옆의 아이를 의식하고 놀이를 하고 있지만, 옆의 아이들의 활동에 영향을 미치려 하지 않는다. 즉, 위치적으로만 같은 장소에 있을 뿐 서로 심리적인 상호작용이 없는 상태이다.

연합놀이는 서로 장난감을 교환하기도 하며 다른 유아를 따라하기도 한다. 그러나 집단의 유아들이 비슷한 활동을 함께 하고 있을지라도 놀이 활동의 특별한 목적 아래 각 유아에게 할당된 역할이 조직되어 있지는 않다.

협동놀이는 유아들이 서로 협동하여 놀이 활동을 하는 것으로 놀이 규칙에 따라 각자의 역할이 정해져 있고 그에 따라 놀이를 조직으로 진행시킨다.

3) 놀이의 기능

놀이는 사회, 언어, 인지, 정서, 운동 등 유아의 발달에 중요한 역할을 한다.

(1) 놀이와 사회성 발달

유아는 초기에 부모와의 신체적 놀이를 통하여 대인관계의 기초를 형성해 나가고 좀 더 나아가 동료들과 함께 활동하면서 차례를 지키고 장난감을 나누어 가짐으로써 사회기술을 익혀 나간다.

특히 상징놀이는 다른 사람의 입장을 이해하지 못하는 것을 다른 사람의 역할을 해보게 함으로써 관점의 변화가 생겨 다른 사람의 감정을 이해하게 된다.

또 유아는 상징놀이를 통하여 주위 사람들에 대하여 인식하게 됨으로써 사회생활을 원만하게 할 수 있게 되며, 그들이 하는 역할과 내용은 유아가 현실을 어떻게 받아들이고 있는가를 보여준다.

유아는 상징놀이 시 각 역할에 대한 나름대로의 규칙을 수행함으로써 후에 현실에서 지켜야 할 규칙들을 경험하게 된다고 하였다.

(2) 놀이와 언어발달

유아는 혼자 놀거나 또래들과 어울려 놀면서 혼자 중얼거리거나 대화를 하기도 하는데, 이러한 언어놀이는 새로운 언어기술을 습득하고 언어학적인 규칙을 자각하는 데 도움을 준다.

유아는 놀이를 통해 의사소통의 기술을 직·간접으로 발달시켜 나간다.

유아는 처음에 사물이 눈앞에 없으면 그것을 생각하지 못하나 반복적인 활동은 그 사물에 대한 색깔, 모양, 냄새, 느낌이 생겨 이것이 그 사물에 대한 지각이 된다.

사물에 대한 지각을 통하여 형성된 정신적 이미지는 기억 속에 들어가서 이미지와 단어의 형태로 상징적 표상이 형성되고, 이것이 바로 언어의 발달을 이루게 된다. 특히 상징놀이 시 사용되는 대체물은 사물과 의미를 분리시키고 대체물은 다시 행동으로 대체되고, 이것은 다시 최고의 상징체계인 언어로 대체된다.

(3) 놀이와 인지발달

피아제는 놀이는 유아로 하여금 자신이 알고 있는 모든 것을 실천해 보고 강화시키는 수단을 제공하기 때문에 현실에 대한 개념을 의식하고 사고하며 현실에 맞추어 나가도록 수정하게 하여 인지발달을 촉진시킨다고 하였다.

인지를 크레 개념의 발달과 고차원적 사고의 발달을 판단력, 논리적 조작, 추리력, 문제해결, 창조성 등으로 세분화하고 각각이 놀이를 하는 가운데 어떻게 발달하는지를 설명하였다.

첫째, 개념발달 가운데 범주화의 개념은 유아가 장난감을 갖고 놀면서 자기가 좋아하는 것과 싫어하는 것을 구분하고 장난감을 종류별로 분류하고 또 같은 장난감 가운데에서도 어떤 특정 기준에 의해 다시 분류하는 활동 등을 통해 습득하게 된다. 또한 신체적 움직임이 장난감 조작 등을 통하여 공간, 시간, 인과관계 수 등의 개념과 상·하위 개념을 습득하게 된다.

둘째, 고차원적 사고의 발달 가운데 판단력은 사물의 조작과 상상놀이를 통하여 인과관계, 전체와 부분, 보존, 가역의 성질을 이해하게 된다. 논리적 조작은 숨바꼭질, 옷을 바꿔 입어도 같은 인형임을 알게 하는 인형놀이를 통하여 알게 되며, 컵을 크기 순서대로 끼워 넣는 등의 활동을 통하여 포함의 개념을 습득하게 된다.

문제해결은 여러 상황에서 다양하게 놀이를 함으로써 후에 발생할 문제들을 해결할 수 있는 기초능력을 기르며, 특히 상징놀이는 현실세계에서 갈등을 겪는 여러 가지 문제들을 극복하는 매개체가 된다.

창의성은 여러 가지 재료로 자유스럽게 행해지는 미술활동 등을 통하여 발달하게 된다.

(4) 놀이와 정서발달

유아들은 놀이를 통해 기분 좋은 감정뿐만 아니라 심리적으로 억압된 공포나 분노, 질투 등 불쾌한 감정을 표현한다.

이러한 갈등을 놀이를 통해 해소함으로써 정서순환 및 정서발달에 도움을 준다.

놀이를 끝낸 후의 완성감, 만족감 등은 긍정적인 자아개념, 자율성, 인내심, 성취감 등 건전한 정서를 형성하게 한다.

아동이 장난감을 가지고 노는 동안 환상과 불안, 방어기제 등이 표현된다고 보고 이것으로 의식과 무의식을 해석하고 전이를 해석하는 놀이치료를 하였다.

(5) 놀이와 운동발달

유아들은 노는 동안 뛰고 기어오르는 등의 신체적 움직임을 통해 균형, 민첩함, 신체 각 부위의 발달과 협응 등을 발달시킨다. 또한 장난감을 갖고 조작하는 동안 눈과 손의 협응과 소근육운동을 발달시킨다.

Chapter 13

부모교육

1. 필요성 및 역할 훈련

1) 필요성

최근 아동들이 저지르는 특정 부적응 및 일탈행동 대해 대다수 부모가 잘못 대처하는 경우 많다고 밝히고 있음에도 불구하고 이들 부모들에 대한 상담 및 교육에 대해 무관심하다는 점을 지적하고 있다(이훈구, 2009).

장애아동의 발달, 교육에서 부모의 적극적인 참여는 모든 장애아동에게 아주 중요하다. 부모들은 장애아동에게 자신감을 주어 능력을 향상시키게 하고 전인적 발달에서 격려와 도움으로 사회적응에 대처할 수 있는 방법을 제시할 수 있는 가장 가까운 교사이기 때문이다.

긍정적 부모의 참여는 장애아동에게 있어서도 더욱 중요하다. 부모는 장애아동 잘 알고, 보다 많은 시간 아동과 보내기 때문 아동 특성을 파악하여 효과적 잘 지도할 수 있으며 이에 따라 교사가 장애아동 파악하는데 기여 가능하다. 부모가 교육과 치료를 연장하여 실시함으로써 장애아동의 조기교육 효과가 증진하므로 전문 인력 보완으로 경제적 효율성과 효과 면에서도 매우 성공적일 수 있다(강갑원 외, 2008).

장애아동 교육에 있어서 보육시설에서 진행되는 프로그램과 연계된 가족지원프로그램 등을 통하여 부모가 적절한 훈련 또는 교육 받았을 경우, 그들 자녀인 장애아동 유능한 교사 될 수 있다. 그러므로 장애아동 부모교육은 꼭 필요성이 있는 것이다(백은희 외, 1993).

다음과 같이 부모교육의 필요성을 제시하였다.

첫째, 통찰력 있는 부모들은 프로그램의 지속과 확장 대한 가장 강력한 지지자 될 수 있다.

둘째, 부모들은 프로그램에 대해 직·간접적으로 경비를 조달해 주는 사람들로 자녀가 무엇을, 어떻게 배우는지에 대해서 말할 권리가 있다.

셋째, 장애아동의 부모는 비장애아동의 부모보다 더 오랜 기간 동안 자녀에 대한 책임이 지속되므로 비장애아동 부모가 필요로 하는 것 이상으로 부모 노릇과 가르치는 기술이 필요하다.

넷째, 가르치는 데 보조자로 부모를 참여시키는 것은 개별화된 교수법을 실행하는 효과적인 방법이다.

다섯째, 자녀교육에 있어 부모 참여는 그 가족의 다른 형제들에게 긍정적 영향을 끼칠 수 있다.

여섯째, 교실에서의 부모의 참여는 장애아동에게 다른 성인과의 관계를 배울 수 있는 기회를 제공해 준다.

일곱째, 부모는 다른 사람들보다 자녀를 잘 안다. 그러므로 자녀를 위한 교수목표를 발달시키는 데 교사들에게 결정적 도움을 줄 수 있다.

여덟째, 부모는 학교와 가정 사이를 연결하는 데 도움을 줄 수 있다.

아홉째, 부모는 프로그램에 유용한 교육과정 자원을 활용할 수 있다.

열 번째, 부모 참여는 장애아동 학습을 크게 가속화시킬 수 있다.

장애아동의 발달 촉진을 유지시키는 데 효과적이고 경제적인 체계는 가족이다. 모든 부모와 자녀가 프로그램에 참여하도록 하는 것이 특수교사의 역할이다.

부모교육의 중요성이 강조되는 이유는 부모뿐 아니라 장애아동의 성장과 발달에 영향력을 주기 때문이다. 교사에게 부모는 절대적인 협력자이므로 장애아동의 성장발달에 도움이 되도록 부모들의 여러 욕구를 반영하는 부모교육이 필요하다(추연구 외, 2012).

2) 역할 훈련

장애아동 가족들은 교육 및 훈련 프로그램을 필요로 한다. 장애아동을 가족구성원으로 둔 대부분의 가족들은 이들을 위한 교육 및 훈련 프로그램을 통해서 유아의 발달과 학습을 촉진하고 행동을 조절할 수 있게 되며 적극적인 옹호자의 역할을 하게 되는 등의 혜택을 얻게 된다.

부모의 역할 훈련은 지금까지 많은 연구자들의 관심을 받아 온 주요 가족지원 프로그램의 하나로, 많은 가족들에게 실질적인 도움을 제공해 왔으며, 부모들 스스로가 조기교육 프로그램을 통해서 가장 많이 제공받기를 원하는 프로그램으로 알려져 있다(Machoney & Filer, 1996).

① 신입 장애아 부모교육의 목적

어린이집에 처음 입소하게 되는 장애아 부모교육은

- 장애아의 주 양육자인 부모들에게 장애와 발달적 특성에 대한 이해와 수용을 돕도록 하며 양육방법과 교육방법에 대해 구체적으로 배우고 활동할 수 있도록 한다.
- 같은 문제와 관심을 가진 부모들의 정기적인 모임을 통해서 정보를 교환하고 상호 심리적 지지 및 관계를 형성하도록 도울 수 있다.

② 심리 교육적 부모교육의 목적

- 부모 개인의 자아 존중감을 향상시키고 부모역할에 대한 구체적 정보, 지식, 기술을 제공함으로써 자신감 회복을 통해 역량을 강화하기 위한 프로그램을 운영한다.

③ 선배 부모를 통한 역량강화

- 전문성을 가진 선배나 장애자녀를 키워 본 부모를 활용한 전문성 있는 프로그램을 계획하여 장애아 부모의 역량과 전문성을 강화하고, 다시 그 장애아 부모를 통해 같은 문제를 가진 후배 부모를 지원하도록 함으로써 장애아 부모들 간에 긍정적인 상호작용을 도와 부모 스스로의 역량을 강화하는 프로그램을 계획, 운영해 볼 수 있다(조윤경 외 2007).

2. 심리와 양육

「장애인 등에 대한 특수교육법」 제28조(특수교육 관련 서비스) 제1항에서 규정하듯 장애아동 가족에 대한 상담 및 지원은 필수불가결한 요소이다.

이에 장애교육에 종사하거나 종사할 전문가라면 장애아동 특성에 대한 이해뿐 아니라 장애아동 부모의 심리변화 상태 및 양육에 대한 스트레스 요인을 파악하고, 부모 상담 및 교육을 통해 가족지원 방안을 모색할 필요가 있다.

장애아동을 둔 부모의 경우 부모 발달시기 단계는 비장애아동을 둔 부모들과 유사한 특성 보이나, 아동의 장애특성으로 인해 다소 상이한 심리변화를 경험한다는 측면에서 차이가 있다(전헌선 외, 2012).

1) 심리

장애아동 부모는 아동의 장애로 인하여 많은 스트레스와 좌절, 위기를 겪게 된다. 따라서 장애아동 부모의 심리적인 상처를 가볍게 하고 스트레스 좌절을 극복하여 정신적 건강 유지하도록 도와주어야 할 것이다.

장애아동 부모의 대표적인 증상은 지속적 우울증과 무력감이다. 장애아동 부모가 이러한 우울증과 무력감 병리적 상태로부터 탈출하여 자신의 정신적 건강을 유지할 때 장애아동 부모로서의 역할을 제대로 수행할 수 있다(강갑원 외, 2008).

장애아동의 출생에 따른 어머니의 심리적 반응에 대한 연구는 다양하지만 그 반응단계를 종합해 볼 수 있다(Cook Armbruster, 1983; Linder, 1983). Levinson(1978, 1986)은 장애아동을 가진 부모의 심리적인 변화과정을 다음과 같이 설명하고 있다(여광응 외, 2005).

(1) 충격, 불신, 거부

장애아동 출생에 대한 충격과 불신이 지배적이며, 진단을 수용하기를 거부한다. 또한 장애에 대한 죄책감을 가지고, 특히 어머니는 임신 중 조치에 대해 후회한다. 그리고 장애아동 출생 이전의 죄에 대한 벌로 느끼며 유전적 원인을 찾기 위해 가족사를 조사한다.

한편 장애아동의 존재에 대한 수치심을 느끼며, 스스로 부가한 고립에 빠져들고 인생에 실패감을 느낀다. 존재 부적합과 미래에 대한 두려움에 몰입한다. 또한 장애아동 상태를 장애가 아닌 치료 가능한 질병 증후로 보고 여러 전문가를 찾아다니며 시간을 허비한다.

(2) 분노

장애아동의 존재를 더 이상 거부할 수 없어 분노를 느끼며 내재화, 자기 증오감을 경험한다. 또한 불공평감을 동반하며 서로 다른 대상인 신, 의사 또는 간호사에게 분노가 투사되기도 한다.

(3) 협상

이 상황이 왜 나에게 나타났는지 의문을 품고, 신(神)과의 협상과 함께, 자신의 모든 에너지를 장애아동과 함께 하는 데 소비하고, 장애아동을 위해 자신의 목표 등을 희생하고자 한다. 또한 어머니 자신의 처벌에 대한 잠재의식적 희망을 갖기도 한다.

(4) 침체(실망)

장애 인식이 나타남에 따라 점차 실망에 빠져 침체된다. 장애아동에 대해 사랑과 증오의 갈등하는 감성이 노출되고, 침체분위기는 다른 부모들의 즐거운 순간을 느낄 때마다 반복된다. 반복적인 침체나 슬픔으로 장애아동 부모에게 만성적 슬픔 현상이 나타날 수 있다.

(5) 수용

장애아동과 장애에 대해 완전히 수용하는가는 많은 의문이 있다. 부모는 자신의 감정을 극복하고 장애아동의 능력과 제한을 이해하는 단계를 숨긴다. 그러나 침체, 분노, 죄의식, 수치심, 슬픔을 희생할 수 있다.

많은 여러 연구자들은 이 적응과정은 점차적 진행되어 부모의 전 생애를 통해 계속되어 감을 강조하였다. 즉, 대부분 장애아동의 부모들이 장애아동의 각 발달 단계에 따른 비장애아동와의 차이점과 장애아동의 한계성을 현실적으로 느껴가면서 초기에 가졌던 슬픔의 과정은 여러 번 다시 경험될 가능성이 있다.

부모가 어느 단계에 적응하느냐에 따라 부모의 요구는 달라진다. 부모의 감정적 상태에 대한 이해는 장애아동 조기 중재에서 가장 중요하다.

2) 양육

부모는 장애아동의 출생으로 인해 충격, 불안, 수치심, 자책감, 죄의식, 우울 등의 부적 감정 경험 또는 가정 및 직장 생활에 심각한 변화를 겪기도 한다.

이런 과정은 양육에 대한 심리적, 재정적 부담감으로 인한 스트레스 제공뿐 아니라 장애아동이 올바르게 성장할 수 있도록 양육시켜야 한다는 책임감에 평생 노출되는 원인이 되기도 한다. 따라서 장애아동 부모의 양육부담과 스트레스 요인을 경감시켜 장애아동을 올바르게 양육할 수 있도록 양육행동 및 양육실태를 분석하여 양육 핵심역량 요인을 살펴보는 것은 매우 의미가 있다(박재국 외, 2011).

이상명 등(2010)은 "양육행동"이란 일상생활에서 장애아동에 대한 주 양육자 행동이라 하며, 이 행동양상의 내용 5가지를 살펴보면 다음과 같다(이주옥, 2008; 이상명, 2010).

첫째, 합리적 지도이다. 부모가 특정 상황에 대하여 대처행동을 한 이유를 장애아동이 긍정적으로 수용할 수 있도록 이해시킴으로써 장애아동이 행동을 올바르게 익힐 수 있도록 지도하는 방식이다.

둘째, 애정이다. 장애아동과 자연스럽게 신체 접촉을 하고 친밀감을 표현하면서 장애아동의 활동을 적극적으로 수용하거나 참여하는 방식이다.

셋째, 과보호이다. 장애아동의 의사보다 부모가 지나친 관심과 애정을 통해 과잉대처하는 방식이다.

넷째, 지시 및 통제이다. 장애아동의 행동을 신뢰하지 못하고 부모가 일방적으로 지시하거나 통제하는 방식이다.

다섯째, 거부 및 적대이다. 장애아동을 귀찮은 존재로 치부하고, 거부하거나 적대시하는 방식이다.

장애아동 부모들이 비장애아동 부모에 비해 양육방식에 대해 잘 이해못하거나 자녀에 대한 부정적인 인식이 강하다(이한우, 1998). 장애아동 부모일수록 부모교육장면에 더욱 적극적으로 참여할 필요성이 제기된다.

「장애인 등에 대한 특수교육법」 시행 이후 많은 재정적인 지원에도 불구하고, 여전히 장애아동 부모 및 가정에서 불만을 토로하고 있다. 이를 위해 우선적으로 부모가 장애아동 양육하면서 겪게 되는 발달시기에 따른 단계변화는 어떠한지 Galinsky(1982)가 제시한 대표적인 이론을 살펴보면 다음과 같다.

(1) 이미지형성의 단계

결혼을 통해 부모의 자격을 얻은 남녀가 2세의 출산을 준비하며 부모로서 역할을 키워나가는 단계이다. 이 단계에서 올바른 부모상을 제시한다면 부모뿐만 아니라 자녀와의 동반 성장 과정에서 올바르게 상호작용하는 긍정적 기회를 다질 수 있는 가장 중요한 단계이다.

(2) 양육의 단계

출산과정을 처음 경험하는 부모가 자녀와의 첫 대면을 통해 서로를 알아가는 단계이다. 생애초기 애착 형성단계에 부모 또는 주 양육자가 자녀와 심리적 유대감을 어떻게 형성하였느냐에 따라 자녀의 생애주기별 단계에 심각한 영향을 미칠 수도 있다.

(3) 권위의 단계

부모가 제시하는 의사에 수동적으로 반응하던 단계를 넘어 자신의 의사를 능동적으로 표현한다. 자녀의 인지, 언어, 신체발달이 현저하게 변화하는 단계이다. 부모와 자녀의 의견충돌이 반목하는 상황이 자주 발생한다. 또한 부모는 자녀를 어떤 방향으로 양육할 것인지 양육태도 및 습관을 형성한다.

(4) 설명의 단계

자녀가 가정을 벗어나 최초로 교육시설과 같은 초기 사회기관에서 집단생활을 경험하는 단계이다. 자녀들은 자기 위주의 삶의 방식에서 벗어나 또래 아동들과의 교우를 통해 사회성을 길러나가게 되며, 이전단계에서는 부모와의 상호작용에 의존하였다면, 이 단계는 또래 집단에서 경험하게 되는 가치가 부모가 제시하는 가치보다 우선시되기도 한다.

(5) 상호의존의 단계

자녀가 아동기를 지나 청소년기에 접어들면서 이전에 보이지 않았던 반항 및 일탈을 나타내기도 하는 과도기적 단계이다. 부모는 자녀를 하나의 동등한 인격체로 받아들이게 된다.

(6) 떠나는 단계

학업을 마친 이후 자신의 진로를 선택하거나 결혼을 통해서 부모로서의 자격을 갖게 되는 단계이다. 이전까지 가정이라는 울타리 속에서 부모가 항상 든든한 버팀목으로 자리매김해 준 것이 사실이다. 그러나 이 단계 이후 자녀는 스스로 자신의 삶을 개척해 나가야 하는, 즉 모두에게 과도기적 단계라 할 수 있다.

장애아동부모라고 해서 자녀 양육 단계까지 차이를 나타내는 것은 아니다. 다만 양육행동 및 참여에 차이를 보일 뿐이다. 자녀의 성별이 여아일 때, 자녀 연령이 높을수록, 자녀의 장애정도가 심할수록, 부모 연령이 높을수록, 부모 소득이 높을수록 부정적인 '과보호' 같은 양육행동 방식을 보이는 경우가 많은 것으로 보고되었다(이상명 외, 2010).

자녀의 장애정도가 심할수록 부모는 자녀 양육에 대한 지식 부족을 인식하거나 참여도가 떨어진다고 보고되었다. 맞벌이하는 부모는 시간적 여유가 부족하여 사회협력 영역에 저조한 양상을 나타낸다고 하였다(박재국 외, 2011).

장애아동의 경우 다양한 장애유형으로 인해 부모의 스트레스 요인에 많은 차이를 나타내고 있다(류경희 외, 2011).

3. 프로그램

1) 프로그램

부모 대상교육은 여러 가지 명칭이 있으며 1960년대 초부터 "부모교육"으로 통일하여 사용되었다. 우리나라는 1980년대 이후 본격적으로 시작되었다.

프로그램의 종류로는 효과적인 부모교육 프로그램(Parent Effective Training; P. E. T), 체계적인 부모교육 프로그램(Systematic Training for Effective Parenting; S. T. E. P), 적극적 부모역할 훈련 프로그램(Active Parenting Training; A. P. T) 등이 있다. 이들은 최근까지 대표적인 부모교육 프로그램으로 주목받고 있다(이경화 외, 2009).

부모교육은 정보제공, 정서지원, 부모역할 훈련 등 3가지 수행을 기본으로 하여 지역사회와 연계한 행동지원을 할 필요가 있음을 역설한다. 또한 우리나라 정서에 맞는 부모교육 프로그램 모델의 필요성이 제기되었으며, 여러 연구결과(김금주 외, 2005; 김희진, 2005; 이경화 외, 2009)에서 보여지듯 우리나라의 경우 몇 가지 특성이 있다.

첫째, 표준화된 부모교육 프로그램에서 개별화된 프로그램으로 변화

둘째, 부모와 프로그램 운영자 간 관계 재정립으로 동등한 관계, 협력적 관계 형성, 서로 장점을 기초로 상호 간 영향 주는 관계로 변화

셋째, 부모역할을 사회적 맥락에서 고려하게 되어 부모역할 영향이 미치는 다양한 사회적 맥락과 시스템 건정성을 살펴보게 됨(김희진, 2005; 이경화 외, 2009)

가정 내 행동지원 개입의 원칙 6가지의 구체적인 내용은 다음과 같다(박지연, 2006).

첫째, 가족과 전문가 간 협력관계가 수립되어야 한다.

둘째, 기능평가에서 지원계획 수립과 실행까지 늘 가족 중심 원칙과 실제가 적용되어야 한다.

셋째, 행동지원계획을 감소시키거나 특정 행동을 증가시키는 것뿐 아니라 아동과 가족이 처한 상황 및 가족 일상과 조화될 수 있어야 한다.

넷째, 단순히 문제행동을 감소시키거나 특정 행동을 증가시키는 것뿐 아니라 아동과 가족이 희망하는 삶의 양식변화(life style change)가 동반되어야 한다.

다섯째, 아동의 변화뿐 아니라 가족의 행동변화도 개입 목표가 될 수 있다.

여섯째, 행동지원이 아동과 가족에게 적절한 성과를 가져오고 있는지 계속 평가해야 한다.

부모교육 운영방법에 대한 요구와 부모교육의 내용은 다음과 같다.

표 13-1 **부모교육 운영방법에 대한 요구**

부모교육 운영 실태 (홍성희, 2000)	부모의 요구 (홍성희, 2000)	교사의 요구 (박상미, 2005)
강사초빙 강연회(24.8%)	실습을 통한 강연회(39.7%)	실습을 통한 강연회(49.1%)
아동관찰(22.3%)	강사초빙 강연회(24%)	강사초빙 강연회(18.5%)
부모개별면담(16.5%)	수업참관(12.4%)	부모개별면담(14.5%)
수업참관(14%)	아동관찰(10.7%)	수업참관(2.9%)
부모통신문(8.3%)	부모개별면담(8.3%)	연락장의 활용(1.2%)
실습을 통한 강연회(5.8%)		가정통신문(0.6%)
슬라이드/비디오/영화(2.5%)		

출처: 최민숙(2009).

표 13-2 **부모교육의 내용**

특수교육일반	교육 및 생활지도	법적 지위 및 직업, 복지
• 특수교육의 필요성과 교육 대상 • 장애아동의 출현율과 원인 • 장애아동의 판별·진단의 절차 • 장애아동의 교육조치(배치) • 장애아동의 출현 예방과 그 사후 대책	• 특수교육 교육과정과 일반 교육과정의 차이점 • 장애아동의 가정에서의 학습지도 방안 • 가정에서 장애아동의 생활지도 방법	• 장애아동의 법적 지위와 장애아동을 가진 부모의 권리 • 장애인고용공단의 역할과 고용 현황 • 장애인 특례 입학 제도와 고등교육 • 장애인 직업훈련 교육 기관
• 장애아동의 신체적, 심리적 특성 • 장애아동이 가족에게 미치	• 통합교육의 장단점과 성공적인 통합교육을 위한 조건 • 관련 서비스의 내용과 지	• 장애아동의 학교 졸업 후 취업 문제 • 장애아동 평생교육

특수교육일반	교육 및 생활지도	법적 지위 및 직업, 복지
는 영향과 그 대처 방안 • 장애아동 부모의 심리적 갈등과 해결 방안 • 장애아동을 가진 학부모의 기본자세에 관한 내용 • 장애아동의 조기교육에 관한 내용	원방안 • 장애아동 부모 모임 활동과 역할 • 장애아동의 성교육 • 장애아동의 취미 생활 • 장애아동의 형제자매가 가지는 심리적 갈등과 해결 방안 • 장애아동의 신변자립 및 보건과 안전	• 장애인을 위한 기관과 역할 • 장애아동을 위한 교육 과학기술부와 보건복지부의 역할 • 선진국의 장애인 복지 정책 • 장애인 복지 제도의 향상을 위한 접근 방법

출처: 권요한 외(1998).

2) 상담

현장의 교사들이 가장 어려워하는 부분을 장애아동 부모를 대상으로 상담을 실시하는 것으로 보고할 만큼, 부모 개인이 겪는 문제에 대한 심리적 지지와 가족관계, 장애자녀를 조력하는 방법적 지식 등 개별 요구에 맞는 유용한 정보를 제공하고 자원을 찾아 연결해주는 것은 장애전담교사의 중요한 역할인 동시에 어려운 역할로 인식되고 있다. 부모들이 주로 상담하고자 하는 내용은 아래와 같다.

① 장애아 관련

- 교육기관에서의 장애아에 대한 교육목표와 방향
- 학급 내에서의 장애아의 적응과 생활: 수업참여도, 또래 관계 등
- 장애아가 보이는 행동적 특성: 문제행동, 상동행동, 자기자극행동 등
- 가정에서 장애자녀 지도 및 조력 방법: 기본생활습관 및 신변처리, 학습, 가정연계 활동 등
- 장애아의 장애 정도와 발달 가능성(예후)
- 개별 치료 및 교육의 내용과 시기: 작업, 언어, 운동, 음악, 미술 등

- 어린이집과의 장애아에 대한 지도 원칙에 대한 갈등
- 장애자녀와 상호작용하는 방법
- 약물 사용
- 초등학교 진학

② 가족의 문제

- 아버지의 장애자녀 교육에 대한 비참여 또는 무관심, 장애자녀에 대한 양육방식 및 태도 합의의 어려움
- 장애아에게 집중하고 있어 비장애 형제를 잘 돌보지 못하는 것에 대한 미안함
- 장애아의 행동을 비장애 형제가 모방하는 경우
- 장애아의 '장애'를 비장애 형제에게 알리는 시기와 방법
- 장애아를 비장애 형제가 무시하는 경우
- 형제 간에 싸움이 있는 경우
- 비장애 형제가 발달상의 문제를 보이는 경우
- 기타: 경제적인 문제, 거주지 문제, 시부모 문제

③ 기타

- 담당 교사와의 갈등 시
- 다른 부모(유아)와 갈등 시
- 개인적인 스트레스 등

3) 만족도평가

부모의 보육 운영과 개별화교육 프로그램에 대한 만족도를 알아보고 이를 보육과정 운영과 개별화교육 프로그램에 반영하기 위해 평가를 실행한다.

또한 항목을 정하여 서술형으로 평가 의견을 받을 수도 있고, 평가할 내용을 직접 상담을 통하여 알아볼 수도 있다. 부모 만족도 조사의 예를 살펴보면 표 13-3과 같다.

표 13-3 **부모 만족도 조사**

벌써 한 학기를 마무리하는 시기가 되었습니다. 아이들을 위해 항상 애쓰시는 부모님들께 박수를 보내드립니다. 2020년도 1학기를 지내면서 관련된 평가와 의견을 파악하고자 합니다. 발전된 새 학기를 준비하기 위한 소중한 자료가 될 것입니다. 다소 번거로우시더라도 성의 있는 답변을 부탁드리며 작성하신 평가서는 각반 담당 선생님께 제출해 주시기 바랍니다.

Ⅰ. 개별화교육 프로그램

1. 1학기 자녀에 대한 적절한 교육목표와 방향들을 설정해 놓았고 이에 근거하여 교육이 이루어졌다고 생각하십니까?

   ① 그렇다. ② 보통이다. ③ 그렇지 않다.
   ※ '그렇지 않다'라고 응답하신 경우 이유를 적어 주십시오.

2. 가정에서의 일과 목표 실행 계획서를 작성하여 가정에서의 연계를 도모하고자 하였습니다. 자녀의 지도 목표를 이해하고 달성하는 데 도움을 주었다고 생각하십니까?

   ① 그렇다. ② 보통이다. ③ 그렇지 않다.
   ※ '그렇지 않다'라고 응답하신 경우 이유를 적어 주십시오.

3. 개별화교육 프로그램과 관련해서 건의할 내용이 있으시거나 좋은 의견이 있으시면 말씀해 주십시오.

Ⅱ. 가정연계

4. 제공되었던 가정연계 지도 방안은 도움이 되었다고 생각하십니까?

   ① 그렇다. ② 보통이다. ③ 그렇지 않다.
   ※ '그렇지 않다'라고 응답하신 경우 이유를 적어 주십시오.

5. 가정연계 지도 상황에서 어려웠던 점이 있었다면 적어 주십시오.

Ⅲ. 교사 평가

6. 교사와 이루어지는 상담 시간과 방법은 자녀에 대한 상호 견해, 정보를 나누기에 적절하

였다고 생각하십니까?

① 그렇다. ② 보통이다. ③ 그렇지 않다.
※ '그렇지 않다'라고 응답하신 경우 이유를 적어 주십시오.

7. 교사는 부모님이 필요로 할 때 항상 친절하게 상담에 응해주었다고 생각하십니까?

① 그렇다. ② 보통이다. ③ 그렇지 않다.
※ '그렇지 않다'라고 응답하신 경우 이유를 적어 주십시오.

8. 교사는 부모님들의 의견을 존중하고 반영하도록 노력하였다고 생각하십니까?

① 그렇다. ② 보통이다. ③ 그렇지 않다.
※ '그렇지 않다'라고 응답하신 경우 이유를 적어 주십시오.

9. 교사는 부모님에게 자녀에 관한 전문적 정보를 제공하고자 노력했다고 생각하십니까?

① 그렇다. ② 보통이다. ③ 그렇지 않다.
※ '그렇지 않다'라고 응답하신 경우 이유를 적어 주십시오.

Ⅳ. 기타

10. 1학기 어린이집 생활에서 어려웠던 점이 있으시면 적어 주십시오.

11. 건의하거나 또는 전하고 싶은 말이 있으시면 적어 주십시오.

감사합니다.

2학기에도 더 좋은 어린이집을 만들기 위해 더욱 노력하겠습니다.

부모만족도 평가가 중요한 이유를 살펴보면 부모만족도는 아동과 관련된 중요한 사람들(significant others)이 실제 생활에서 아동의 긍정적 행동 변화를 초래하는 데 주요한 방법이라고 인정하는 사회적 타당도를 나타낸다. 사회적 타당도는 중재 서비스에 대한 '소비자 만족도(customer satisfaction)'로 대체 사용되기도 한다. 서비스 기관에 대한 소비자 만족도로 기관을 평가하여 지원금을 차등 지원하는 것, AS 후에 고객에게 방문 기사의 서비스에 대한 5점 만점 평점을 매겨서 인센티브에 반영하는 것처럼, 서비스 제공자가 아무리 좋은 서비스를 주었다고 생각해도, 이를 받은 수혜자가 그 가치를 인정하지 않았다면 그 서비스는 적절한 것이 아니었다고 볼 수 있다. 이처럼 사회적 타당도가 평가에서 최근에 중요시됨에 따라 보육 서비스에 대한 평가에 그 수혜자인 부모가 참여하는 것은 중요하다.

4. 방법 및 효과

1) 방법

장애아동을 위한 부모교육은 여러 차원에서 다양한 방법으로 이용되고 있다. 부모교육에서 고려할 점은 일시에 많은 활동을 할 수 없기 때문에 단계적·체계적으로 실시함이 바람직하다.

장애아동을 위한 부모교육에서 고려할 사항은 다음과 같다(장선철, 2007).

첫째, 가족의 전체적 상황이나 지역사회에 얽힌 문제 같은 광범위한 문제에 중점을 두어 장애아동 한 개인보다 가족의 욕구, 장애아동이 가족에 끼치는 문제에 기초해야 한다.

둘째, 주변의 많은 전문가들, 즉 의사, 사회복지사, 카운슬러의 도움을 받아 다각적 접근을 시도한다.

셋째, 올바른 교육방법, 철학적 의미, 종교적 요인 등을 설명하며, 합리적 사고를 통해 장애아동으로 인해 생겨나는 문제를 발견하고 해결할 수 있는 능력을 키워준다.

이러한 과정을 거쳐서 장애아동에 대한 가족 전체 문제를 해결할 의욕과 능력을 가지게 한다.

다음에서는 장애아동 부모교육 방법을 세 가지로 구분하고 있다(여광응 외, 2005).

(1) 전문가가 개입하는 방법

가정이 가지고 있는 문제들을 전문가들이 이해하고 부모, 가족치료나 보조교사로서 역할을 하는 것이다. 가족구성원이 장애아동과 관계형성 좋으며, 협동적 참여 유도 가능 때문에 좋은 교사 될 수 있다. 또한 교사는 일정시간 지나면 교체되어 일관성 부족하지만, 가족은 장기적인 교사로서. 가족들은 장애아동교육에 능동적으로 참여시키기 위한 전문가 역할이다.

① 부모치료

장애아동으로 인해서 일어나리라 예상되는 문제를 부모가 조절하게 하여 가정이 조화를 이루게 하는 가장 전통적인 방법이다.

많은 장애아동 부모들이 스스로 자녀를 가르치기 꺼려하는 이유는 다음과 같다.

첫째, 교수 활동에 많은 시간을 허비하게 되는 문제이다.
둘째, 교사의 제안을 신뢰하지 못한다는 점이다.
셋째, 교사가 부모들의 고충사항이 무엇인지 알지 못한다는 점이다.

따라서 교사는 장애아동의 능력을 솔직히 설명하고 가족과 협동적인 관계 형성을 위하여 각종 정보교환, 각 모임의 견해 존중, 공동적 노력에 대해 집중적으로 토의 지도해 부모의 장애아동 지도관을 정립한다.

② 가정의 협력

장애아동 형제들이 부모와 같이 일관된 행동 계획에 참여하므로 장애아동에게 부모 다음으로 교육 중요한 변인이다. 또한 장애아동 형제들의 노력으로 가족 전체가 일관적으로 행동할 수 있어 장애아동의 교육 효과가 높다.

③ 교사의 역할

장애아동의 욕구를 이해하고 확인할 수 있도록 도와주어야 한다. 장애아동의 발전적인 전망에 대해 강조하면서 타 전문가의 정보를 많이 받으면서 평가도 받아야 한다. 교사는 장애아동 부모들이 긍정적 자아관을 갖도록 용기와 신념을 심어 주는 데 전력해야 하며, 교사가 부모와 라포를 형성하는 것이 가장 중요하다.

(2) 집단적으로 접근하는 방법

부모에게 부모교육의 중요성만큼 부모회 운영이 활성화되어 있지 않은 것이 현실이다. 이를 극복하기 위해 교사는 부모들의 마음을 움직이도록 꾸준한 인내와 노력이 필요하며, 교사로서 자원봉사 정신을 살려야 할 것이다.

부모회의 기본 이념은 다음과 같다(박상희 외, 2007).

첫째, 자기 신뢰 구축과 능력 개발 가능성이다. 다른 부모와 유대관계와 결속력을 유지하고 자신의 위치나 자아상 정립에 도움을 주어 자기 신뢰 회복을 가져올 수 있으며, 공동체적 관심과 목표를 위해 소속감을 갖고 자신의 잠재력 또한 개발해 나갈 수 있다.

둘째, 부모의 결속력이다. 같은 관심사의 해결을 위해 공동 상황과 목표를 설정한다.

셋째, 방어력의 증진이다. 사회적 낙인이나 불이익에 대해 부모모임을 통하여 자신의 의견을 관철할 수 있다.

넷째, 사회적·정치적 영향이다. 사회적인 압력 단체를 구성하여 정책 위반이나 입법 개정에 영향을 미칠 수 있다.

부모회를 활성화시킨다면 다음과 같은 장점이 있다(강갑원 외, 2008).

첫째, 장애아동 부모들이 갖고 있는 문제를 해결하려고 교사와 공통적인 문제로 토론하거나 연수하는 기회를 가질 수 있다(부모의 역할, 장애의 원인과 장애 영역별 특성, 장애 영역별 가정에서의 지도 방법, 문제행동의 지도 방법, 진로지도 등)

둘째, 장애아동 부모들끼리 상호 의견교환으로 재활 정보를 얻을 수 있다.

셋째, 장애아동 부모들의 정기간행물 발행으로 경험, 느낌, 소견 등을 발표하는 통로역할을 할 수 있다.

넷째, 재활 전문지식뿐만 아니라 장애인 법적 권리를 주장하는 실제적인 정보를 준다.

다섯째, 가정에서만 고립되어 있는 장애아동 부모들에게 전문화 기회를 제공하는 매체가 될 수 있다.

(3) 개인적으로 접근하는 방법

장애아동 부모를 위한 개인적 접근은 교사와 부모와 상담하는 것으로 다음과 같은 방법이 있다(강갑원 외, 2008).

첫째, 개인상

둘째, 간단하게 전화로 상담하는 방법

셋째, 일정기간 간격을 두고 장애아동 발달과정을 관찰하여 교사와 나누는 개인상담법

넷째, 특별한 일이 생겼을 때 수시로 상담하는 방법

부모교육의 가장 중요한 점은 부모가 자유롭게 이야기할 수 있는 허용적인 분위기를 조성해 주는 것이다. 즉, 단점보다는 권고할 만한 문제점을 하나씩 이야기해서 고쳐 나갈 수 있도록 해야 한다. 이때 장애아동의 심리적인 면을 잘 알려주어야 하며, 그 외에도 수업참관, 보조교사로서의 참여, 가정방문 교사제, 자원봉사제, 전화를 통한 방법이 있다.

부모상담의 가장 효율적인 방법은 장애아동 부모들이 처해 있는 심리적, 환경적 상황을 잘 이해하며, 이를 통해 장애자녀를 잘 교육하거나 양육할

수 있는 방안을 찾아가기 위해 그들과 공감하고 협력적인 관계를 유지해 나가는 것이다. 이와 함께 전문가들은 정보제공자 역할, 지지자 역할, 격려자 역할, 자녀 옹호자 역할, 의사결정 조력자의 역할을 확고히 해나가야 한다.

2) 효과

장애아동 부모교육의 효과는 종합적인 면에서 볼 수 있으나 세분화해서 살펴보면 다음과 같다(박상희 외, 2007).

첫째, 경제적인 효율성이다. 부모교육을 통해 장애아동에게 교육과 치료를 실시함으로써 경제적으로 교육비를 절약할 수 있다는 것이다.

둘째, 학습 효과 및 결과의 재확인이다. 특수교육기관에서 배웠던 학습 내용을 부모가 교사와의 연계를 통하여 가정에서 복습하거나 재확인해 학습 효과를 증진시키고 습득한 교육내용을 확인한다.

셋째, 장애아동-부모 간 상호작용 형성이다. 가정에서의 특수교육적 처치를 통해 교사-부모 간에 긍정적인 관계가 형성되고, 학습적인 지지뿐 아니라 장애아동 부모에 대한 신뢰도, 결속력 등이 증진된다. 바람직한 장애아동-부모 간의 의사소통 및 상호작용은 정서적, 사회적 발달 차원뿐 아니라 운동성, 인지력까지 영향을 미친다. 이는 장애아동에게 바람직한 모자관계를 형성하며 장애아동의 발달에 절대적 영향을 미친다(Spitz, 1996).

넷째, 일관성 있는 학습 환경 조성이다. 교사와 부모의 공동 학습 목표를 설정함으로써 장애아동에게 일관성 있게 교육 환경을 제공하고, 가정환경의 교육적 가치도 증진시킨다. 더 나아가 제한되고 인위적으로 조작된 교육환경에서 제공할 수 없는 새로운 아이디어나 학습 도구를 활용해 볼 수 있다.

다섯째, 학습력의 증진이다. 부모와의 밀접한 교류, 의사소통, 상호작용을 통해 서로 더 이해하고, 정서적 안정으로 학습력 강화에 도움을 준다. 습득된 학습 내용은 밀접한 부모와 환경 내에서 재확인한다.

여섯째, 부모 자신과 가정에 미치는 효과이다. 부모교육을 통해 교육자 역할에 자신감을 갖게 되며 효과적 교수법, 행동지도법, 대화기법을 배워 활용할 수 있다.

일곱째, 부모 자신에 대한 가치관과 자아만족이 증진된다. 부모교육에 참여함으로써 자신의 존재 가치 인식, 부모로서 사회적 또는 윤리적 의무 충족한다.

여덟째, 사회적, 정서적 지지와 만남을 통한 공통적인 문제해결이다. 부모들은 자신과 유사한 입장에 처한 다른 부모들로부터 사회적, 정서적 지지를 받을 수 있다. 만남을 통해 공동적인 문제해결력을 갖는다.

아홉째, 장애아동 문제에 대한 사실적 정보획득이다. 장애아동 상태, 진전, 미래의 여러 정보에 대해 얻게 되며, 장애아동에 대한 객관적, 긍정적 인식을 얻을 수 있다.

열째, 학교 운영과 교육 목표 및 교사에 대한 이해다.

장애아동의 문제에 대해 교사와의 상호정보교환을 통해 도움을 받기도 하며, 공동의 목표를 위해 교육의 특수한 책임감, 능력, 안목, 방법 등에 대해 인식을 새롭게 한다.

열한째, 전문가와 부모 사이의 상호작용 형성이다.

서로 다른 안목이나 입장과 관점이 대화와 교육적 통로를 통해 본론적인 결정 형태로 나올 수 있다. 부모는 구체적이고 다방면의 경험을 통해 장애아동의 개인적인 특별한 지식 제공자가 되고, 전문가는 학문적인 이론이나 전문지식에 입각한 설명을 하거나 이해를 돕는다. 즉, 장애아동의 적절한 발달은 부모나 전문가의 긍정적인 자기 이해, 상호 이해에 달려 있다.

열둘째, 사회에 미치는 효과다. 사회 인식에 변화를 가져오고 압력 단체로서의 역할이 가능하게 되어 장애아동교육 권리나 참여권에 대해 자기의 입장을 주장할 수 있다.

Chapter 14

개별화교육 및 조기중재

1. 배경 및 정의

1) 배경

개별화교육의 기원은 미국 장애아동교육법(The Education for all Handicapped Children Act: P.L. 94-142)과 장애인교육법(Individuals with Disabilities Education Act: ICEA, P.L. 101-475)에서 그 배경을 찾을 수 있다. 특별한 요구를 가진 아동, 청소년에게 특수교육 및 관련서비스를 포함한 무상의 적절한 공교육 보장을 위해 개별화교육의 개발이 의무화되었으며, 비밀유지와 공정한 평가에 많은 절차상 보호조항을 함께 규정하고 있다(박상희 외, 2007).

(1) 미국의 IEP에 대한 법령

1975년 미국에서 장애아동교육법이 공포·실현된 이후 특수교육에서는 '적절한 교육의 보장'이 부각되었으며, 특히 적절한 교육의 보장을 위해서 완전취학, 공정한 평가, 개별화 프로그램, 제한된 환경의 극소화, 합당한 절차, 부모의 참여 등이 중요하다. 6대 원리는 의존적이며, IEP의 구성과 실시과정에서 고려되어야 한다.

따라서 모든 장애아동에게 효율적인 교육을 제공하기 위한 방안으로 개별화교육개념과 방법을 제시하고, 모든 장애아동에게 IEP를 계획하여 그것에 따라 특수교육을 시행하도록 의무화하였다.

(2) 우리나라의 IEP에 대한 법령

우리나라 IEP인 특수교육진흥법이 제정된 1977년에는 개별화교육에 관한 사항을 명시하지 않았지만, 1994년 특수교육진흥법 3차 개정 때 처음으로 장애아동을 위한 개별화교육을 의무화 규정하였다.

장애인 대한 특수교육법(제22조), 시행규칙(제4조)에서 규정하는 개별화교육과 관련된 내용은 아래와 같다.

① 장애인 등에 대한 특수교육법(제22조)

- 각 급 학교장은 특수교육대상자의 교육적 요구에 적합한 교육을 제공하기 위해 보호자, 특수교육교원, 일반교육교원, 진로 및 직업 교육 담당 교원, 특수교육 관련서비스 담당 인력 등으로 개별화교육지원팀을 구성한다.
- 개별화교육지원팀은 매 학기마다 특수교육대상자에 대한 개별화교육계획을 작성한다.
- 특수교육대상자가 다른 학교로 전학하거나 상급학교로 진학할 경우에 전출학교는 전입학교에 개별화교육계획을 14일 이내로 송부한다.
- 특수교육교원은 제1항부터 제3항까지의 규정에 따른 업무 수행을 위해 각 업무를 지원, 조정한다.
- 제1항에 따른 개별화교육지원팀 구성, 제2항에 따른 개별화교육계획 수립·실시 등에 관한 필요사항을 교육과학기술부령으로 정한다. <개정 2008. 2. 29>

② 장애인 등에 대한 특수교육법 시행규칙(제4조)

- 각 급 학교장은 법 제22조 제1항에 따라 매 학년 시작 일부터 2주 이내로 각각 특수교육대상자에 대한 개별화교육지원팀을 구성한다.
- 개별화교육지원팀은 매 학기 시작일부터 30일 이내에 개별화교육계획을 작성한다.
- 개별화교육계획에 특수교육대상자의 인적사항과 특별한 교육지원이 필요한 영역의 현재 학습수행수준, 교육목표, 교육내용, 교육방법, 평가계획 및 제공할 특수교육 관련서비스의 내용과 방법 등을 포함한다.

• 각 급 학교장은 매 학기마다 개별화교육계획에 따라 각각 특수교육대상자 학업성취도 평가를 실시하고, 그 결과 특수교육대상자 또는 그 보호자에게 통보한다.

2) 정의

장애아동은 일반 보육 프로그램에서 보육받을 수 있는 권리뿐 아니라 그 속에서 개별화를 보장받아야 한다. 그러므로 진정한 통합이란 단순한 물리적 배치가 아니라 통합 프로그램에 의미 있게 참여할 수 있도록 각 장애아동에게 적합한 개별화된 교육 프로그램이 제공되는 것을 의미한다.

미국 장애아동교육법(P.L. 94-142)에서는 개별화 프로그램을 모든 장애아동에게 무상의 적절한 공교육으로 제공한다는 맥락에서 IEP라는 용어를 채택하였으며, IEP의 규정에서 이 법은 두 가지 주요한 요소를 가지고 있다.

첫째, IEP 회의에서 결정된 사항을 자세히 기록한 IEP 문서

둘째, IEP 모임이나 회의, 문서개발 및 시행을 포함하는 IEP 과정

IEP 과정은 분리된 특수학교에서부터 통합교육과정을 제공하는 완전통합 장면에 이르기까지 어떤 유형이나 교육적 상황에서도 이루어질 수 있다. 이러한 과정에는 부모뿐만 아니라 특수교육교사와 일반교사, 치료사와 같은 관련 서비스와 종사자들의 협력과 팀의 의사결정을 필요로 한다.

IEP를 일대일학습, 즉 개별학습과 혼동하는 경우가 많이 있다. 개별화교육이란 꼭 일대일교육만을 의미하는 것은 아니다. 일대일교육을 포함하여 소그룹 수업이나 대집단 수업 등 여러 형태로 시행될 수 있고, 각 학생의 개별적 교육의 필요에 맞게 특별히 계획된 수업이다.

개별화교육은 위에서 언급하였듯 학습자 개인의 독특한 교육적 요구와 특성, 능력에 맞게 특별히 계획한 수업체제이다. 개별화교육을 하기 위해 구체적으로 수립한 계획이 개별화교육계획 또는 개별화교육 프로그램이다.

개별화교육계획은 학습자의 현재수준이 어떠하며, 무엇을 목표로 하며, 어떻게 그 목표에 도달하며, 도달하기까지 얼마나 시간이 소요되고, 목표가 달성되었는지, 어떻게 평가할 것인가에 대하여 명확하게 설명해 주는 체계이다(강갑원 외, 2008).

Abeson은 '개별화교육 프로그램'을 세 가지 핵심단어로 정의하였는데, 바로 개별화(individualized: 한 아동의 교육적 요구를 의미), 교육(education: 특수교육 및 관련 서비스를 의미), 프로그램(program: 아동에게 실제로 무엇을 제공할 것인가에 대한 진술을 의미)이다. 즉, 개별화 프로그램(individualized education program)은 특수아동뿐만 아니라 일반아동 모두에게 각자의 능력과 요구에 맞는 교육을 제공하기 위한 방법이다.

개별화교육 프로그램의 정의를 요약하면, 장애아동이 일반교실에서 정상적인 발달을 촉진하기 위해 일반교실 프로그램을 장애아동의 발달특성에 적절한 프로그램으로 수정하거나 장애아동의 장단점을 파악하여 개별적으로 세운 프로그램으로 교육 목적과 진행과정에 맞추어 다양한 형태의 그룹을 형성하여 진행하는 교수 활동을 말한다.

2. 수립 절차

교사는 장애아동에게 보다 효과적인 교육을 하기 위해서 우선 장애아동의 일반적인 학습능력에 관한 이해가 있어야 하며, 장애의 구체적인 특성을 극복하기 위한 효율적인 교육방법을 기초로 하여 개별화교육 프로그램을 작성해야 한다. 개별화교육계획은 교육문서로서의 의미뿐만 아니라 학습자 평가를 의뢰하는 것부터 선별과 진단과정을 거쳐 교육계획을 수립하고, 학습자를 학습 환경에 배치하여 교육, 결과를 평가하는 일련의 절차를 의미한다.

개별화교육계획서를 작성하기 이전에 계획서 안에 어떤 내용이 포함되어야 하는지 살펴보면 다음과 같다.

1) 구성요소

개별화교육계획은 문서로 작성된 것이다. 그러면 계획서에 포함되어야 할 내용은 무엇인가? 계획서에 포함되어야 할 기본 사항은 우리나라의 경우 장애인 등에 대한 특수교육법 시행규칙(제 4조)에, 미국은 장애아교육법에 명시되어 있다. 개별화교육계획서에 포함되어야 할 사항을 우리나라와 미국으로 나누어 비교한 내용을 보면 표 14-1과 같다.

표 14-1 개별화교육계획서에 포함해야 할 사항

한국	미국
1. 유아의 인적사항 2. 현재의 학습 수행 수준 3. 장기목표 4. 단기목표 5. 교육의 시작과 종료 시기 6. 교수방법 및 평가계획 7. 개별화교육운영위원회가 정한 사항	1. 유아의 현재 기능 및 교육 수행 수준 2. 연간 교육목표 3. 단기 교육목표 4. 제공할 구체적 교육서비스의 내용 5. 일반교육에 참여하는 시간의 정도 6. 연간 1회 이상의 교육평가

출처: 강갑원 외(2008).

표의 내용을 보면 특이한 점은 미국은 구체적 교육서비스 내용이 무엇인지와 일반교육에 참여하는 시간을 명시하고 있다는 것이다. 이 일반교육에 참여하는 시간을 포함하도록 한 것은 통합교육 실시를 비중에 두는 것으로 보인다.

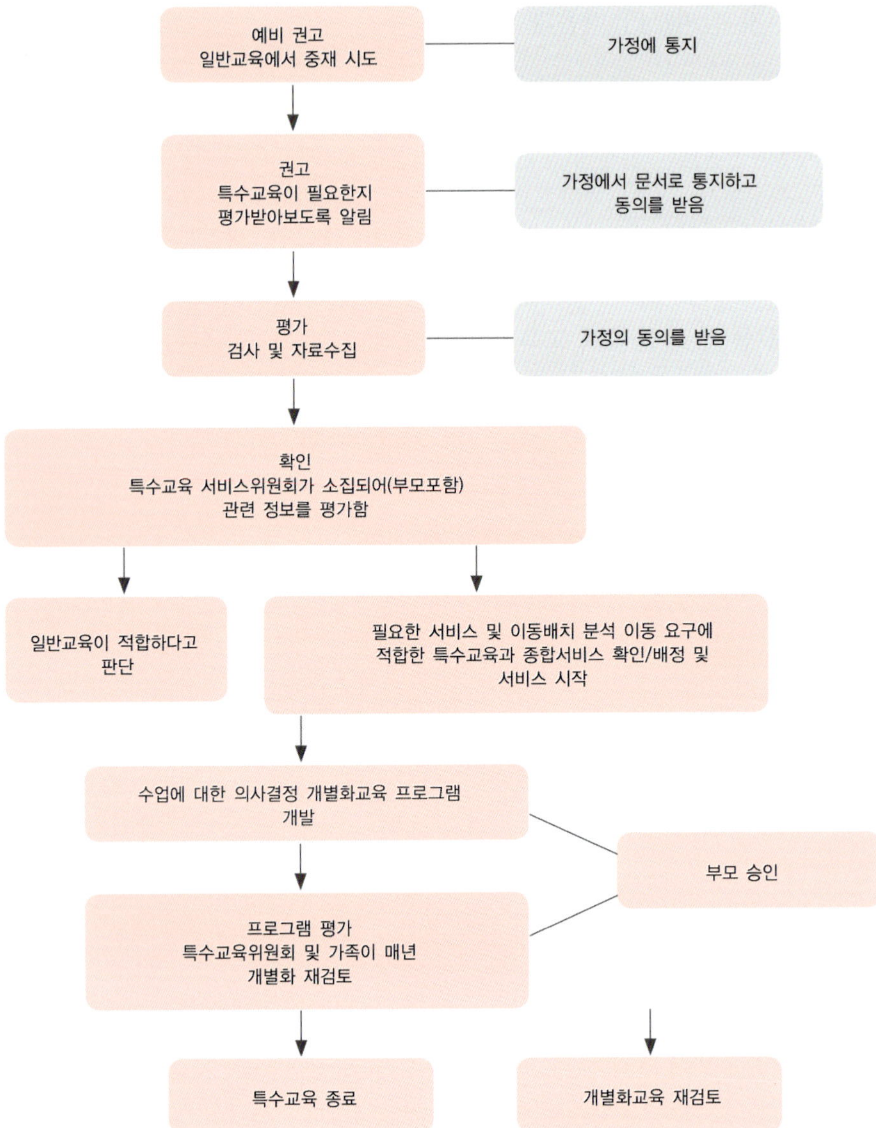

그림 14-1 개별화교육계획의 수립 절차

출처: Rivera, D. P. & Smith, D. D.(1997). Teaching students with learning and behavior problem(3rd ed). p. 52. Boston: Allyn and Bacon.

2) 작성방법

개별화교육계획에 포함되어야 할 주요 요소를 중심으로 개별화교육계획서의 작성순서를 제시하면 다음과 같다(전병운 외, 2003).

(1) 의뢰서 작성

의뢰 단계는 해당 아동이 특수교육을 받을 필요가 있는지 확인하는 첫 단계이다. 해당 아동에 대한 진단 평가를 받아보게 할 것을 주문하는 의미이다. 의뢰인은 아동을 담당하고 있는 교사가 될 수도 있고, 아동의 학부모나 보호자가 될 수도 있다. 교사가 의뢰할 경우 학부모에게 먼저 통지 의향을 물어서 동의를 받아야 한다.

미국은 각 교육청이나 각 급 학교별로 의뢰 절차를 규정하고 있다(장선철, 2002). 반면 우리나라는 의뢰절차에 대한 구체적인 지침이 없다. 우리나라는 학교 자체로 의뢰 절차에 대한 규정을 마련해 사용하는 것이 권장된다.

(2) 인적사항의 작성

장애인에 대한 특수교육법 시행규칙에 명시된 '인적사항'항목은 없는데, 이것은 개별화 계획서 작성 순서에 크게 영향을 주는 것이 아니기 때문에 별 문제는 없을 것으로 보인다. 굳이 순서에 넣으려면 '아동의 현재 수준의 평가'의 앞쪽 넣는 것 좋을 것이다.

'인적사항'은 이름, 연령, 생년월일, 학교, 학년, 현재 교육배치 환경 등 포함하여 아동에 관한 기술적 정보를 서술하는 것이다. 여기에 평가를 의뢰한 사유나 기관, 그 밖에 추가할 정보가 있으면 포함한다.

'인적사항'의 기록은 신중하게 서술하고, 정확하고 빠짐없이 서술해야 한다.

(3) 아동의 현재 수준의 평가

개별화교육계획을 수립하는 데 있어서 가장 먼저 해야 하는 일이 아동의 현재수준을 진단하는 일이다. 아동의 경우 주로 여러 발달 영역의 수준을 파악하는 것이 중심이 될 것이다. 의뢰된 아동의 평가를 위해 여러 전문가가 팀을 이루어 평가한다. 구성원은 피평가 대상에 따라 달라지지만 대개 특수교사, 심리학자, 치료사, 장애 영역 전문가, 부모, 담임교사 등이 포함된다. 수행이나 발달수준을 평가하기 위해서는 표준화 검사 도구를 사용해야 한다.

이러한 검사 결과 이외에도 장애아동에 관한 모든 과거 기록 자료를 이용하고, 그 외에도 여러 인사들의 의견도 반영할 필요가 있다. 예를 들어, 부모나 또래, 아동 본인, 전 담임교사 등의 의견을 들으면 도움이 된다. 부모는 아동이 집에서 나타내는 사회적응기능과 신변자립기능에 관한 내용을 제시할 수 있을 것이다.

개별화교육계획을 작성할 때 장애아동의 강점과 약점은 모두 중요한 정보이다. 이러한 정보는 모두 교육목표를 설정하는 데 유용하다.

이상 열거한 것 이외에도 아동에 대하여 사실적 평가를 할 수 있는 방법은 다음과 같다(한현민, 2000).

첫째, 아동 자신에게 자신의 강점과 약점이 무엇인지 물어본다. 아동은 무엇을 잘하고 못 하는지, 무엇을 좋아하고 싫어하는지 등에 대해 물어보는 것이다.

둘째, 아동과 직접 접촉 경험이 없는 사람이 개별화교육계획수립에 참여하고 있다면 일정 시간동안 교실에서 해당 아동을 관찰한다. 관찰할 때 다양한 과업과 환경 속에서 일어나는 행동을 관찰해야 한다.

셋째, 해당 아동을 잘 알고 있는 사람에게 아동에 대하여 필요한 사항을 물어볼 수 있다.

표준화 검사 결과와 자료와 그 밖의 관찰 자료를 바탕으로 구체적 교육목표를 정하게 된다. 이때 주의해야 할 점은 표준화검사 결과만 고려할 것이 아니라, 과정 중 관찰한 아동의 행동특성도 주의를 기울여야 하며, 전체 점수보다 하위영역별 점수에 초점을 두어 목표를 설정해야 한다. 그리고 과거 기록을 참조할 때 이전 담임교사와 협의한다.

평가가 끝나면 팀 구성원들이 모여 결과를 분석해 의뢰된 아동이 특수교육대상자에 해당되지 않는다고 판단될 경우 특수교육서비스 이외에 어떤 방법으로 도와줄 수 있는지 전략을 제시한다. 만약 특수교육대상자로 판정될 경우 개별화교육계획을 작성하게 된다.

(4) 연간 교육목표

연간 교육목표는 교과나 발달 영역에 대해서 교육적 강점과 약점을 토대로 진행한다. 연간 교육목표는 1년 동안 학습과정에서 성취할 것으로 예상되는 것을 진술한다. 따라서 연간 교육목표 설정할 때 아동의 현재수준의 위계를 고려해 설정하고, 포괄적 · 체계적으로 진술한다.

연간 교육목표를 설정할 때는 다음 사항을 고려해야 한다(한현민, 2000).

첫째, 현재 학습수행 수준과 1년 동안 실제로 도달할 수 있는 수준을 고려한다. 목표를 너무 낮게 설정하면 학습의욕이 상실되고, 반대로 너무 높게 설정하면 노력하여도 성취할 수 없어 도전적 과제가 되지 못한다.

둘째, 연간 교육목표는 아동의 요구로부터 도출하여야 하며, 교육목적은 복잡하거나 완전한 것일 필요가 없다. 아동의 잠재능력을 극대화하기 위해 아동의 강점과 약점 영역을 최대한 반영해야 한다.

셋째, 연간 목표를 달성하는 데 영향을 미치는 우발적 사태 있을 수 있다는 것을 염두에 두어야 한다. 그리고 특정기능을 성취하는 데 실제로 어느 정도의 시간이 걸릴지 알아야 한다.

연간 교육목표를 정할 때는 반드시 부모와 협의가 이루어져야 한다. 물론 연간 교육목표뿐 아니라 개별화교육계획 전반에 대하여 부모의 동의 구하는 것이 요구된다. 그러나 연간 교육목표에 동의받지 못하면 그 다음 목표를 수립할 수 없다.

(5) 월간 교육목표 설정

연간 교육목표가 설정되면 하위목표로 월간 교육목표를 설정한다. 월간 교육목표는 반드시 연간 교육목표에 근거하여야 한다. 목표에는 언제, 어디서, 무엇을, 어느 정도 달성할지를 알 수 있도록 진술하여야 한다.

월간 교육목표를 설정하기 전에는 해당 아동에게 특수교육 관련 서비스 제공이 필요한지를 결정하여야 한다.

특수교육 관련 서비스란 언어치료, 물리치료, 심리치료 등을 말하는데, 이러한 사항은 언어치료사, 물리치료사 등과 같은 해당 전문가와 협의하여 목표를 결정한다.

이외에도 특수학급 아동의 경우 어떤 영역을 통합하고 분리하여 가르칠 것인지, 일반아동과 통합하여 수업을 받는 경우에는 어떤 서비스를 제공해 줄 수 있는지를 검토하고 결정하여야 한다.

(6) 주간목표 설정

월간목표가 설정되면 그 목표를 달성하기 위하여 과제를 분석하고 단기목표를 설정한다. 장기목표가 포괄적 학습내용과 방향을 정하는 것이라면 단기목표는 구체적인 학습 활동내용을 의미한다.

단기목표는 반드시 관찰 가능한 행동 용어로 진술하는 것이 좋다. 행동용어로 진술한 목표를 행동목표로 진술한다는 것은 목표가 달성되었는지를 관찰하기 쉬운 용어로 진술함을 의미한다. 단기목표가 정해지면 목표행동과 관련되어 있는 과제를 분석하여 학습지도안을 작성한다.

과제분석이란 아동이 학습할 과제를 더 작은 과제로 분할하고, 논리적 순서에 따라 분할한 소과제를 배열하는 것이다. 이렇게 분할된 소과제를 하나씩 순서대로 학습해 나가면 분할 이전의 전체 과제를 자동적으로 학습하게 되는 것이다. 장애아동은 특히 학습속도가 느리기 때문에 작은 행동단위로 분할하여 학습하게 하는 것이 매우 필요하다.

(7) 평가

평가는 개별화교육 전반에 대한 평가의 의미 있고, 주간목표에서부터 연간교육목표에 이르기까지의 목표달성, 동원된 수업방법 등 모든 요소에 대하여 평가한다는 의미가 포함된다. 이러한 평가결과를 바탕으로 교육목표나 수업방법을 조정하거나 개선한다. 교육목표 수준이 너무 높아 학습 효과가 없으면 수준을 낮추어야 한다. 현행 교육과정의 내용에 의지하기보다 아동의 현재수준을 고려해 영역별 목표를 정하는 것이 필요하다.

3. 조기중재

장애아동 또는 장애위험 아동에 대한 조기중재(early intervention)는 0세부터 5세까지의 아동 중에 장애를 갖고 있거나 발달적으로 지체된 혹은 그럴 가능성을 보이는 아동들을 대상으로 서비스를 제공하는 하나의 시스템이다.

갈라거(1997)는 조기중재란 취약아동과 그 가족들의 생활에 신중히 개입하여 발달을 향상시키기 위한 우리들의 모든 노력을 포함하는 것이라고 정의한다.

맥코넬(1994)은 조기중재란 공적, 사적 자금으로 운영되는 가정 혹은 학급 중심의 구조화된 활동이라고 볼 수 있는데, 간단히 말해 조기중재는 장애의 영향을 제거하거나 감소시킬 서비스 혹은 다른 문제로의 발전을 예방할 수 있는 서비스가 무엇인가를 조기에 결정하고 그에 대한 대책을 제공하는 것이라고 정의한다.

1) 중요성

조기중재에서 유아교육 전문가들은 빠르면 빠를수록 더 좋다는 사실에

동의하고 있다. 비장애유아에게 생후 1년이 가장 중요한 시기라면 일반 또래보다 발달이 매달 지체될 위험을 안고 있는 장애유아에게는 그 1년이라는 기간이 더욱 중요한 시기이기 때문이다. 인간은 갖고 있는 능력에서 제각기 발달의 적기를 갖고 있는데, 그 적기를 놓치면 학습의 효과를 기대하기 어렵다. 특히 장애가 있는 장애유아의 경우 조기교육이 더욱 중요하며 예방 교육의 차원에서도 조기교육은 강조되고 있다. 장애유아에 대한 조기교육은 사회성, 정신능력, 신체적 발달을 촉진시키며, 나아가 환경을 개선하면 할수록 장애유아의 성장은 더욱 빨라진다. 그리고 이러한 유아기의 다양한 환경적 경험이 장애유아의 지적 성장에 영향을 주기도 한다.

조기중재가 가장 중요한 이유는 다음과 같다.

첫째, 조기교육 프로그램을 통하여 장애유아의 행동을 일찍 중재할 수 있다.

둘째, 2차적 장애의 예방이다.

셋째, 2차적 장애의 발견을 도울 수 있다.

넷째, 조기교육 프로그램은 차후 장애유아를 위한 정규교육에 드는 비용을 경감할 수 있다.

다섯째, 장애유아의 부모는 그들의 자녀교육에 필요한 지식과 정보를 제공받을 수 있다.

조기중재가 장애아동보육에서 중요한 의의를 지니게 되는가를 이론적으로 받아들이는 데 도움이 되는 인간발달의 원리 네 가지를 소개하면 다음과 같다(정민정, 2011).

첫째, 기초성의 원리이다.

기초성은 어릴 때일수록 그때의 경험 여하가 이후 발달에 기초가 된다는 것을 말한다. 대부분의 사람들은 자신의 3, 4세 이전의 일을 기억하지 못하고 있다. 그러나 기억을 못한다고 해서 3, 4세 이전 경험의 초석적인 중요성을 부인하지는 못한다. 기억할 수 없는 어렸을 때에 자신도 모르는 자신의 중요한 기초가 형성된다는 것이 좀 답답하기도 하지만, 발달의 기제란 그런 것이다. 예를 들어, 어떤 사유로 출생 후 0~1세 1년간을 잘 못 먹은 아이와 잘 먹은 아이를 비교하면, 더 어려서 잘 못 먹은 아이가 왜소하고, 허약한 등 신체발달상의 장애와 후유증이 더 심하다. 즉, 어릴 때일수록 좋은 영양이 더 중요하고, 이는 이후 성장발달에 있어서 기초가 된다는 것이다.

둘째, 적기성의 원리

적기성이란 어떤 발달 단계는 그때가 특정한 경험, 학습, 과업을 성취할 수 있는 적시적인 기회이며, 이에 앞서 무리를 하거나 또는 반대로 뒤늦어 이 기회를 놓치면 다른 때에는 그만큼 적시적인 효과가 없거나 적다는 것을 말한다. 적기성은 피아제의 인지발달 단계설, 프로이드나 에릭슨의 성격발달 단계설, 클론버그의 도덕 발달 단계설 등 인간발달에 관한 여러 단계설에 모두 함축되어 있다.

셋째, 누적성의 원리

누적성도 여러 단계설에 내포되어 있는데, 이것은 인간발달에서의 빈인빅 부익부의 기제라고도 말할 수 있다. 잘못 수렁에 들어가면 점점 깊이 수렁에 빠져든다는 기제이기 때문이다. 그 반대의 경우에도 잘되면 다음에도 잘되고, 그 다음엔 더 잘되는 등 호의적 누적의 원리가 적용된다.

넷째, 불가역성의 원리

불가회복성이라고 불리우는 불가역성도 여러 발달 단계 이론에 함축되어 있다. 발달에는 일종의 '돌아가지 못하는 강'의 성질이 있는데, 발달의 한 단계에서 잘못된 것을 다음 단계에서 교정 또는 보충하는 데에도 한도가 있다는 것이다.

2) 접근 방법들

인간발달의 원리는 네 가지에서 이해할 수 있듯이 조기중재는 아동의 장애를 최소화하거나 정상으로 접근시킬 수 있는 유일한 방도이고, 특수교육에 대한 국가의 재정적 부담도 최소화할 수 있는 길이다. 우리나라에서는 1994년부터 시행된 특수교육진흥법에서 장애유아교육을 공식화했는데, 이러한 변화도 조기중재의 의미를 지니는 것이다.

조기중재의 형태는 가정 중심(home based) 조기중재와 기관 중심(center based) 조기중재, 가정과 기관혼합형(Combination)의 세 가지 형태가 있다.

조기중재의 중요한 문제는 부모 또는 보호자와의 협조관계이다. 장애아 보육의 성패 또한 부모와의 협조관계가 가장 중요한 관건이 되고 있다. 그 중에서도 장애아조기중재의 경우는 더 많은 부분을 부모의 협조에 의존하게 된다는 것이다.

우리나라는 아직 조기중재에 관한 구체화된 제도와 구체적인 연구사례가 없기 때문에 앞으로 우리나라 영유아의 보육의 과제를 살펴보는 데 있어 미국의 여러 사례를 비교하여 분석하는 것이 필요하다. 또한 기관 중심 조기중재 체제보다는 가정 중심이나 혼합형의 서비스를 권장하고 있다. 왜냐하면 파트타임 맞벌이 부부와 편부모 가정이 많기 때문에 전문가가 가정을 방문하여 서비스를 해주는 것이 가족들에게 편리하고, 기관에서 개발된 보육기술을 부모나 아동에게 전달할 때 가정이라는 자연 상황에서 더 효율적으로 나타나기 때문이다.

3) 발달평가

영유아의 발달수준을 평가하는 것은 조기중재를 착수하는 데 있어서 우선적 과제이다. 구체적이고 엄밀한 평가가 이루어지면 아동의 발달적 요구를 파악하게 되고, 이에 개입하여 발달을 촉진시키거나 교정할 수 있는 방안을 고안할 수 있게 된다.

1990년대 이후 미국에서는 발달적 문제 가능성을 조기에 발견하게 되면 교정 가능성은 그만큼 높아지고, 국가가 부담해야 하는 사회적 비용은 최소화시킬 수 있다는 것이 미국인들의 신념이자 미국의 보육 정책이 되었다.

우리나라도 이제 아동에 대한 조기 발달평가와 조기 중재에 대한 본격적인 노력이 시작될 것이라는 기대를 가져본다.

Chapter 15

통합보육의 이해

1. 개념 및 변천

1) 개념

통합의 개념은 특수교육분야에서 활성화되어 왔는데, 이 통합이라는 의미를 갖는 용어는 주류화(mainstream), 최소한의 제한적 환경(least restrictive environment) 등으로 다양하게 사용되고 있으며, 그 범위와 방법에 있어서 학자들 간의 견해는 일치하지 않는다.

Karnes & Lee(1979)는 통합보육이란 비장애아동들을 위한 프로그램 안에 장애아동들을 함께 배치하여 교육하는 것으로 정의하고 있으며, 여기서 장애아동의 통합보육은 '장애가 있는 영유아와 장애가 없는 영유아들이 함께 배우고 노는 것', '중도장애를 포함하는 모든 장애아동들이 장애가 없는 아동들과 같은 교실에서 서비스를 제공받는 것'이다. 분리된 학급에 배치되어 부분적인 활동에만 함께 참여하는 것이 아니라 동일한 학급에 배치되어야 한다는 것이다. 학급 내에 정상적인 발달을 보이는 영유아들이 일정 수 이상 존재함으로써 이들과 함께 일과와 활동에 참여할 수 있는 기회가 주어져야 한다는 것이다.

한마디로 통합보육이란 장애를 지닌 영유아들이 장애를 지니지 않은 또래들과 함께 어린이집에서 보육받는 것을 의미한다. 이때 함께 보육받는다는 것은 같은 장소에 배치하거나 같은 교수방법을 사용하거나 같은 보육과정을 적용하는 것뿐만 아니라 근본적으로 동일한 소속감을 지니고 동등한 가치를 인정받으며 동등한 선택의 자유를 누릴 수 있는 것을 말한다. 따라서 진정한 통합보육을 위해서는 장애영유아를 물리적으로 같은 환경에 배치한 후 장애영유아에게 필요한 교육적, 사회적, 환경적, 복지적 서비스를 제공해야 한다는 것이다.

장애아동의 통합을 물리적 통합, 교육적 통합, 사회적 통합의 세 측면에서 살펴보면 다음과 같다(서경희, 2009).

첫째, 물리적 통합이란 한 공간 속에 비장애아동과 장애아동이 함께 머무르는 것을 의미한다. 이런 물리적 통합을 위해서는 교육환경에 속하는 모든 장소가 장애아동을 수용할 수 있어야 한다.

둘째, 통합된 교육환경에서의 장애아동의 독특한 교육적 요구가 충족될 수 있느냐의 문제이다. 비장애아동을 위한 교육 활동 중 장애아동에게 부적합한 활동은 수정이 이루어지거나 별도의 교육 프로그램과 교육 자료를 제공해야 하며, 교수 방법 측면에서도 장애아동에 대해 교육적 배려를 해야 한다.

셋째, 사회적 통합으로 통합보육 상황에서 장애아동과 비장애아동과의 사회적 상호작용이 잘 이루어져야 하며, 이러한 상호작용은 이를 촉진하는 계획적인 중재 하에서만 활발히 일어날 수 있다고 하였다.

통합보육의 개념을 다시 한 번 정리하면, 장애아동과 비장애아동이 한 장소에서 같은 보호와 교육을 받음으로써 서로 이해하는 가운데 또래와의 상호작용을 통하여 정상적인 아동을 모방하는 과정을 말한다. 그리고 비장애영유아와 똑같은 구성원으로서 소속감을 느끼고, 서로 이해하며, 또래와의 상호작용을 통하여 학습효과를 증진시키는 것이라 할 수 있다. 통합이란 물리적 통합 뿐 아니라, 교육적 및 사회적 통합을 이룰 수 있도록 해야 한다.

2) 변천

현재의 통합(indusion)이란 용어가 사용되기까지 다양한 용어가 사용되었으며, 각각 그 용어가 포함하고 있는 의미도 다양하였다. 그러나 장애아동들을 한 사회의 구성원으로 인정하고 받아들이는 것을 목표로 하는 것에는 같은 공통점을 갖고 있다. 통합과 관련되어 사용되었던 용어들을 구체적으로 살펴보면 다음과 같다(정민정, 2011).

(1) 정상화(normatization)

모든 사회구성원들이 문화적으로 바람직한 행동과 성격특징을 형성하거나 유지하게 하기 위하여 문화규범 내에서 가능한 방법을 이용하는 것을 말한다. 정상화가 추구하고 있는 것은 사회, 경제, 문화, 여가 생활에 정상아동과 비장애아동 모두가 함께 적극적으로 참여하는 것이며, 장애를 등급화하여 사회적으로 낙인을 찍지 못하도록 하는 것으로 궁극적 목표는 모든 장애아동들이 정상적으로 건전하게 사회에 참여하고 적응할 수 있는 방법을 극대화시키는 데 있다.

(2) 최소제한환경(LRE: least restrictive environment)

모든 장애아동을 장애정도와 상관없이 정상적인 환경으로부터 제외시키지 않으면서 장애아동 요구에 적합한 교육을 받도록 하는 것이다.

(3) 주류화(mainstream)

사회환경에서 분리만이 최선인 장애아동의 독특한 교육적 욕구를 충족시키기 위해 가장 적절한 교육환경을 조성함에 있어 분리된 특수교육기관의 역할을 줄이고 일반학급에서 거의 전부나 대부분을 마련하자는 것을 말하고 있다.

(4) 일반교육주도(REI: regular education initiative)

학교밖에 있는 특수교육 프로그램을 일반학교 안으로 끌어들여 일반교사들이 특수교사 역할까지 맡아서 교육하는 것이다.

(5) 통합교육(integration)

더 이상 분리형의 장애아동 교육은 원칙적으로 바람직하지 않으며 개별화교육 프로그램의 의무와 의사결정과정에 있어서 부모참여가 결정되는 등 일반적으로 통합의 확산을 말한다. 즉, 장애아동 교육의 목적이 단순히 치료교육적인 것만이 아니고 장애 범주의 폐기와 그것에 따른 특수교육의 정의와 확대, 보호자 권리의 확대와 통합의 원칙화가 이루어진 것이다.

(6) **완전통합**(inclusion full inclusion)

통합을 장애정도에 따른 교육적 배치로 정의하는 것이 아니라, 장애아동이 필요로 하는 특수교육서비스 정도로 정의하고 모든 장애아동이 주거지 근처의 일반학교에 통학하며, 장애에 다른 특수 교육적 배려가 일반학급 내에서 실시되어야 한다는 것을 뜻한다. 또한 완전통합은 일반주도 특수교육의 특별한 형태로서 장애아동이 전적으로 일반학급 내에서 일반교사와 특수교사가 있어 서로 협동하여 가르치는 것으로 가장 정상적이고 통합적이며, 장애아동을 위한 도덕적, 윤리적, 인간적 교육의 장이 되어야 한다는 것을 말한다.

2. 원칙 및 조건

1) 원칙

통합보육의 개념에서 나타나는 규정에서 비추어 볼 때 우리나라의 통합보육은 다음과 같은 통합보육의 제 원칙을 갖고 있다.

첫째, 장애아동들에게 일반 보육시설의 학급에서 할 수 없는 새롭고 독특한 교육내용을 제시해야 하고, 다양한 교육적 욕구를 최대한 충족시켜주어야 한다.

둘째, 일반학급에 비치된 장애아동이 특수학급 자료실을 활용하거나 순회교사의 자문 등을 통해 특수한 교육적 욕구를 충족시킬 수 있어야 한다.

셋째, 통합보육이 성공하기 위해서는 체계적으로 단계적인 과정을 통해 장애아동을 일반학급에 배치하되 조기과정부터 시작해야 한다.

넷째, 통합보육의 효과적 적용을 위해서 일반학급에 배치하기 전에 필요한 평가, 체계적인 교육계획안, 자료구입, 인적자원 활용계획, 평가과정 개발 등 철저한 준비를 해야 한다.

다섯째, 통합보육은 일반학급에 있는 장애아동에 대한 사회적, 교육적 통합을 위한 교육방법이기 때문에 사회적, 교육적 욕구에 적합한 환경이 배려되어야 한다.

여섯째, 비장애아동들은 장애아동과의 상호작용을 통하여 장애아동에 대한 이해와 수용능력을 길러야 할 것이며, 보육시설 내의 일반 보육교사도 일반학급을 지도한 지식과 기술과는 다른 지식과 기술을 갖추고 있어야 한다.

2) 조건

통합보육은 이상적인 이념과 배경을 가지고 있으면서 장애아동의 부모라면 누구나가 가장 소원하는 것이다. 그러나 이러한 이념과 소원만으로는 바람직한 통합이 이루어질 수 없다. 무조건적인 통합은 오히려 장애아동의 발달에 악영향을 줄 뿐만 아니라, 부모나 아동 자신에게 지울 수 없는 상처를 남길 수도 있다. 통합이 실시되기 이전에 여러 가지 조건들이 반드시 고려되어야 한다.

성공적인 통합을 위해서 고려되어야 할 요인은 다음과 같다.

(1) 인적환경

장애아동을 둘러싼 인적환경은 기관 내 교사들을 비롯하여 기관장, 보조교사, 자원봉사자, 조리사, 운전기사 등 다양하다. 이들 모두가 가진 장애특성에 대한 지식과 이해뿐 아니라 그들의 장애아에 대한 태도는 통합보육의 질을 좌우한다.

인적환경 가운데 교사의 장애아동에 대한 인식과 태도는 결정적인 역할을 한다. 교사가 긍정적인 장애인관을 가지고 있을 때 바람직한 보육환경을 구성할 수 있을 뿐만 아니라 일반아동이 장애아동을 수용하고 상호작용하는 데 영향을 미친다.

교사의 장애아동에 대한 이해와 그들을 위한 보육과정 운영에 대한 지식은 통합보육의 질을 좌우할 수 있다. 특수교사 및 장애영유아를 위한 보육교사는 장애아 교육과정 및 교수방법에 대한 지식, 활동 지도방법, 개별화교육계획의 요소, 중재방법, 학부모상담방법, 사회성기술 촉진방법, 장애아지도를 위한 협력, 교재제작 및 수정방법 등에 대하여 숙지해야 한다. 특히 일반교사와 장애영유아 담당교사 간의 협력은 통합의 질에 영향을 미치는 중요한 요소이다. 어린이집의 원장은 통합보육의 방향을 제시하고 이를 효과적으로 운영하는 데 결정적인 역할을 하는 사람이다. 원장은 통합보육에 대한 올바른 철학과 신념을 가지고 교사를 지원하고, 부모상담을 실시하며 관련기관 등과 원만한 관계를 유지하여 성공적인 통합보육이 이루어지도록 노력해야 한다.

(2) 물리적 환경

물리적 환경의 장애는 장애아동에게 또 하나의 다른 장애가 되어 이들의 사회적 통합을 방해할 수 있다. 물리적 환경의 장애를 제거하고 장애아동이 필요로 하는 장비를 갖추게 되면 장애아동의 정상적인 생활을 가능하게 할 뿐만 아니라 결과적으로 이들의 사회적 통합을 가능하게 한다.

통합보육을 하는 기관에서는 장애유형에 따라 출입문, 경사로, 책·걸상, 화장실 등의 접근에 있어 편의성이 있어야 한다. 시각 및 청각장애아를 위한 경보, 피난설비, 시각장애인 유도와 안내 설비 지체장애아용 책·걸상, 세면대, 계단용 휠체어 리프트, 손잡이 등을 갖추어야 한다.

(3) 프로그램 운영

보육과정 장애아동이 통합되어 있는 어린이집에서는 일반보육과정을 그대로 적용할 수 없다. 장애아동 통합보육이 제대로 이루어지기 위해서는 보육과정의 재구성이 있어야 한다. 여기에는 교육내용의 수정, 교수전략과 방법의 수정, 교수자료의 수정이 포함된다. 특히 이들에 대한 보육은 개별화보육 프로그램에 근거하여 이루어져야 한다.

통합보육을 실시하고 있는 현장에서 보육과정을 운영할 때 고려해야 할 요소는 장애아동의 문제행동의 관리이다. 통합보육을 하고 있는 교사들이 갖고 있는 가장 큰 어려움 중의 하나가 장애아동의 문제행동이다. 장애아동의 문제행동은 교사의 에너지를 소진시킬 뿐만 아니라 많은 경우 다른 영유아들에게도 방해가 된다. 따라서 이를 어떻게 운영하고 지도하느냐에 따라 통합의 질이 좌우될 수 있다.

(4) 장애인식개선 프로그램

장애인식개선 프로그램 실행의 유무는 장애아동 통합보육에 영향을 미치는 또 다른 중요한 요소이다. 장애인식개선 프로그램의 대상은 장애를 둘러싸고 있는 모든 사람들이라고 할 수 있다. 장애아동을 둘러싼 사람들의 인식은 장애아동을 대하는 태도를 결정짓게 되며, 그들의 태도는 곧 장애아동보육의 질과 연결된다. 장애아동이 소속되어있는 일반 또래 영유아들의 태도는 장애아동의 사회적 통합을 결정짓는 가장 중요한 요소이다. 장애영유아를 담당하는 교사의 태도는 일반아동들의 인식과 태도에 영향을 주며 결과적으로 장애아동 통합보육의 질에 결정적인 역할을 한다. 그뿐만 아니라 기관장의 태도, 기관구성원들의 태도, 부모들의 태도 또한 직·간접적으로 장애아동 통합보육에 지대한 영향을 미친다. 장애아동 주변의 모든 사람들을 대상으로 하는 장애인식개선을 위한 체계적인 프로그램은 장애아동 통합보육에 있어서 꼭 실행되어야 할 중요한 요소이다. 일반유아를 대상으로 하는 프로그램에서는 먼저 장애아동이 가지고 있는 문제점뿐만 아니라 장애아동의 장점 그리고 일반아동과의 유사점을 인식시켜 장애아동이 나와 같은 인간이며, 장애를 단지 개인별 능력의 차이의 연상선상에서 볼 수 있도록 하는 관점 등을 가르치는 것이 매우 중요하다.

유명한 물리학자 스티븐 호킹 박사나 루즈벨트 대통령, 김기창 화백 등 적극적으로 자신의 삶을 살면서 성공한 장애인들의 이야기를 알아보게 하는 것도 한 방법이다. 장애아동을 소개하고 있는 책이나 TV, 비디오를 통해 장애에 대한 지식을 제공하고 이들을 이해하게 한다. 모의 장애체험, 장애인 초정강연, 특수학교, 특수학급 견학 등을 통해 장애를 접할 수 있게 한다.

장애인식개선프로그램은 장애아동 부모뿐만 아니라 일반아동의 부모를 대상으로 이루어져야 한다. 학교에서 학부모를 대상으로 하는 여러 가지 연수나 초정강연을 마련하여 통합보육의 필요성을 인식하게 하고, 장애아동에 대한 이해를 도와야 한다.

장애아동과 일반아동 부모 간의 모임을 통하여 서로를 이해하게 하는 것도 하나의 방법이 될 수 있다.

(5) 가정 및 관련기관의 연계 및 협력

장애아동에게 있어 가정과 기관의 연계와 협조는 보육의 계획에서부터 시작하여 교육연계성이나 전이 측면에서 장애아동 통합보육에서 중요한 요소가 된다.

교사-부모 간의 협력은 통합보육을 성공적으로 이끄는데 있어 아주 중요한 작업이다. 가정과 연계와 협력을 위해서는 부모와의 의사소통이 중요한 요소이이다. 부모-교사 간의 협의를 성공적으로 이끌기 위해서는 부모와 동참하는 자세를 가지고 적극적으로 들어주며 효과적인 질문으로 관련 정보를 제공해야 한다.

장애아동은 다양한 특성과 욕구를 가지고 있기 때문에 어린이집의 교사가 모든 문제를 해결하기는 어렵다. 그러므로 병원이나 복지관, 치료시설 또는 이전에 다니던 기관과의 연계가 매우 중요하다.

연계는 통합보육을 담당해야 하는 교사에게 장애아동에 대한 다양한 정보를 제공할 뿐만 아니라 앞으로의 계획에 있어서도 많은 도움과 조언을 제공한다.

3. 필요성 및 정책

1) 필요성

장애아동 통합보육은 최근 정상화의 이념에 따라서 조금씩 변화하고 있으며, 확대 지속적으로 통합보육시설의 양적 · 질적 향상에 대한 요구의 증대되고 있고, 장애아동 부모들의 권리주장 등에 대한 교육여건의 변화요소를 수용해야 할 필요성도 가속화되고 있다. 특히 교육 분야에서 장애아동의 교육에 대한 세계적인 추세는 장애의 유무에 관계없이 모든 아동들에게 평등한 교육적 기회를 주는 동시에 적절한 교육을 베풀어야 한다는 흐름이 더욱 강조되고 있다.

Morgan & York(1981)는 장애아동과 비장애아동들이 긍정적으로 조기경험을 할 때 인간은 개인차가 있다는 것을 알고 수용하는 태도를 보이며, 적절히 도와주는 방법을 체득한다고 하였다.

Jenkins, Odom & Speltz(1989)는 통합보육은 장애아동의 전반적인 성장 발달, 특히 인지발달에 도움을 주고 있다고 하였다.

통합된 환경에서 비장애아동은 자신의 연령에 맞는 사회적, 인지적 모델이 되며, 그것을 통하여 장애아동은 사회, 인지발달은 물론 학업 전 기술의 발달에도 긍정적인 영향을 미칠 수 있다고 하였다.

통합보육 경험이 있는 장애아동은 분리교육만을 경험한 장애아동에 비해 전반적으로 높은 사회적응력을 보이며, 더 수용적이고 긍정적인 정서를 형성한다는 사실이 많은 학자의 연구들을 통해 입증되고 있고, 장애아동이 비장애아동과의 상호작용을 통해 이들의 생활연령과 일치되는 행동을 자연스럽게 습득하면서 얻게 되는 잠재적 이점에 대한 연구들 역시 통합보육의 효과와 필요성을 역설하는 데 많은 근거를 제시하고 있다. 이처럼 장애아동과 비장애아동이 함께 생활하고 보육되어야 하는 가장 근본적인 필요성은 그들이 이 사회에서 서로를 이해하고 받아들이며 편견 없이 상호 협조하는 공동체를 형성할 수 있는 능력을 길러 나가는 데 있다. 즉, 영유아기에 통합보육을 통하여 장애아동의 잠재된 능력을 개발하기 위해서는 적절한 통합보육의 제공이 필요하다고 본다.

오늘날 장애아동을 위한 통합보육은 개인이 가지는 능력의 정도나 장애를 문제 삼지 않고 모든 아동에게 성장하면서 행복한 사회생활을 영위할 수 있도록 거기에 필요한 생리적·문화적 욕구를 충족시킬 권리를 누리게 하는 데 기본이념을 두고 있다. 이것은 장애아동과 비장애아동과의 공존의 체험을 확대함으로써 장애아동이 기존에 갖고 있는 장애를 최소화시켜 나갈 수 있는 것이다. 그러므로 효과적인 인격형성 시기에 놓인 영유아기(0~5세까지)의 장애아동이 어떻게 발달해 나갈 것인가에 대한 적절한 환경구성은 필요하다고 본다. 그리고 모든 국민은 장애아동들에게 관심과 사랑으로 그들에게 조력자 역할을 해주어야 할 것이다.

장애아동 통합보육의 중요성을 제시하면 다음과 같다(정민정, 2011)

첫째, 장애아동은 조기에 보육을 받음으로써 이차적인 장애를 예방할 수 있으며, 행동발달을 보다 정상화할 수 있고, 사회적응능력을 발달시킬 수 있게 된다.

둘째, 통합보육은 장애아동 가정의 복지에 있어서도 중요하다. 통합보육이 활성화된다면 장애아동 가정의 육체적, 심리적 부담을 경감시켜 줄 수 있으며, 지역사회에서 적응하는 데 큰 도움을 줄 수 있을 것이다.

셋째, 장애아동 통합보육은 비장애아동의 장애인식을 개선할 수 있게 도와준다. 즉, 남의 특수한 입장을 이해하고 있는 그대로 인정하며 함께 사는 공동의식을 배우게 되는 것이다.

보건복지부에서는 1996년도에 장애아보육활성화방안을 마련하여 지원을 확대하고 일반보육시설에서도 장애가 가벼운 아동을 통합보육하도록 장려하고 있다. 그러나 21세기 장애아 통합보육을 실시하는 데는 아직까지 많은 어려움이 산재해 있다.

장애아 통합보육이 필요함을 인식하면서도 장애아 통합보육이 법적 의무조항이 아니고 권장사항으로 되어 있기 때문에 아직까지 통합보육을 실시할 수 있는 시설 및 제반여건이 빈약한 실정이며, 통합보육의 실시여부는 어린이집 시설장이나 교사의 수용태도 여하에 달려있다 해도 과언이 아니다. 특히 장애아동에 대한 사회적인 편견과 교사들의 인식부족, 일반아동 부모의 거부 감정이 장애아 통합보육 발전에 걸림돌이 되고 있다.

이제 장애아도 비장애아와 같이 자연스럽게 존중받으며 성장할 수 있도록 유아기 때부터 통합보육의 필요성을 깨닫고, 장애인에 대한 인식을 긍정적으로 변화시키며 아울러 장애인들도 정상인들과 같이 자연스럽게 성장할 수 있도록 유도하는 통합보육을 점차 확대해야 한다.

2) 정책

최근 각 국가에서는 장애아 통합보육 지향 정책을 개발하고 추진하고 있다. 그러나 세계 여러 나라의 역사와 환경, 국민들의 습관과 인식 등 통합보육에 영향을 미치는 요인들은 매우 다양하기 때문에 이러한 통합보육에 대한 이질적인 요소를 인정하면서 각 국가가 가지고 있는 공통적인 요소들을 중심으로 살펴볼 필요가 있다. 그리고 장애아 통합보육은 적극적으로 수용하고 한국형 통합보육으로 개발·발전시키기 위해 각 국가의 장애아 통합보육에 대한 흐름과 우리가 선결해야 할 과제를 파악하는 것은 중요하다. 여기서는 미국, 일본, 한국 등으로 살펴보기로 하겠다.

(1) 미국

미국에서의 장애아동을 위한 통합보육은 1960년대 중반부터 시작되었으며, 현재는 주로 1990년 연방법인 장애인교육법(IDEA)에 의하여 5세 이하 장애아동에 대한 공교육체계 구축, 무료 특수교육 및 관련서비스 제공을 하고 있다(U.S. Dept. of Edu., 2000).

미국은 1975년 전장애아교육법(EAHCA, PL94-142)을 제정 통과시킴으로써 장애아동을 위한 무상교육을 의무화하여 특수교육의 새 장을 열게 되었다. 그러나 만 5세까지의 영유아는 PL94-142의 해택범위에 포함되지 않았기 때문에 이들 장애아동은 교육의 혜택을 받지 못하다가 1986년 PL 99-457의 제정으로 비로소 유아들에게도 적절한 무상교육의 기회가 주어지게 되었다. 1997년 다시 개정된 장애인교육법에 따라 장애아동 중 3~5세 아동에 대해서는 최소 제한적 환경에서 교육서비스를 받을 수 있도록 통합교육을 지향하고 있으며, 개별화교육 프로그램이 주를 이루고 있다. 또한 0~2세 아동에 대해서는 자연적인 환경에서 서비스가 제공될 수 있도록 하여 주로 가정이 선호되고 있고 개별화가족지원계획이 주로 적용되고 있다. 특히 3세 미만아의 개별화가족지원계획 대상 중에는 15.5%가 장애위험 아동이며, 이들의 조기중재 프로그램에 최초로 연결되는 연령은 15.5개월이고, 프로그램이 계획 완료되는 연령은 17.1개월로 조사되었다.

미국 가족 및 인간개발부 보육국에서는 1995년부터 보육시설에서의 장애아 통합보육에 관심을 갖고 보육시설에서 통합보육을 성공적으로 실시할 수 있도록 지원하고 있으며, 그 일환으로 1997년부터 통합아동보육사업을 실시하고 있다. 이와 같이 미국의 장애아 통합보육은 법에 의해 권장되고 있으며, 이를 적극적으로 수용하고 있다(Safford, 1989). 따라서 모든 장애아동은 장애의 종류와 정도를 불구하고 정상아동들을 위하여 개발된 교육시설에 수용될 수 있고, 또 이들 장애아동들이 비장애아동 대상의 교육과정을 통하여 교육될 때 더욱 학습의 효과가 높다는 확신이 미국의 특수교육을 이끌고 있는 것이다(Salisbury, 1991).

(2) 일본

일본은 교육기본법과 장애자기본법, 모자보건법 및 아동복지법 등 여러 가지 법적 근거를 통하여 장애영유아에 대한 각종 서비스를 제공하고 있으며, 특히 모자보건법에 의한 모자보건사업은 장애아동의 조기발견과 조기 개입의 탁월한 기능을 가지고 있다.

1947년 아동복지법의 제정으로 탁아소, 각종 장애아동을 위한 통원시설 등 복지시설의 근거 법률이 되면서 장애아동에 대한 조기중재가 시작되었다. 1957년에 '정신박약아 통원시설 규정'이 제정되어 6세 이상 학교교육법에 의하여 취학의무 유예 또는 면제를 받는 아동 이외의 장애영유아들의 교육시설로 활용할 수 있게 되었다.

일본의 특수교육은 교육기본법 및 학교교육법에 의하여 특수학교에 유치부를 설치하고 있어서 이들에 대한 의무교육이 실시되고 있다. 1969년 특수학교에 유치부 설치 5개년 계획을 추진하였으며, 1979년부터는 양호학교 전면 의무교육화가 시행되었다. 그러나 일본은 치료교육이 대전제이며, 장애아동에 대한 이해나 계몽에 관한 이해나 통합을 장려하는 법이 없다. 또한 각각의 법률들이 개별적으로 사업을 실시하고 보육과 교육이 이분화 되어 있기 때문에 통합적이고 효율적인 서비스의 전달 측면이 취약하다는 평가를 받고 있다.

일본의 장애아 통합보육 관련 정책을 살펴보면, 우선 일본에서 장애아보육은 1974년부터 시작되었다. 1974년에 '장애아보육사업 실시요강'이 시행되었고, 이에 일정한 보육소를 통합보육소로 지정하여 4세 이상 경증 장애아동을 보육대상 아동으로 장애아보육을 시범적으로 실시하였다. 1978년 보육시설에서 대상 아동도 종래의 경도 장애아동에서 중도의 특별아동부양수당 지급 대상 중에서도 집단보육이 가능한 아동이면 보육시설에서 받아들이도록 하여 보육대상을 확대하였다. 1982년에는 '장애자 대책에 관한 장기계획' 등을 통하여 통합교육의 강화를 위한 제도를 보완하였다. 이러한 정책에 따라 장애아보육시설 수 및 아동수도 증가되어 왔는데, 보육시설에서의 장애아보육은 모두 통합보육이다(후생성, 1999).

(3) 호주

호주는 1986년 장애인서비스법 및 1992년 장애인차별금지법에서 통합보육의 기초가 형성되었다. 먼저 장애인금지법(DDA)는 장애를 가진 사람이 법 앞에 평등하고 장애를 지녔다는 이유로 차별받는 것은 불법임을 나타내고 있다. 장애아동이라는 이유로 차별받지 말아야 할 여러 가지 영역을 명시하고 있으며, 해당 법 제24조는 교육에 관한 것이고 제26조는 서비스 및 시설 이용 등과 관련된 것이다.

호주는 영유아보육과 교육의 이원화에 따라 장애아동의 교육과 보육도 각기 장애인차별금지법(Disability Discrimination) 등에 기초하여 교육정책과 보육정책을 별도로 실시하고 있다.

호주의 정책과 관련해서 장애인차별금지법의 장애아 통합보육을 살펴보면, 장애를 이유로 차별하는 것을 불법으로 정하고 있어 장애아동보육을 비장애아동과 통합하여 실시하고 있다. 또한 당국의 지원에 의하여 통합보육이 비교적 활발하게 실시되고 있다.

호주 연방 정부의 장애전략(1994년)은 '통합과 열린 접근을 위한 전략'이라는 제목으로 장애인에 대한 정책의 방향을 통합적으로 정하고 있으며, 그 대상의 어린이도 포함되어 있다. 호주 장애아 조기중재는 아동의 장애 범주보다는 아동의 문제 중심의 비범주적 접근, 통합, 다학문적인 전문가 팀에 의한 접근, 자연적 환경에서의 교육을 지향하고 있다. 최근 부모의 참여가 강조되고 있으며, 치료 중심에서 교육 중심으로 나아가고 있다(정동영, 1998).

호주는 아동보육 수당제도를 통하여 장애아동에게 장애아동수당을 지급하고 있는데, 가구소득, 보육비용, 보육자녀수, 보육시간 등에 따라 자산조사에 기초하여 보육료를 차등 지원하고 있다.

장애아동 관련 행정은 보육과 교육의 이원화에 따라 교육은 연방정부교육부에서 총괄하고 있다. 장애아동보육에 대한 정책은 연방 보건 및 가족서비스부에서 책임을 지고 있다. 또한 연방정부는 연방 법규의 재정이나 예산의 지원을 담당하고 있으며 실제의 모든 구체적인 계획의 수립 및 정책은 각 주에서 책임을 지고 실시되므로 각 주마다 많은 차이가 있다(서문희 외, 2001).

(4) 한국의 통합보육정책, 법, 제도

우리나라의 장애아 통합교육은 1971년 일반학교에 특수학급이 설치된 이해 일반교육의 환경에 장애아동을 통합시키려는 노력이 지속되어 왔다. 우리나라의 장애영유아교육 및 보육과 관련된 법률은 교육기본법, 초, 중등교육법, 특수교육진흥법, 영유아보육법, 장애인복지법, 아동복지법 등이다.

1994년 개정된 특수교육진흥법(현 장애인 등에 대한 특수교육법)은 장애아동의 조기교육 중 조기중재에 대한 구체적인 법이다.

우리나라의 장애아 통합보육 관련 정책을 살펴보면, 우리나라의 장애아 보육은 1994년을 기점으로 1995년부터 장애아보육시설에 대하여 영아전담시설에 준하여 지원하도록 하고 인력과 시설 기준을 제시하였고, 1996년도에 본격적으로 장애아보육 활성화 방안을 마련하고 장애아 통합보육을 확대 실시하여 왔다. 현재 장애아보육시설은 장애아만을 별도로 분리하여 보육하는 장애전담보육시설과 일반 보육시설에서의 장애아 통합보육으로 구분된다.

이상과 같이 우리나라 장애아 통합보육 관련 법, 제도 및 정책에 관해서 살펴보면 결과, 우리나라의 장애아동에 대한 보육은 특수유치원, 보육시설, 복지관 등 사회복지시설, 사설 조기교육기관 및 병의원 등 치료기관을 중심으로 실시되고 있으나 종합적인 장애의 조기발견, 진단, 배치 등에 대한 체계가 마련되어 있지 않다. 장애아 교육 및 보육도 비장애아동의 교육 및 보육과 마찬가지로 모두 분리된 형태 위주로 실시되고 있으며, 최근에 들어서야 비로소 통합보육에 대한 관심이 높아지고 있는 실정이다. 또한 법적, 행정적인 통합으로 정책수립과는 달리 교육실천면에서는 교사들의 전문성과 자율성이 위축되어 있고 일반교사와 통합교사 간의 상호협력을 위한 분위기가 조성되어 있지 못하다. 또 과밀한 학급당 인원수 장애아동에 대한 비장애아동, 교사 및 부모의 편견 등과 같은 장벽들은 완전통합보육의 실현을 어렵게 하고 있다.

우리나라에서 장애아동에 대한 공식적 관심과 국가의 제도적 행정적 지원은 너무나도 빈약하다. 장애아 통합교육이 열악한 상황에 놓여 있는 만큼 장애아동의 통합보육을 위해 우리가 해결해야 할 과제는 그만큼 상대적으로 더 많다고 할 수 있겠다.

4. 목표 및 효과

1) 목표

장애아 통합보육의 목표는 장애아동에게서 나타나는 장애를 조기 발견하여 교육하여 장애의 정도를 최소화하고, 1차적인 장애로 인해 2차, 3차의 장애를 미연에 방지할 수 있도록 하는 것이다.

장애아동에게 가능한 장애를 조기에 발견하고 사회적 통합의 기회를 부여함으로써 장애아동의 잠재능력을 최대화하는 한편, 사회적 적응기회를 확대시킴으로써 사회적 기술을 좀 더 향상시킬 수 있도록 하는 데 있다. 반면에 비장애아동에게는 장애아 통합보육을 하게 됨으로써 장애가 있는 아동들과 함께 생활하며 장애에 대한 선입관이나 사회적 인식을 극복하여 더불어 사는 올바른 인성과 건강한 사회의식을 갖게 하는 데 있다. 이러한 장애아동 통합보육의 성공을 위한 통합보육의 목표에 대해 구체적으로 설명하면 다음과 같다(정민정, 2011).

첫째, 신체 활동의 기초기능과 조정능력을 갖게 한다.

아동의 신체발달은 다른 모든 발달의 출발점이 된다. 그러므로 통합보육은 대근육운동과 소근육운동의 발달을 체계적으로 촉진한다. 원활한 신체 조정능력을 가지게 하고 감각과 운동 간의 협응력을 길러 간단한 사물을 조작하게 하여 신체 활동을 느끼고 적극적으로 참여하는 태도를 갖게 하는 것이다.

둘째, 기본적인 신변처리 능력을 갖게 한다.

기초생활기능은 의존적인 태도에서 벗어나 스스로 자기 자신을 돌보아 독립적인 생활을 하게 하는 가장 기초적인 영역이다. 따라서 통합보육을 통해 일상적인 생활속에서 반복적으로 지도하고 가정과의 긴밀한 연계 속에서 신변처리 능력이 향상되도록 지도하는 데 있다.

셋째, 기본적인 생활용어를 이해하고 자기 의사표현을 할 수 있게 한다.

넷째, 주변 환경에 관심을 가지고 자신의 감정을 긍정적으로 표현하는 태도를 기르게 한다.

다섯째, 단체생활에 적응하는 태도를 갖게 한다.

여섯째, 사물을 바르게 지각하고 변별하여 사물의 기본적인 속성을 구별하게 한다.

일곱째, 장애아동에게 통합보육의 기회를 조기에 제공하게 한다.

통합보육은 비장애아동과 함께 교육받을 수 있는 기회를 제공하는 데 있다.

2) 효과

통합보육은 장애아에게는 물론 일반아동에게도 여러 가지 이점이 있다는 것이 많은 연구에 의하여 제시되었다. 통합보육의 효과를 장애아동과 일반아동으로 나누어 살펴보면 다음과 같다.

(1) 장애아동에게 주는 효과

같은 생활연령의 또래들과 함께 생활함으로써 자기 나이에 맞는 적절한 행동을 자연스럽게 보고 따라할 수 있다. 특별한 프로그램이 아니라도 정상적인 발달을 하는 아동들의 행동을 늘 보고 관찰함으로써 각 상황에 맞는 행동을 배우게 되는 것이다. 또 분리교육에서는 제한될 수밖에 없는 여러 가지 다양한 경험을 할 수 있다. 일반아동이 경험하는 것을 똑같이 경험함으로써 경험의 폭이 확장될 수 있다.

둔로프(1980)은 통합을 장애아동들의 고립적 행동을 현저히 감소시키고 사회적 상호작용 행동은 증가시켜 주었다.

데본(1974)은 교사가 체계적으로 개입하여 장애아동과 일반유아의 상호작용을 도와준 결과 사회적 상호작용의 현저한 증가와 놀이행동 및 언어적 교류에서 발달적 변화를 관찰할 수 있었다.

김광웅(1990)은 통합경험에 의한 사회적 상호작용의 증가는 지체된 유아들의 놀이행동을 증가시켜 주고 언어적 교류와 신체적 활동을 증가시켜 줌으로써, 지체된 유아의 사회적 행동과 사회적 기술을 발달시키고, 언어와 의사전달 기술을 발달시킬 뿐만 아니라, 지각, 운동능력과 문제해결 등 인지능력의 발달을 증가시켜준다고 하였다.

장애영유아가 통합을 통해서 얻을 수 있는 가장 큰 혜택은 의사소통과 사회성 및 놀이기술 발달이라고 할 수 있다. 부적절한 놀이행동을 보이는 빈도가 감소되거나 자유놀이시간에 또래-주도의 놀이행동이 증가하는 것으로 나타났다.

(2) 일반아동에게 주는 효과

장애아동의 통합보육 시 또 하나의 장애는 일반아동의 부모들이 갖고 있는 편견이다. 대부분의 부모들은 장애아동이 일반학급에 입급됨으로써 일반아동들이 장애아동을 모방하여 좋지 못한 행동을 할 것이라는 것과 장애아동으로 인하여 학업성취도가 떨어질 것이라는 우려이다. 그러나 이러한 편견은 대부분 기우에 지나지 않는다는 것을 보여주는 학자들의 연구결과들이 보고되고 있다.

유아들의 경우 통합학급에서 장애아이든 비장애아이든 모든 유아들의 행동모델은 장애아가 아니라 비장애아라는 것이다. 오돔(1984)의 연구에 의하면 지각능력, 언어능력, 사회성 및 운동기능과 같은 기초기능 성취에서 두 집단(정상유아, 장애유아) 간에 아무런 차이가 없었다고 하였다. 즉, 통합교육이 비장애아의 발달에 어떠한 손상도 입히지 않는다는 것이다.

통합교육이 일반유아들에게 미친 부정적인 영향은 없을 뿐만 아니라 오히려 교육과정과 교수방법에 대한 신중한 배려로 일반유아들의 발달과 행동적 측면에서 다양한 긍정적 영향이 나타났다. 장애아와 함께 통합교육을 받은 일반유아들은 통합되지 않은 비교집단에 비해서 그 발달상의 성취가 수개월 앞서거나 성숙효과로 예상할 수 있는 발달보다 더 높은 비율의 성취를 보이는 것으로 나타났다.

행동적인 측면에서도 일반유아들은 긍정적인 영향을 받게 된다.

유치원에서 통합교육을 받는 일반유아들은 통합교육을 받기 전보다 장애에 대하여 더 많은 정보를 갖게 되었으며, 장애인에 대해서 더 긍정적인 태도를 보였을 뿐만 아니라, 장애를 지닌 또래들과 더 많이 상호작용을 하려는 의지를 나타낸 것으로 나타났다.

통합교육을 받은 일반유아들은 사람들의 개별적인 차이에 대해서 알게 되고 이타적인 행동을 학습하며, 어려움을 지니고도 이를 극복하는 모델을 제공받게 됨으로써 긍정적인 인격형성에 도움을 받을 수 있다.

(3) 부모에게 미치는 영향

장애아동의 부모들이 자녀의 통합교육을 통해서 받을 수 있는 혜택은 다음과 같다.

첫째, 통합보육이 성공적으로 실시될 때 부모들은 장애를 지닌 자녀에 대해서 좀 더 긍정적인 태도를 갖게 된다.

둘째, 장애를 지닌 자녀의 성취를 특수한 사회에서가 아니라 현실 속에서 파악할 수 있게 된다.

셋째, 전형적인 발달을 보이는 또래들의 발달과정에 대한 정보를 얻을 수 있으며, 이를 통하여 장애자녀의 나이에 맞는 적절한 행동발달을 촉진할 수 있게 된다.

넷째, 부모들 자신의 긍정적인 자아인식에 도움을 준다.

다섯째, 일반유아들의 부모들과 접촉할 기회를 많이 갖게 됨으로써 고립감을 피할 수 있다.

일반유아들의 부모들도 다음과 같은 혜택을 얻을 수 있다.

첫째, 장애유아를 더 잘 이해할 수 있게 된다.

둘째, 장애유아가족들의 요구에 대한 관심이 증가된다.

셋째, 장애유아의 부모들과 접촉함으로써 자녀양육과 관련된 문제해결의 가능성에 대해서 긍정적인 자극을 얻게 된다.

일반유아의 부모들은 이러한 혜택을 통해서 장애유아의 가족들에게 기여할 수 있는 기회를 얻게 되고, 자신의 자녀들에게는 장애인에 대한 올바른 인식을 교육할 수 있는 기회를 갖게 된다.

(4) 사회에 미치는 영향

통합교육은 교육의 수혜자인 장애아동과 일반아동에게는 긍정적인 영향을 미칠 뿐만 아니라 사회 전체적인 측면에서도 장기적인 혜택을 가져온다고 할 수 있다.

통합보육에 참여한 일반유아들이 장애유아와의 상호작용 기회를 갖게 됨으로써 이들이 성인이 되어 사회의 한 구성원이 되었을 때 장애인에 대하여 더 큰 이해와 존중의 태도를 지니게 된다는 점에서 사회에 미치는 영향을 살펴 볼 수 있다.

일반적으로 대부분의 유아들은 성인들에 의해서 부적절한 영향을 받지 않는 한 장애유아들이 지니고 있는 개별적인 차이에 대해서 자연스럽게 수용하는 경향을 보이며, 발달상의 지체로 나타나는 차이에 대해서 부정적인 편견을 지니거나 비교를 하지 않는 것으로 보고되고 있다. 장애아 통합보육은 장애를 자연스럽게 받아들이는 어린 시기에 통합을 경험하게 함으로써 장래의 사회구성원들이 될 유아들이 장애에 대한 올바른 인식을 갖게 하고 더불어 사는 바람직한 형태의 사회를 만들기 위한 기초적인 역할을 할 수 있도록 해준다.

통합보육을 통한 사회적 혜택은 교육의 비용 측면에서도 나타난다.

통합보육은 장애아들을 위한 교육 프로그램을 새롭게 구성하는 대신에 기존의 교육 프로그램 구조 내에서 운영될 수 있다는 측면에서 경제적인 것으로 평가되고 있다.

참고문헌

강갑원 외(2008). **특수아동교육의 이해**. 동문사.

강대옥 외(2012). **특수교육학개론**. 학지사.

강영심 외(2019). **특수교육학개론**. 학지사.

곽승철 외(2006). **자폐아동을 위한 행동중재전**략. 학지사.

교육과학기술부(2009). 건강장애학생을 위한 교육지원 방안.

권요한 외(1998). **장애학생 부모교육 프로그램**. 국립특수교육원.

김금주 외(2005). **부모참여**. 정민사.

김동연 외(1987). **유아의 특수교육**. 문예연구사.

김동일 외(2009). **학습장애아동의 이해와 교육**. 학지사.

김미숙(2016). **ADHD의 이해와 치료교육**. 창지사.

김수진 외(2017). **의사소통장애의 이해(3판)**. 학지사.

김영욱 외(2009). **특수교육학(개정판 4판)**. 교육과학사.

김용욱 외(2011). 수학 학습곤란 아동의 연산능력 향상과 학습장애 위험학생의 선별을 위한 학교기반 중재반응모델 개발에 관한 연구. **특수교육저널: 이론과 실천**, 12(1), 229-260.

김원경 외(2010). **특수교육학개론**. 양성원.

김정권 외(2002). **특수교육과정 운영론**. 특수교육.

김정휘(1989). **정신지체아교육의원리와 실제**. 교육과학사.

김종현 외(2011). **특수아동의 이해와 지도**. 공동체.

김희진(2005). **현대 부모 및 가족 지원프로그램**. 창지사.

류경희 외(2011). 장애유형별 장애아동과 어머니 특성이 장애아동 어머니의 스트레스에 미치는 영향. **특수아동교육연구**, 13(2), 437-461.

박상희 외(2007). **유치원 교사를 위한 특수아동교육**. 동문사.

박성우 외(2010). 2010 전국 병원학교 운영 워크숍 자료집. 부산광역시교육청.

박은혜 외(2003). 장애개념 재정립을 통한 건강장애 학생 지원체계 개발. 2003년

제8회 이화.

박은혜 외(2005). 건강장애학생을 위한 교육지원 모형 개발. **특수교육학연구**, 40(3), 269-298.

박재국 외(2011). 장애아동 부모의 양육 핵심역량 요인 탐색. **중복 · 지체부자유아 연구**, 54(1), 61-85.

박중휘 외(2008). **잠자는 내친구**. 대구대학교 출판부.

박지연(2006). **장애인 가족 지원**. 학지사.

백은희 외(1993). **중복장애아 교육**. 양서원.

부산광역시교육청(2010). 2010년 전국 병원학교 운영 워크숍 자료집.

서경희 외(2009). **발달장애아동평가**. 대구대학교출판부.

송준만 외(1990). **특수아동교육**. 교문사.

신경진(2010). **상담의 과정과 대화 기법**. 학지사.

심현섭 외(2010). **의사소통장애의 이해**. 학지사.

여광응 외(2005). **특수아동의 심리학적 이해**. 학지사.

윤선오 외(2013). **장애인복지론**. 양성원.

윤치연(2003). **발달장애의 이해**. 형설출판사.

이경화 외(2009). 자녀이해 및 발달지원을 위한 부모역할 프로그램의 의미: 프로그램적 의미와 경험적 의미를 중심으로. **한국영유아보육학**, 59, 57-80.

이대식(2006). **통합교육의 이해와 실제**. 학지사.

이병혁(2002). 학습장애아동 가족지원 방안연구. 제10차 특수교육요구아동연구. 서울; 단국대학교.

이상명 외(2010). 장애아동 부모의 양육행동 및 양육참여도 실태. **중복 · 지체부자유아 연구**, 53(4), 407-428.

이소현 외(2005). **영유아복지론**. 학지사.

이은주 외(2011). **특수아동의 이해**. 공동체.

이주옥(2008). 일반유아 어머니와 장애유아 어머니의 양육스트레스, 양육효능감 및 양육행동의 비교. **열린유아교육연구**, 13(5), 403-428.

이진학 외(2008). **안과학(제8판)**. 일조각.

이한우(1998). 장애아동과 일반아동 부모의 양육태도 및 양육 스트레스 비교 연구. 대구대학교 대학원 석사학위 청구논문.

이해균 외(2006). **저시력 교육**. 대구대학교 출판부.

이효신(2007). **응용행동분석**. 학지사.

이훈구(2009). **부모역할훈련**. 양철북.

장선철(2007). **특수아동교육**. 태영출판사.

장애아통합보육지원센터 사업 전문위원회 (2009). 장애아통합보육지원센터 운영 매뉴얼. 사회복지공동모금회.

전경원 외(2014). **특수아동의 이해**. 정민사.

전병운 외(2003). **특수교육과 교과교육**. 교육과학사.

전헌선 외(2012). **특수교육학개론**. 양서원.

정대영 외(2007). **발달장애아동의 사회적 기술훈련**. 양서원.

정민정(2011). **장애아통합보육**. 태영출판사.

조윤경 외(2005). **장애유아 통합 프로그램 실제**. 창지사.

최민숙(2007). **장애아동 교육을 위한 가족참여와 지원**. 학지사.

최민숙(2009). 장애영아의 부모교육 및 상담. 직무 19기 연수 교재. 국립특수교육원.

추연구 외(2012). **특수교육의 이해**. 양서원.

특수교육 학습대회 자료집. **이화여자대학교 특수교육연구소**, 39(1), 143-168.

한현민(2000). **특수아동과 특수교육**. 특수교육.

Hallahan, D. P., Kauffman, J. M., & Lloyd, J.(1999). *Introduction to learning disabilities*(3rd ed.). Boston: Allyn & Bacon.

Lerner, J. W. & Kline, F.(2006). *Learning disabilities and related disorders*. Boston: Houghton Mifflin.

Machoney, G., & Filer, J. (1996). How responsive in early intervention to the priorities and needs of families? *Topics in Early Childhood Special Education, 16,* 437-457.

Sandall, S. & Ostrosky, M. (1999). *Young exceptional children: Practical ideas for addressing challenging behaviors*. The Division for Early Childhood of the Council for Exceptional Children, Longmont, CO: Sopris West.

Smith, C. R.(2004). *Learning disabilities: The interaction of students and their environment* (5th ed.). Boston: Pearson Education.

Spitz, A. R.(1996). V*om saugling zum kleinkind*, Ⅱ. Aufl, Stuttgart: Klett-Cotta.

저자소개

한현지
현: 성운대학교 아동보육복지과 학과장

김우호
현: 성운대학교 아동보육복지과 조교수

임선희
현: 성운대학교 아동보육복지과 조교수

이순용
현: 양주 다솜 직장어린이집 원장

장애아동보육론

초판 1쇄 인쇄 / 2020년 8월 5일
초판 1쇄 발행 / 2020년 8월 10일

공저자 / 한현지 · 김우호 · 임선희 · 이순용
발행인 / 이 중 수
발행처 / **동 문 사**

서울특별시 서대문구 홍제원 1길 12
(홍제동 137-8)
Tel : 02)736-3718(대), 736-3710, 3720
Fax : 02)736-3719
등록번호 : 1974.04.27. 제9-17호
가격 : 20,000원

ISBN : 979-11-6328-196-2 (93330)
E-mail : dong736@naver.com
www.dongmunsa.com